学校事故の責任法理 II

奥野久雄❖著
OKUNO Hisao

法律文化社

はしがき

本書は、第一編　日本法、第二編　外国法の構成をとっているが、実質、第一編第二部の第一章から第五章までの学校事故の判例研究がその中核をなしている。この判例研究は、児童・生徒・学生の学校生活にかかわる事故についての裁判例とその解説からなっており、そして、兼子仁（東京都立大学名誉教授）・伊藤進（明治大学名誉教授）両先生の代表編集になる『問答式　学校事故の法律実務』（新日本法規出版）に、筆者が、兼子仁著『教育法〔新版〕』（有斐閣、一九八七年）と伊藤進著『学校事故の法律問題――その事例をめぐって』（三省堂、一九八三年）を十分に踏まえながらこれを執筆した。もともと『問答式　学校事故の法律実務』は質問・回答・裁判例・解説・参考判例というふうになっていたものを、新日本法規出版の計らいで、質問と回答を除き、ほぼそのままの形で本書に収めたものである。他に、若干の判例評釈をこれに加え、そして、第六章として、監督者責任に関する判例研究を収めたものである。また、第一編第一部と第二編には、筆者の前著『学校事故の責任法理』（法律文化社、二〇〇四年）に挿入されなかった論文や近年に執筆したものを集めて収録している。本書では、学校・教諭の安全注意義務（兼子前掲五〇九頁、伊藤前掲一〇九頁）が、学校事故のいろいろな態様に応じて、判例により、例えば生徒の動静把握義務、救急処置義務、ＡＥＤ使用義務、いじめ実態調査義務、被害実態解明義務等々に具体化されたものに若干の検討を加えたにすぎない。

その意味で、本書は前著の続編であって、拙いものになっているが、本書ができるまでには多くの関係者の方々にお世話になった。勤務校である中京大学法科大学院・法学部の同僚の先生、さらに、学校事故法律実務研究会の各会員の先生からのご指導・ご教示に深く感謝しなくてはならない。それから、兼子仁、伊藤進両先生の学恩に対しても深く感謝申し上げる次第である。

最後に、本書は、出版事情の厳しい折、法律文化社の御厚意によって刊行の運びとなった。このことについて、唯々感謝の念に堪えない。また、同社編集部の小西英央部長に面倒な校正その他についていろいろお世話になった。ここに厚く御礼を申し上げる。

なお、本書の出版にあたっては、勤務校・中京大学から二〇一六年度の出版助成をうけることができた。中京大学をはじめ、関係各位の方々に御礼申し上げる。私事にわたって恐縮であるが、筆者の大学教員としての仕事を家庭で支えてくれた妻敏子にも御礼の言葉を述べたい。

二〇一七年四月七日

奥野　久雄

目　次

第二編　外国法

第一部　フランス法

第二部　スイス法

第一編　日本法

第一部　学校社会をめぐる法律問題

第一章　学校と法

1　教育を受ける権利

一　教育を受ける権利の性格

「すべて国民は、法律の定めるところにより、その能力に応じて、ひとしく教育を受ける権利を有する」（憲二六条一項）とされる。これは、一般に、教育の機会均等を保障するものであり、同時に、いわゆる社会権としての教育を受ける権利を保障するものであるとされている。つまり、そこでは、経済的な側面での条件整備要求権（例えば、経済的理由により修学困難な者に対しては奨学の方法を講じること（教基三条））という意味あいにおいても、教育を受ける権利が把握されているのである。

ところが、今日教育を受ける権利は、子供の学習権という考えを中心に据えて捉えられるようになってきている。学習権とは、すべての国民、とりわけ子供が教育を受けて学習し、人間として成長・発達していく権利をいい、国は、子供の学習権を充足させるために、学習にふさわしい教育提供をなさなければならないものと考えられるようになってきている。したがって、教育を受ける権利は、このような子供の学習権という観念を前提とした、合理的な教育制度の確立と教育施設の設置を国に対して要求する権利として理解されており、そうした権利の保障を具体化する基本的法律として、教育基本法と学校教育法が制定されている。

二　教育を受ける権利の内容

前述の「その能力に応じて、ひとしく」については、「人種、信条性別、社会的身分、経済的地位又は門地によって、教育上差別されない」（教基三条）ことを当然の前提としたうえで、各人の適性や能力の違いに応じて異った内容の教育をすることが許される趣旨であると一般に解されている（もちろん、そこでは憲法一四条の平等原則が教育の分野にもはたらくことも当然の前提とされる）。が、これに対し、「その能力に応じて」とは、子供の心身の発達に応じた教育の保障、例えば心身障害者に対しより手厚い保護などを積極的に要請したものとする見解も有力に主張されている。

次に、「すべて国民は、法律の定めるところにより、その保護する子女に普通教育を受けさせる義務を負ふ」（憲二六条二項）とされる。「普通教育を受けさせる義務」は、教育を受ける権利を内容的に充実化させたものとして解されおり、そして、子供にとっての普通教育を受ける権利が、親権者にとっては普通教育を受けさせる義務であり、また国にとっては義務教育制度の整備義務であるという関係が成立するものと見られている。

さらに、このような国の義務教育整備義務の最低限を実質化したものとして義務教育の無償制が定められている。すなわち、「義務教育は、これを無償とする」（憲二六条二項）というのがこれであり、判例によると、「国が義務教育を提供するにつき有償としないこと、換言すれば、……その対価を徴収しないことを定めたものであり、教育提供に対する対価とは授業料を意味するものと認められるから、同条項の無償とは授業料不徴収の意味と解するのが相当」とされている（最大判昭和三九年二月二六日民集一八巻二号三四三頁）。

2　学校とは何か

一　学校の意義

ところで、学校とは、校地・校舎などの物的施設と校長・教諭などの教職員とを構成要素とする統一体であって、一定の場所において、一定期間、一定の課程により、継続的に子供に対し教育を行う公設または公認の機関をいうものとされている。現行法上、学校は、①学校教育法一条に定める学校（「法律に定める学校」）、②専修学校、③各種学校、④他の法律に特別の規定がある学校に大別される。

①　法律に定める学校　　幼稚園（入園資格満三歳から小学校就学始期に達するまでの幼児＝学教二六条）、小学校（修業年限六年＝同三二条）、中学校（修業年限三年＝同四七条）、義務教育学校（修業年限九年＝同四九条の四）、高等学校（修業年限三年又は三年以上＝同五六条）、中等教育学校（修業年限六年＝同六五条）、大学（通常の修業年限四年＝同八七条一項本文なお八七条一項但書・二項も参照）、高等専門学校（修業年限五年または五年六月＝同一一七条）、及び特別支援学校（盲・聾・養護学校を一本化し、小中・高校・幼稚園に関する規定の準用＝同八二条）、の九種類をいう。なお、大学院、大学院大学及び短期大学は、「大学」に包摂される（同九九条・一〇三条・一〇八条）。

②　専修学校　　一九七六年の学校教育法改正で発足した新しい種類の学校だが（同一一章）、その前身は多くが各種学校であったとされる。

③　各種学校　　上記①②以外の教育機関で、学校教育に類する教育をおこなうものをいい、そうした教育とは専修学校と他の法律に特別の規定がある学校でおこなわれる教育を除く、というふうに定められる（同一三四条）。

④　他の法律に特別の規定がある学校　　上記①以外の教育機関で、②とも違う機関として「他の法律に特別の規定があるもの」であって、職業訓練機関や現職教育機関のことをいう。例えば、専修職業訓練校、高等職業訓練

校、職業訓練大学校、身体障害者職業訓練校、防衛大学校、防衛医科大学校、水産大学校、海技大学校、税務大学校などがそれである。

⑤　株式会社の設置する学校　　地方公共団体が、その設定する構造改革特別区域において、地域の特性を生かした教育の実施の必要性、地域産業を担う人材の育成の必要性その他の特別の事情に対応するための教育又は研究をおこなうものであって、国の規制緩和の一環として、構造改革特別区域法（平成一四年法一八七号）により、設置の途が開かれた（同一二条）。

⑥　特別非営利活動法人の設置する学校　　地方公共団体が、その設定する構造改革特別区域において、学校生活への適応が困難であるため相当の期間学校を欠席していると認められる児童、生徒もしくは幼児又は発達の障害により学習上もしくは行動上著しい困難を伴うため教育上特別の指導が必要であると認められる児童、生徒もしくは幼児（これらをいわゆる不登校児童などという）を対象とするものであって、そこでは、上記区域に所在する学校の教育では満たされない特別の需要に応ずるための教育がおこなわれる（同一三条）。

二　学校の種類

学校について、その目的という見地から検討することにする。

1　幼稚園

義務教育及びその後の教育の基礎を培うものとして、幼児を保育し、幼児の健やかな成長のために適当な環境を与えて、その心身の発達を助長することを目的とする（学教二二条）。二〇〇七（平成一九）年の改正により、従来第七章に置かれていた幼稚園の規定は第三章に移されている。子供の発達段階に対応して整理された。

2　小学校

心身の発達に応じて、義務教育としておこなわれる普通教育のうち基礎的なものを施すことを目的とする（学教二九条）。この普通教育は、憲法二六条と教育基本法四条のそれと同義であり、一般的・普遍的な基礎教育をさす。ほかに教育目標、教科、教科書・教材の使用、就学義務と手続、学校の職員構成、学校設置義務など学校教育法三〇条～四四条参照。なお、学校教育法施行令改正（二〇〇二年）で、ノーマライゼーションと地方分権の見地から就学手続の弾力化を目指し、障害者に対する認定就学者制度が導入された（学教施行令五条以下）。

3　中学校

小学校における教育の基礎の上に、心身の発達に応じて、義務教育として行われる普通教育を施すことを目的とする（学教四五条）。これは義務教育の完成と職業を前提とした生活基礎教育との二つの意味を含む。

4　義務教育学校

心身の発達に応じて、義務教育として行われる普通教育を基礎的なものから一貫して施すことを目的とする（学教四九条の二）。ここでの教育は、上記目的を実現するため、義務教育としておこなわれる普通教育の目標（学教二一条）を達成するようおこなわれる（学教四九条の三）。

5　高等学校

中学校における教育の基礎の上に、心身の発達及び進路に応じて、高度な普通教育と専門教育を施すことを目的とする（学教五〇条）。目的が二重になっていることと、上記専門教育には中等教育における職業教育を含む意味あいであることに留意すべきである。全日制の課程のほか、定時制の課程があり、技能教育施設との連繫がなされる（学教四四条～四五条の二）。学校教育法改正（平成一〇年法一〇一号）により加わった中等教育学校は「小学校における教育の基礎の上に、心身の発達に応じて、義務教育としておこなわれる普通教育並びに高度な普通教育及び専門教育を一貫して施す」ことを目的とする（学教六三条）。

6　中等教育学校

小学校における教育の基礎の上に、心身の発達及び進路に応じて、義務教育としておこなわれる普通教育並びに高度な普通教育及び専門教育を一貫して施すことを目的とする（学教六三条）。中学校の目的と高等学校の目的の両方を合わせて示されている。

7　大　学

広く知識を授けることと、学生の知的、道徳的及び応用的能力を展開させることを目的とする（学教八三条）。注目すべきことは、最高学府として学術の中心であることがうたわれている点であろう。大学には伝統的に大学の自治が認められ、その自治組織として教授会が設けられる（学教九三条）。大学の自治は、憲法上明記されていないが、学問の自由と密接不可分の関係にあるものとして、その保障を定めた憲法二三条によって保障されるとするのが通説である（なお、教育公務員特例法の大学に関する部分も参照）。大学には大学院を置くことができ（学教九七条）、また大学院のみを置く大学の特例が認められる（学教一〇三条、この条文は学部のない大学院、いわゆる独立大学院あるいは大学院大学の設置を認める規定であって、制度上、これを大学の一種として位置づけている）。大学は、国公立、私立とも文部科学大臣所轄の監督機関としての地位を占める。

国立大学法人法、独立行政法人国立高等専門学校機構法、独立行政法人大学評価・学位授与機構法、独立法人国立大学財務・経営センター法などが制定され、すべての国立大学が二〇〇四（平成一六）年度から法人化されている（これに伴い、国立学校設置法などが廃止された）。一方、地方独立行政法人法の制定により、公立大学の法人化についても可能となっている。なお、司法制度改革の一環として、二〇〇四（平成一六）年度から全国六八校で「法科大学院」が発足した（専門職大学院設置基準〔二〇〇三年〕一八―二五頁）。

8　高等専門学校

深く専門の学芸を教授し、職業に必要な能力を育成することを目的とする（学教一一五条）。大学と異なり、研究という目的規定がない。が、短期大学の目的と酷似している（学教一〇八条参照）。

9　特別支援学校

視覚障害者、聴覚障害者、知的障害者、肢体不自由者又は病弱者（身体虚弱者を含む）に対して、幼稚園、小学校、中学校又は高等学校に準ずる教育を施すとともに、障害による学習上または生活上の困難を克服し自立を図るために必要な知識技能を授けることを目的とする（学教七二〜八二条）。

10　専修学校

高等専門学校や短期大学の目的との相違点に留意すべきであろう。つまり、専修学校は、①専門の学芸を教授・研究する機関ではないこと、②実際的な知識や技術を育成し、教養の向上を図る実用的・職業的な教育機関であることである（学教一二四条）。ほかに設置者の制限、監督庁の認可・届出などの定めがある（学教一二七〜一三一条）。

11　各種学校

学校教育法一三四条に基づくものであり、制度面（授業時数、生徒数など）について、学校教育法総則などの準用の定めがなされている。

12　他の法律に特別の規定がある学校

学校教育法以外の法令に特別の規定を有し、「当該教育を行う」ことについての事項をそれぞれ個別に定めることとされる。

以上、学校とは何かについて、その目的という見地から検討してきたが、そこでは、専修学校と「法律に定める学校」との関係が必ずしも明確ではなく議論の余地があるなど問題点もなくはないが、いちおう子供の学習権を保障していくために学校教育の実施がうたわれているものとして考えることができる。そこで、次に、学校に就学ないし在学して教育を受ける子供、すなわち幼児・児童・生徒・学生（以下、「生徒等」又は「学生生徒」などと略する）が学校生活においてどのような法的地位に置かれているのかという問題を検討することにしよう。

3　学校生活における子供の法的地位

一　学校教育関係の意義

生徒等の学校生活における法的地位をめぐっては、これまで生徒等の入学・成績評価・卒業などの学校の教育措置について紛争が生じた場合に、主としてその措置に対する司法審査の範囲が争われてきた。そして、この問題の解明にあたっては、生徒等と学校設置者（次頁、三　学校教育契約の当事者の項参照）との相互関係、すなわち学校教育関係（在学関係又は就学関係とも呼ばれる）の法的性質をどのように理解すべきかということが重要な前提問題とされてきた。

二　学校教育関係の法的性質

従来、私立学校の教育関係については、私法上の契約関係だと説かれてきたが、一方、国公立学校の教育関係については、戦前以来、長い間、公法上の特別権力関係であると解されてきた。特別権力関係においては、公的な目的を達成するために必要な限度で一方が包括的に他方を支配することができ、他方がこれに服すべき立場に立つものと考えられてきた。国立大学の学生が、国民にとっての統治権に服するほか、国立大学生の身分を取得することによって当該大学の管理権に服し、種々の特別の制約を受けることになるといったことがそうであるとされている。ところが、一九六〇年代以降、行政法学において特別権力関係論一般に対して批判が強まり、上述の見解に対しても、現代の教育作用は、本質的に非権力的作用で、教育関係の本質は国公立学校と私立学校とで異ならないとの批判が寄せられたのである。

これを受けて、学校教育関係は、国公立学校と私立学校を問わず、対等当事者間の合意に基づく契約関係であると把握する見解が台頭し、今日これが通説的地位を占めるに至っている。そして、この通説的見解の立場においても、その契約を私法上の契約と解して教育法上必要な限度で修正・補充する説と初めから教育法上の特殊契約とする（医事法上の診療契約関係に比せられる）説とに分かれる傾向が見られる。もっとも近時、最高裁は、大学を国公立と私立とに区別することなく、一般市民社会の中にあって、これとは別個に自律的な法規範を有する特殊な「部分社会」であると解し、この観点から教育措置に対する司法審査の可否を論じている（富山大学単位不認定事件・最判昭和五二年三月一五日民集三一巻二号二三四頁）。これは、特別権力関係説が唱えてきた司法審査の範囲限定を部分社会の法的自律性によって根拠づけたものであったとされている。ただ、契約関係説においても一定の部分社会性が承認されている（例えば、学則等の拘束性の根拠を学校という部分社会の規範の適用を受けることに求める説）などから、いわゆる部分社会説は学校教育関係の法的性質論としての位置を占めるものであるかは疑問であると見られている。そこで、以下では、契約関係説の立場から、学校生活における生徒等の法的地位について見てみることにする（本書第一編一部第三章参照）。

三　学校教育契約の当事者

契約の当事者は、学校の設置主体に応じて異なり、国立学校の場合は国、公立学校の場合は地方公共団体、そして私立学校の場合は私立学校法による学校法人となる（学教二条）。専修学校と各種学校とについては、学校教育法一条にいう学校のように、設置者を限定した規定はない。したがって、国または地方公共団体のほか、自然人、会社その他の法人がこれらの学校の設置主体となりうるものとされる（ただし学教一二七条の一号ないし三号に該当する者に限る。なお、各種学校の設置者について別段の制限規定はない。私人もこれを設置することができるとされる）。これに対し、その相手方は、幼稚園のように入園できる者が幼児である場合には、この者が意思能力を欠くため、この者の代理人であり、生徒等が意思能力を有する場合には、学校教育契約に基づき学校から直接給付を受ける立場にある生徒等本人であると解される。

四　学校教育契約の成立

この契約はどのように締結されるのであろうか。公立義務教育学校以外の学校の場合は、次のような入学に関する一連の過程が見られる。すなわち、まず入学の募集がおこなわれ、これに応募した者を対象に入学試験が実施され、合否決定を経て合格通知（＝入学許可）がなされる。さらに、所定の入学手続、ひきつづき入学式がおこなわれ、授業が開始されるというふうな経路をたどるのが普通である。

義務教育学校の場合、市町村の教育委員会は、その区域内に住所を有する翌学年の学齢児童・生徒について学齢簿を作成し（学教施行令一条・二条、学教施行規則三〇条・三一条）、学校教育法一七条一項の規定により翌学年の初めから四月までの間に就学の健康診断をおこない（学校保健安全法一一条、同法施行令一条）、この就学予定者の保護者に対し、翌学年の初めから二月前に、入学期日の通知及び就学校指定を行う（学教施行令五条）ものとされている。国立・私立学校への就学者等は、当該学校の承諾を証する書面を添え、その旨を届出しなければならないとされている（学教施行令九条）。これ以降は、前者（公立義務教育学校以外）の学校の場合とほぼ同じ経路をたどるのが普通であろう。

ところで、こうした経路のどこで契約が成立したものと解すべきかについては、判例・学説の見解は必ずしも固まっていないが、前者の学校の場合では、契約の成立方法一般に鑑みるならば、学校教育契約にあっては、合格通知（＝入学許可）を「申込」、入学手続をとることを通してなされる意思表示を「承諾」と捉えられるのが適切かつ素直な見方であろうとされる。また、公立義務教育学校の場合には、学校への就学は原則的に義務づけられており、国立学校・私立学校を選択しない限り学区内公立学校への就学校指定に原則的に従わなければならないが、これはそのような学校教育契約の締結強制を就学校指定という行政処分の手続によって担保されているものと解される。

五　学校教育契約の内容

契約の内容は、主として学則等によって定まるものとされる。学則とは、学校教育契約の約款と解され、学校という教育機関内部の規則的な定めの基本的なものであるとされる。他方、校則とは、生徒等の生活規則であると解され、慣習法的に実効される生活指導上の準則（訓示規定）をいうものとされる。その規制する生徒等の生活行動領域が広範であり、さまざまな人権と接触するためであろう。例えば、髪型（私立高校生パーマ禁止違反による処分の違法性を主張し、卒業認定等を請求した事件・東京地判平成三年六月二一日判時一三八八号三頁）、服装（中学校制服購入に伴う損害として制服購入に要した費用に相当する金額を請求した事件・東京高判平成元年七月一九日判時一三三一号六一頁）の規制等がそうであり、とりわけ憲法一三条による自己決定権との関係について今後検討が深められるべきであろうといわれている。いずれにしても、これらの定めに違反する学生生徒に対しては、いろいろな処分が用意されている。

学校設置者がどのような内容の教育役務を供給すべきかは学校教育契約にとって最も重要な論点の一つである。給付内容の決定権は、教育自由の原則により、教師又は学校設置者にあり、学生生徒側にはないとするのが従来からの一般的な考え方である。その主要な理由は、その給付内容の決定には専門的な判断を必要とするということに求められよう。

学校設置者が学生生徒について成績評価と卒業・修了認定をおこなうことは、学校教育契約の成立時に当事者が当然のことと了解しているのが普通であろう。なぜなら、卒業認定は、小・中学校の場合、全課程の修了を認めた者につき（学教施行規則五七条・七九条）・また高等学校・大学の場合、一定単位以上の修得者について（学教施行規則九六条・一四七条・一四九条）おこなわれることとされているからである。したがって、学校設置者は、成績評価と卒業・修了認定をなすべき債務を学生生徒に対して負担するものとされるのである。問題は、その債務内容が適切なものかどうかであろう。これについて近時の裁判例が注目される。事案は、成績不振で原級留置措置を受けた公立高校生が追認考査の機会や仮進級制度のなかったことが著しく不適切だとして債務不履行や不法行為を理由に損害賠償を請求したというものであり、判決は、成績評価の教育裁量性が生徒の学習権の保障を担保するものと捉えたうえで、成績不良の生徒に対しこれをまったく無視して何ら教育指導をしなかったようなときには、教育的裁量の範囲を逸脱するものとしてその義務の履行を怠り、生徒の学習権を違法に侵害することになると述べている（札幌地判昭和五六年一一月一六日判時一〇四九号一一〇頁。本件では義務違反を認定すべき事実は認められていない）。

授業料の納入が特約されている場合、これは給付義務であり、学校設置者が負担するそれと対価関係に立つものといえるが、ただ、授業料をめぐる法律関係の処理には、教育的配慮が要請される。このため、履行遅滞による解除権を定める民法五四一条の直接適用は制限される（例えば、学費滞納を理由とする除籍処分に際し教育的配慮を欠くならば権利濫用ないし信義則違反として認められないとされた裁判例〔東京地判昭和四七年一二月一四日判時六九五号七六頁〕がある）。

また、入学辞退者に対する入学金・授業料等の納付金、いわゆる学納金不返還条項の不当性がとりわけ消費者契約法施行（平成一三年四月一日）後、問題となりうるが、入学金については、その納付をもって学生は大学に入学し得る地位を取得するものであるから、大学はその返還義務を負わないが、授業料等についても、不返還特約が有効と認められる以上は、大学は、その返還義務も負わないとされた事例（最判平成一八年一一月二七日判時一九五八号一二頁も参照）がある。

学校教育契約に関して学生生徒の生命身体の安全を配慮すべき義務が問題にされる場面は、学校事故――学校生活に伴って生じた生徒等の人身事故（例えば、体育・実験授業中の事故とか子供同士の遊び・けんか・いじめに伴う事故など）――であろう。学校教師の個人責任を問うよりも、学校設置者の学校全体の組織・運営・管理上の責任を追及するため、学校教育契約上の安全配慮義務違反という債務不履行責任構成をとることができるからであるとされる。他方、学校事故が発生した場合、不法行為構成によって学校設置者の責任が問題にされる。例えば、男子児童が、朝自習の時間帯に、教室後方にあるロッカーから落ちていた自分のベストを拾うため離席し、ほこりを払おうとこれを頭上で振り回したところ、ファスナー部分がちょうど席を立って後ろを振り向いた女子児童の右眼にあたりその児童を負傷させた事故について担任教諭に過失があるとはいえないとした事例（最判平成二〇年四月一八日判時二〇〇六号七四頁）、中学校の剣道部員が、竹刀でホッケー遊びをしていて、他の部員の左眼を失明させた事故には、指導教諭に過失があるとされた事例（大阪高判平成一〇年五月一二日判時一六六四号六八頁）、中学生が在学中に、同級生から暴行を受け、脾臓摘出の後遺症を受けた事故について、生徒や家族から暴力行為（いじめ）の申告がないことをもって、予見できない理由とすることはできず、学校側が適切な予防措置を取らなかったことについては過失があるとされた事例（大阪地判平成七年三月二四日判時一五四六号六〇頁）、女子高校生が、学年集会の場で横を向いて話していたとの理由で教師に暴行され受傷したことにつき、学校側に責任があるとされた事例（千葉地判平成一〇年三月二日判時一六六六号一一〇頁）、朝自習中の女児童の負傷事故について担任教諭の過失を認めた事例（最判平成二〇年四月一八日判時二〇〇六号七四頁）、小学校の教員が、女子数人を蹴るなどの悪ふざけをした二年生の男子を追い掛けて捕まえ、胸元をつかんで壁に押し当て大声で叱った行為が体罰にあたらず、違法とはいえないとされた事例（最判平成二一年四月二八日民集六三巻四号九〇四頁）、等々がある。なお、スポーツ活動中の選手への落雷事故につき、安全にかかわる事故の危険性を予見の対象とし、平均的なスポーツ指導者の有さないような特殊な技能・経験等をスポーツ指導者に求めた事例（最判平成一八年三月一三日判時一九二九号四一頁）が注目される。

いずれにしても、現在のわが国の損害賠償制度は、学校事故の救済をおこなうにあたって、学校・教師と生徒・親という特殊な状況を考慮したものではないことから、被害生徒等の救済をおこなう場合、とくに教育理念の見地からして問題が少なくない。とりわけ、民法や国家賠償法は過失責任の原則をとっているので、被害生徒等が損害賠償を請求するには、学校関係者（校長・教頭・教諭・教育委員会等）に過失があったことを証明しなければならないとされる。このため、被害者救済の立場から、学校関係者の過失をゆるやかに認定する傾向が推し進められると、いきおい教育活動の萎縮化が強まるといわれているからである。そこで、こうした不都合を斥けるために、学校関係者の注意義務の限界を明らかにするなどの解釈論上の努力がなされている一方、国・公共団体又は学校法人の無過失責任を定める「学校事故損害賠償法」（学賠法）を、さらに無過失責任原則を踏まえつつ学賠法を超えて、国の完全補償義務を定める「学校災害補償法」（学災法）を制定することの必要が立法論として提唱されている。

学校における生徒の安全に関しては、学校事故に際しての被害者救済制度を定めた「独立行政法人日本スポーツ振興センター法」（平成一四年法一六二号）がある。この法律は、「スポーツの振興及び児童生徒の健康の保持増進を図るため」「スポーツ施設の適切かつ効率的な運営」「スポーツ振興のために必要な援助」とともに、「小学校、中学校、高等学校、中等教育学校、高等専門学校、特殊教育諸学校、又は幼稚園の管理下における児童生徒等の災害に関する必要な給付」をおこなうことをその目的としている。そして、同法により設置されている「独立行政法人日本スポーツ振興センター」がおこなう「災害救済給付」の内容は、「独立行政法人日本スポーツ振興センターに関する省令」（平成一五・文科令五一号）で定められている（同省令二一条・二三条）。

第二章　学校をめぐる法律問題

1　はじめに

今日、学校社会をめぐって、いろいろな問題が起きている。とりわけ、児童生徒の学校生活の中で見受けられ、教育学や社会学の研究成果を踏まえた問題解決を私どもに迫っている。ここでは、学校という教育の場で生じる児童生徒学生を被害者とする事件（以下、これを学校事故という）を取りあげ、若干の考察をしたいと思う。

2　学校事故の責任の在り方

学校教育活動に伴って児童生徒に事故が発生したとき、学校に対してどのような責任が問われるのであろうか。普通、不法行為構成と債務不履行構成の二通りが考えられる。その根拠となる条文は、国公立学校の場合と私立学校の場合とで異なる。国公立学校の教育活動に伴って事故が生じた場合には、国家賠償法（以下、国賠法という）一条により、国又は公共団体に対して損害賠償責任（不法行為責任）を追及することができる。そのさい、国公立学校の教師の生徒に対する関係が、同条にいう「公権力の行使」にあたるかが問題になる。現在では、その関係は広く非権力作用と解され、それに含まれるものとされる考え方が主流を占めている(1)。そして、他方、国公立学校の設置者は、その管理する児童生徒の生命について学校教育契約（在学契約）関係もしくはこれに準じる関係に付随して信義則上安全に配慮すべき注意義務を負うことがあるものとされている。この点で、国公立学校での事故は、学校の設置者の債務不履行による法律構成で責任を問うことが可能となっている(2)。

一方、私立学校の場合は、どうであろうか。民法七〇九条及び七一五条による不法行為構成を用いて責任を追及することが考えられる。さらにこれとは別に、学校教育契約ないし在学契約に付随して民法四一五条を根拠にいわゆる安全配慮義務が認められている(3)。

要するに、国公立学校であれ、私立学校であれ、学校の設置者に児童生徒の安全を配慮すべき義務が契約関係もしくはこれに準じる関係に付随して課されている。これとは別に、学校設置者には、不法行為法上児童生徒を監督指導すべく注意義務もしくはその安全を確保すべき注意義務が課されている。学校設置者に不法行為責任が成立するには、加害者である教師に故意・過失という主観的要件が必要となる。学校事故の責任を問う裁判例においては後者の不法行為構成が大多数を占めている。そこでは、教師に要求される注意義務（監督義務）の範囲とその内容・程度が問われる(4)。

3　教師の監督義務の範囲について

一般に、教師は、学校における教育活動及びこれに密接不離の生活関係についてのみ監督義務を負うことになる。この点で、授業開始前、休憩時間、放課後、教員の勤務時間外のクラブ活動における事故について、教師に監督責任を問いうるかが問題となる。この問題について注目に値する判断を示したものに、最高裁平成二〇年四月一八日判決（判時二〇〇六号七四頁、判タ一二六九号一一七頁）がある(5)。事案はこうである。すなわち、男子児童が、朝自習の時間帯に教室後方にあるロッカーから落ちていた自分のベストを拾うため離席し、ほこりを払おうとしてこれを頭上で振り回した。ちょうどそのころ、席を立って振り向いた女子児童の右眼に、ベストのファスナー部分が当たり、当該女子児童が負傷したというものである。判決は、担任教諭が事故当時、教室入口付近の自席に座り、他の児童らから忘れ物の申告等を受けてこれに応対していたこと、朝自習の時間帯であっても児童が必要に応じて離席することは許されていたこと、担任教諭において日ごろからとくに上記男子児童の動静に注意を向ける必要があったという事情はうかがわれなかったこと、ベストを頭上で振り回す直前までの上記男子児童の行動は特段危険なものではなかったことなどを認めた。そのうえで、判決は、担任教諭がベストを頭上で振り回すという上記男子児童の突発的な行動に気付かず、事故の発生を未然に防止することができなかったとしても、担任教諭に児童の安全確保又は児童に対する指導監督についての過失があるとはいえない、と述べた。

この判決で問題となるのは、教師の監督義務が児童の生活関係のどのような範囲において存在するかであろう。もちろん、その範囲外で発生した事故については、監督義務違反としての過失は存在しないものと解される。判決は、本件の朝自習の時間帯に用もないのに自席を離れないという約束になっていたが、このような学級の約束は、児童にとって必要な行動まで禁じるものではなく、児童が必要に応じて離席することは許されていたものと解されるであろう。なぜなら、この朝自習の時間帯は授業開始直前のいわゆる朝の会に移行する前のそれであったという事情を考慮すると、その朝自習の性質・役割がいわば朝の授業開始への準備の過程そのものであると評価することができるからである。ゆえに、本件の学級の約束についても、児童が必要に応じて離席するのは許されると解釈することは合理的な取扱いであろう。したがって、担任教諭が、教室前方入口付近の自席に座り、他の児童らの忘れ物の申告などを聞いており、加害児童の一連の行動や傷害事故の発生に気付いていなかったようなときに、学級の約束についての取扱いの合理性が承認されるとするならば、結局は、加害男子児童の日頃からの傾向（特段の危険性の有無）が考慮され、当該児童の一連の行動についての予見可能性が消極的に判定されることになるであろう。また、席を立った児童に注意を促すなどの指導監督義務の怠りの有無についても否定的に解されることになるように思われる。

教師は、児童生徒に対して万全を期すべき注意義務（監督義務）を負うという点で学説は一致している。注意義務が尽くされていたかどうかは、個々の教師の個人的能力ではなく、平均的教師のそれを基準として判断される。平均的教師ならば、問題の危険が予見可能であったか、予見可能であったとすれば、それを回避するためにどのような措置をとるべきであったかを想定して、そのような措置がとられていない場合には過失があるというふうにである。

4　教師の監督義務の内容・程度について

近時の最高裁判例として、それについて判断したものに最高裁平成一八年三月一三日判決（判時一九二九号四一頁）がある。[6] これは、その点をどのように見ているのであろうか。事案はこうである。すなわち、X1（原告・控訴人・上告人）は、平成八年当時、Y1学校法人（被告・被控訴人・被上告人、以下、Y1という）との間の学校教育契約ないし在学契約に基づき、Y1の設置するA高校に一年生として在籍し、同校サッカー部に所属していた。Y1は、課外クラブ活動の一環として、平成八年八月一二日から同月一五日まで、屋外の施設である丁市甲運動広場（以下、本件運動広場という）等で開催される第一〇回Dと称するサッカー競技大会（以下、本件大会という）に、同校サッカー部を参加させ、その引率者兼監督をB教諭とした。

A高校の第一試合が開始された平成八年八月一三日午後一時五〇分ころには、本件運動広場の上空には雷雲が現われ、小雨が降り始め、時々遠雷が聞こえるような状態であった。右記試合が終了した同日午後二時五五分ころからは、上空に暗雲が立ち込めて暗くなり、ラインの確認が困難なほどの豪雨が降り続いた。同日午後三時一五分ころには、大阪管区気象台から雷注意報が発令されていたが、本件大会の関係者らは、このことを知らなかった。同日午後四時三〇分の直前ころには、雨がやみ、上空の大部分は明るくなりつつあったが、本件運動広場の南西方向の上空には黒く固まった暗雲が立ち込め、雷鳴が聞こえ、雲の間で放電が起きるのが目撃された。雷鳴は大きな音ではなく、遠くの空で発生したものと考えられる程度であった。

B教諭は、稲光の四、五秒後に雷の音がする状況になれば雷が近くなっているものの、それ以上間隔が空いているときには落雷の可能性はほとんどないと認識していた。そのため、同日午後四時三〇分の直前ころには落雷事故発生の可能性があるとは考えていなかったのである。

A高校の第二試合は、同日午後四時三〇分ころ上記気象状況の下で、本件運動広場の乙コートで開始され、同校サッカー部員がこれに参加していた。同日午後四時三五分ころ、本件フィールドのA高校側ゴールから見て左サイドにボールがあがり、両チーム選手がそこに集まっており、X_1のみが右サイドのスペースを駆け上がって走り始めた。そのとき突然フィールドが明るくなり大きなパチパチという音とギザギサの稲光とともにX_1に突然落雷しX_1はその場に倒れた（以下、この落雷事故を本件落雷事故、又は本件事故という）。X_1は、E救命救急センターに救急車で搬送された。同センター、F病院及びG病院で治療を受けたが、X_1には、視力障害、両下肢機能の全廃・両上肢機能の著しい障害等の後遺障害が残り、退学せざるをえなくなった。

そこで、X_1とその両親X_2X_3、その兄X_4らは、Y_1に対して、サッカー競技の有する危険からX_1を保護するため万全の配慮をなす義務を怠ったなどと主張し、債務不履行または不法行為に基づき、損害賠償を請求した。そして、Y_2に対しても同様の請求がなされているが、ここでは検討の対象からはずしている。

一審は、Y_1らの損害賠償責任を否定し、X_1らの本訴請求を棄却した。

原審判決（判時一九一三号六六頁）は、次のように述べ、Y_1らの責任を否定した。すなわち、「A高校の第二試合が開始される直前には遠くで雷鳴が聞こえており、かつ、西南方向に暗雲が立ちこめていたこと……であるから（自然科学的知見によれば：奥野注）落雷の危険性の予兆（兆候）があるものとして、サッカー競技を直ちに中止して、安全空間に避難すべきであったということになる。……しかしながら、……社会通念上も雷注意報が発令されたり、遠くで雷鳴が聞こえたりしていることから直ちに一切の社会的な活動を中止すべきことが当然に要請されているとまではいえないから、Y_1に安全配慮義務違反があったというためには、自然科学的な見地から落雷被害についての結果回避可能性があったというだけでは足りず、その前提として……B教諭に落雷被害についての予見可能性のあったことや平均的スポーツ指導者としての予見義務違反があったことが必要である。……しかしながら、上記冊子（日本体育・学校健康センターが毎年発行する「学校の管理下の死亡・障害」と題する冊子）……その他、一般人を対象とした啓蒙目的のパンフレット、新聞報道、文部省（現文部科学省）の指導における落雷事故に関する知見を総合考慮しても、本件の状況下において、平均的なスポーツ指導者が落雷事故発生の具体的危険性を認識することが可能であったと認めることはできない」と述べた。

そして、「午後四時ころ、本件試合が開始された午後四時三〇分ころ、本件落雷事故が発生した午後四時三五分ころのいずれの時点においても、雷注意報が発令されていたことや雷鳴・黒雲の発生があった等の雷発生の兆候があったとしても、そのことから直ちにB教諭において本件フィールドの選手に落雷することを予見することが可能であったとまではいえず、また、そのことを予見すべき義務があったとまではいえないというべきである、と述べました。したがって、原審判決は、「B教諭が安全配慮義務を尽さなかったということはできないから、Y_1に債務不履行責任又は不法行為責任があるということはできない。」として控訴を棄却した。そこで、Xらは上告した。

最高裁判決は、原審判決を破棄し、本件を原審に差し戻した。その理由はこうである。すなわち、「教育活動の一環として行われる学校の課外のクラブ活動においては、生徒は担当教諭の指導監督に従って行動するのであるから、担当教諭は、できる限り生徒の安全にかかわる事故の危険性を具体的に予見し、その予見に基づいて当該事故の発生を未然に防止する措置を執り、クラブ活動中の生徒を保護すべき注意義務を負うものというべきである。

……落雷による死傷事故は、平成五年から平成七年までに全国で毎年五～一一件発生し、毎年三～六人が死亡しており、また、落雷事故を予防するための注意に関しては、平成八年までに、本件各記載等の文献上の記載が多く存在していたというのである。そして、……A高校の第二試合の開始直前ころには、本件運動広場の南西方向の上空には黒く固まった暗雲が立ち込め、雷鳴が聞こえ、雲の間で放電が起きるのが目撃されていたというのである。そうすると、上記雷鳴が大きな音ではなかったとしても、同校サッカー部の引率者兼監督であったB教諭としては、上記時点ころまでには落雷事故発生の危険が迫っていることを具体的に予見することが可能であったというべきであり、また、予見すべき注意義務を怠ったものというべきである。このことは、たとえ平均的なスポーツ指導者において、落雷事故発生の危険性の認識が薄く、雨がやみ、空が明るくなり、雷鳴が遠のくにつれ、落雷事故発生の危険性が減弱するとの認識が一般的なものであったとしても左右されるものではない。なぜなら、上記のような認識は、平成八年までに多く存在していた落雷事故を予防するための注意に関する本件各記載等の内容と相いれないものであり、当時の科学的知見に反するものであって、その指導監督に従って行動する生徒を保護すべきクラブ活動の担当教諭の注意義務を免れさせる事情とはなり得ないからである。」と述べた。

そのうえで、判決は、「以上によれば、原審判決のうちYらに関する部分は破毀を免れない。そして、本件については、A高校の第二試合の開始直前ころまでに、B教諭が落雷事故発生の危険を具体的に予見していたとすれば、どのような措置を執ることができたか、同教諭がその措置を執っていたとすれば、本件落雷事件の発生を回避することができたか」について、更に審理を尽くさせるため、本件を原審に差し戻した。

この最高裁判決の場合、原審が「平均的なスポーツ指導者」を基準として、落雷事故発生の具体的危険性を認識することが可能であったとは認められないとしたのに対し、最高裁は、全国で毎年落雷事故が発生しているという事実、また多くの文献が落雷事故を予防するための注意について記載していたことから落雷事故発生の具体的な危険を予見することが可能であったと判断したものであるが、このような判断の相違をどのように評価すべきであろうか。原審判決は、一般的に予見の対象をスポーツ競技に内在する危険に求め、その判断要因として生徒の危険回避・承諾能力をあげている。そして、落雷の危険を屋外スポーツ競技に内在するものと考えているのであろう。これに対して、最高裁判決は、生徒の安全にかかわる事故の危険性を予見の対象とし、平均的なスポーツ指導者の有さないような特殊の技能・経験（当時の科学的知見を含む）等を本件スポーツ指導者に求めている(7)。両者は、落雷の危険の捉え方が微妙に異なるように感じられる。とりわけ、最高裁判決は、落雷の危険を相当の注意を用いたとしても防止することのできない、いわゆる天災もしくは自然現象として捉え、本件スポーツ競技に内在する危険ではないと見ているのではないかと思われる。

5　権利侵害・違法性と体罰

学校における懲戒は、教師による児童生徒の行為の規制や居残り学習の指示といった個別的制裁である「事実としての懲戒」と退学・停学など法的効果を伴う懲戒処分とがある。他方、体罰は、「事実としての懲戒」の法的限界として、法律上禁止されている（学校教育法一一条但書）。戦前においては、国民学校令（一九四一年）二〇条で、「国民学校職員ハ教育上必要アリト認ムルトキハ児童ニ懲戒ヲ加フルコトヲ得但シ体罰ヲ加フルコトヲ得ズ」とされていた。実際には、つとに、小学校の教員が懲戒のために生徒の身体に障害を与えない程度に軽く叩くのは不法行為とはいえないというふうに多少の有形力の行使は体罰に該当しないと解されていたようである。一方、戦後においては、子供の人権（生命・身体の安全や私生活の自由及び名誉等）の保障と教育の非権力作用の見地からして、それは厳格に規制されている。したがって、体罰は、広く身体への有形力の行使のほか、肉体的苦痛を与える懲戒を含むものと解されている(8)。

ところが、最近になって、学校社会としての秩序維持の強化、すなわち、児童生徒の問題行動に対する学校の指導の充実化の観点から、例えば、「児童生徒に対する有形力（目に見える物理的な力）の行使により行われた懲戒は、その一切が体罰として許されないというものではない」など、従来の懲戒・体罰規定の解釈運用に対して行政の立場から一定の修正が施されている。

そのような中で、公立小学校の教員が、女子数人を蹴るなどの悪ふざけをした二年生の男子を追いかけて捕まえ、胸元をつかんで壁に押し当て大声で叱った行為（以下、本件行為という）が、学校教育法一一条但書にいう体罰に該当するとした原審判決を破棄・自判し、本件行為の体罰該当性を否定し、本件行為に違法性がないとしたのが、最高裁平成二一年四月二八日判決（民集六三巻四号九〇四頁）であり[9]、注目されている。そこで、まず、両判決の見解が、なぜ分かれたかを考えてみよう。

原審判決が、「①胸元をつかむ行為は、けんか闘争の際にしばしば見られる不穏当な行為であり、悪ふざけをした男子児童を捕えるためであれば、手をつかむなど、より穏当な方法によることも可能であったはずであること、②児童の年齢、児童と教諭の身長差及び両名にそれまで面識がなかったことなどに照らし、児童の被った恐怖心は相当なものであったと確認されること等を総合すれば、本件行為は、社会通念に照らし、教育指導の範囲を逸脱するものであり、学校教育法一一条但書により、全面的に禁止されている体罰に該当し、違法である」と判決したが、これに対し、最高裁判決は、次のように述べ、原審判決のその判示内容を全面的に否定した。すなわち、小学校教員の本件行為は、児童の身体に対する有形力の行使ではあるが、他人を蹴るという児童の一連の悪ふざけについて、これからはそのような悪ふざけをしないように児童を指導するためにおこなわれたものであり、悪ふざけの罰として児童に肉体的苦痛を与えるためにおこなわれたものでないことは明らかである。（中略）本件行為は、その目的、態様、継続時間等から判断して、教員が児童に対しておこなうことが許される教育的指導の範囲を逸脱するものではなく、学校教育法一一条但書にいう体罰に該当するものではないというべきである。したがって、教員のした本件行為に違法性は認められない、と述べた。最高裁判決に見る懲戒行為の態様ないしその目的は、「男子児童の胸元をつかみ叱責した行動」であって他人を蹴るという児童の一連の悪ふざけをしないよう指導にあたるものである一方、被侵害利益の種類・内容は、相当程度の恐怖心を伴う精神的自由の侵害であり、両者の相関的較量の結果、前者は、日常の指導措置の一環としてなされたとの評価がおこなわれ、後者は、児童の症状が回復していることもあり（既に、元気に学校生活を送り、家でも問題なく過ごしている）、比較的軽微なものと見られ、結局は、違法性が否定されている。[10]そしてまた、体罰該当性についてもそれぞれの諸要因を総合的に判断された結果、否定的に解されているのであろう。

6　まとめ

以上、三つの最高裁判例は、学校による児童生徒の問題行動に対する指導に関心が払われているように思われる。とくに二つ目の判例では、スポーツ指導の在り方が問われている。いずれにしても、子供の人権尊重の理念と学校による児童生徒の生活指導の充実化という、いわば学校社会の秩序の確立の理念との調和を目指しているように思われる。

（1）奥野久雄『学校事故の責任法理』（法律文化社、二〇〇四年）九七頁。
（2）奥野前掲九二頁。
（3）奥野前掲九二頁。
（4）奥野久雄「学校事故・スポーツ事故」法学セミナー増刊・不法行為法（日本評論社、一九八五年）二三七頁。不法行為構成がとられる理由について奥野前掲九五頁。
（5）奥野久雄「朝自習中の小学生の負傷事故と担任教諭の注意義務」民商法雑誌一三九巻六号（二〇〇九年）六七四頁。原審は、朝自習を授業と同視しているが、最高裁は、それを教育活動と密接不離の関係にある、授業への準備過程と捉えている点に留意すべきである。詳細は本書第一編第二部第一章1の分析を参照。
（6）奥野久雄「課外クラブ活動中の生徒への落雷事故と担当教諭の注意義務」判例評論五七八号（二〇〇七年）一八五頁。詳細は本書第一編第二部第三章2の評釈を参照。

（7）奥野前掲（6）一八八頁。この意味で他のスポーツ競技と比較して指導者の監督義務は高度なものになるであろう。差戻審では、事故回避可能性が最大の争点となったが、これを肯定し、B教諭の過失を認めた（高松高判平成二〇年九月一七日判時二〇二九号四二頁）。

（8）奥野久雄「公立小学校の教員が、女子数人を蹴るなどの悪ふざけをした二年生の男子を追い掛けて捕まえ、胸元をつかんで壁に押し当て大声で叱った行為が、国家賠償法上違法とはいえないとされた事例」民商法雑誌一四一巻三号（二〇〇九年）三八〇頁。詳細は本書第一編第二部第二章6の批評を参照。

（9）奥野前掲（8）三七五頁。

（10）奥野前掲（8）三九〇頁。

第三章　学校教育契約

1　はじめに

学生・生徒・児童が学校に在学して教育を受ける関係、いわゆる学校教育関係を法的にどのようなものとして理解すべきであろうか。従来、私立学校の教育関係については、私法上の契約関係だと説かれてきたが、一方、国公立学校の教育関係については、戦前以来長い間、公法上の特別権力関係であると捉えられてきた。

特別権力関係においては、公的な目的を達成するために必要な限度において、一方が包括的に他方を支配することができ、他方がこれに服すべき立場に立つものと考えられてきた(1)。国立大学の学生が、国民として国の統治権に服するほか、国立大学生の身分を取得することによって、当該大学の管理権に服し、種々の特別の制約を受けることになるといったことがそうである(2)。

ところが、国公立学校の教育関係をこのように特別権力関係であると捉える見解に対し、現代の教育作用は、本質的には公権力の行使ではなく、非権力的作用であり、教育関係の本質は国公立学校と私立学校とで異なるものではないことなどを理由として、強い批判が寄せられた(3)。そして、これを受け、学校教育関係は、対等当事者間の合意に基づく契約関係であると把握する見解が抬頭し、今日これが通説的地位を占めるに至っている(4)。

かくて、学校教育関係を契約関係として捉えようとすると、この教育関係が契約理論によってどのように構成されるべきであるかといった課題を検討しなければならない。もっとも、この課題は、義務教育関係と契約理論、教育を受ける権利の位置づけと契約理論等々の大きな広がりをもっている。(5) ここでは、右の課題に接近する手がかりとして、第一に、契約の当事者をいかに確定すべきであるのか、という問題、第二に、契約の成立をどのように法的に構成すべきか、という問題について若干の検討をおこなうことにする。

2　問題の所在

ところで、学校教育関係を契約関係として捉えようとする場合、契約当事者の確定については、次の点が問題となる。すなわち、まず、生徒が未成年者であるときには、契約の当事者は保護者（原則として親権者〈民八一八条〉）なのか、生徒本人であるのかという問題である。この問題は、とくに義務教育関係において子供を学校に就学させる義務（就学義務）との関連で検討されなければならない。

次に、契約の成立を法的にどのように構成すべきかも一つの問題である。この問題は、殊に義務教育関係（公立学校のそれ）を契約理論によって捉えうることを前提にするものである。そこで、まずこの前提の成否が検討されなければならない。もっとも、私立学校の教育関係については、前述のように契約関係として理解するのが、一般的である。(6)

なお、最後に、契約により当事者が負担する債務についても若干の検討をしておくことにしよう。これに密接に関連するものとして、最近、「公教育の安全と教育過誤」という主題の下に、教育の内容と安全についての責任の問題を検討する試みがなされている(7)ことに留意しておく必要があろう。もっとも、右の問題は、極めて広汎な論点を含むものであり、到底筆者の力の及ぶところではないが、ただ、ここでは重要であると考えられる近時の裁判例を取り上げ、これに若干の検討を加えるにとめたいと思う次第である。

3　契約の当事者

学校教育法二条によれば、「学校は、国、地方公共団体及び私立学校法第三条に規定する学校法人のみが、これを設置することができる」と規定されている。この結果、学校教育契約の一方当事者は、学校の設置主体に応じて異なり、国立学校の場合は、国、公立学校の場合は、地方公共団体、そして、私立学校の場合は、学校法人となるのである。もちろん、これらは、いずれも法人であるが、ただ、私立の盲学校、ろう学校、養護学校、及び、幼稚園は、当分の間、学校法人以外の法人、自然人が設置できることとされている（学教一〇二条一項）。これは、それらの学校が比較的小規模であり、当面その質的な充実よりは量的な普及に期待を寄せた措置であるとされている。(8)

これに対し、その相手方は、生徒と保護者のいずれであるかが問題となる。ところで、意思能力を欠く者のなした契約が無効になることは、明文の規定はないが、解釈上当然のこととされており、(9)その有無の分界線は、問題の契約がいかなる種類であるかによって異なるものの、実際上、七歳程度の通常人の知能のあたりに設けられることが多い(10)とされている。そうすると、幼稚園のように入園できる者が、満三歳から小学校就学の始期（満六歳）に達するまでの幼児である（学教八〇条、二二条）場合には、この者は、意思能力を欠くことになり、保護者がこの者に代理して学校教育契約を締結することになるのである。ここまでは、判例・学説は共に見解が一致しているけれども、生徒が意思能力を有する子供である場合には、契約当事者の確定について見解を異にしている。

まず、判例から見てみよう。山形地判昭和五二年三月三〇日判時八七三号八三頁（事案は、体操クラブでのつり輪練習中の事故に関するもの）は、「高等学校の生徒には意思能力を肯定できるのであるから、生徒と学校法人である高等学校との在学関係は、一般に当該高等学校に入学する生徒自身と高等学校との間に」存在し、「生徒の親権者らは生徒の当該入学契約について同意を与えているものであ（る）」と判示（債務不履行責任肯定）する。これによれば、少なくとも高等学校以上の生徒等については、責任能力が肯定され、生徒との間に契約関係が生ずるものと解されるため、保護者と学校設置者の契約関係を前提としての債務不履行責任は存しないということになろう。

次に、学説を見ることにしよう。まず第一説は、「親権に服するかどうか、親権者なり保護者が授業料等の費用を負担するかどうかにかかわらず、その在学契約によって学校から直接給付を受ける立場にある学生との間の契約とみるのが素直ではないだろうか[11]」という見解である。この見解は、「（学校事故における損害賠償請求原因を）債務不履行責任として構成していく場合には、学校設置者の生徒に対する安全配慮義務＝債務の存在を前提としなければならない[12]」との認識を基底にして形成されたものと推測される。また、第二説は次のように述べている。すなわち、「義務教育年齢は、意思能力を欠く年齢にほぼ一致している（民七九七条・九六一条参照、なお労基五六条参照）。これは妥当な線であり、広く教育契約一般についてもいえることである。被教育者が意思能力を欠く子のときは、保護者が当事者になると解すべきである。監護教育権行使の一態様であり、全面的にその行使が許されるとみられるからである（民八二〇条・八五七条）。これに反し、未成年の子でも意思能力があるときは、子が単独で教育契約を締結できるものとされる（山形地判昭和五二年三月三〇日判時八七三号八三頁参照―高校生について）。しかし、保護者はこの場合にも、監護教育権行使の一場合として、子のために教育契約を締結できる。ただ、本人の同意を必要とするとみるべきであろう（民八二四条但書の類推適用）。……両者が抵触するときは、子の契約が優先する[13]」と。この見解は、「義務教育については、保護者が当事者となることを前提として、保護者の就学させる義務が定められている（学教法二二条・三九条）[14]」（傍点・奥野）ということが念頭におかれている。

しかし、学校教育契約の当事者確定の問題は、このように保護者の就学義務に直結するものであろうか[15]。この就学義務は、市町村の教育委員会による就学校指定により発生し、今日では学校に学齢児童・生徒を就学させることを履行要件とするものとされているが[16]、この履行要件からすると、第二説の立場のように就学義務は、「保護者が当事者となることを前提として、保護者の就学させる義務」と構成されるべきではないように思われる。というのは、第一説の見解のように学校設置者から直接給付を受ける立場にある生徒等との間の契約だと見る立場も、就学校指定を契約理論によって捉えることができるならば、成立しうると考えられるからである。[17]そこで、次に、契約と就学校指定の関係を検討することにしよう。

4　契約と就学校指定

義務教育学校の場合、満六歳から一二歳までの学齢児童、ひきつづき、一五歳までの学齢生徒である子供をもつ保護者は、その子供をそれぞれ小学校、及び、中学校、または、盲・ろう・養護学校の小学部、及び中学部に就学させる義務を負うものとされている（学教二二条一項、三九条一項）。そこで、市町村の教育委員会は、毎年一〇月一日現在でその区域内に住所を有する翌学年の学齢児童・生徒について学齢簿を作成し（学教法施行令一条・二条、同施行規則三〇条・三一条）、翌学年の初めから四月までの間に就学の健康診断をおこない（学校保健安全法四条、同施行令一条）、この就学予定者のうちで、盲・ろう者等を除く、その保護者に対し、翌学年の初めから二月前に、入学期日の通知及び就学校指定をおこなう（学教法施行令五条）ものとされている。そこで、国立・私立学校への就学者等は、当該学校の承諾を証する書面を添え、その旨を届出なければならないとされている（学教法施行令九条）。そして、就学校指定は、就学校との関係において、保護者に具体的な就学義務を負わせる行政処分であると解されている。[18]そこで、契約と就学校指定の関係を解明するために、まず、契約と行政処分との差異を検討しておこう。近時、この両者の差異について、これは、「意外に微妙である」[19]との注目すべき指摘がなされている。すなわち、両当事者間において、まず、権利義務の内容は、どちらにおいても法律によってまったく決められることもあるので、この意味における自由の存否をもって区別の標準とはできないし、また、附合契約から明らかなように、法律に許された範囲内でその内容を誰が事実上決めるかによって区別できない[20]とされる。そうすると、行政処分は、相手方が何もしないのにその義務を課する点で、相手方もとにかく義務を負うべく現れた（附合）契約と異なるとされる。[21]結局、相手方がどの程度関与するかが区別の決め手になるとされる。[22]このような指摘に基づき、就学校指定を捉えると、それは、行政処分という外形をとっていても、私立学校・国立学校を選択しうるという仕方で相当程度の関与がなされるため、契約の実質を備えるものといえよう。したがって、就学校指定は、学校設置者が一方当事者となる契約的関係であると理解すべきであろう。

5　契約の成立

就学校指定は、前述のように、学校設置者が一方当事者となる契約的関係であると捉えることができるとするならば、そこでの学校教育契約の締結を法的にどのように構成すべきであろうか。この点については、これまで、ほとんど議論されていない。というのは、就学校指定が行政処分であるとされているため、契約理論をそこに入れる余地はないものと考えられてきたことがその主な原因であろう。そこで、こうした問題の検討にあたっては、まず公立義務教育学校以外の学校の場合における契約締結の法的構成に関する議論を、眺めてみることにしよう。

一　公立義務教育学校以外の学校の場合

この場合、生徒等の入学に関する一連の過程が存在する。すなわち、まず入学募集がおこなわれ、これに応募した者を対象とする入学試験が実施され、合否決定を経て合格通知（＝入学許可）がなされる。さらに所定の入学手続、ひきつづき入学式がおこなわれ、授業が開始されるというふうな経路をたどるのが普通である。ところで、この経路のどこで合意がなされたものと解すべきかという点については、学説において若干の議論が見られる。まず、Ａ設としては、「入学等のために、入学試験など入学者を決定するために特別の手続を実施されるときは、入学案内その他は、申込の誘引と解される。そして、被教育者からの入学願書の提出等の手続がなされることが申込であり、入学許可が学校の承諾と解される」との見解である。この見解は、入学試験の応募をもって申込、入学許可を承諾と捉えるものであり、これによれば、「入学許可等の通知があった時点で学校教育契約は成立し、学校にも被教育者にもそれぞれ権利義務が発生する」[24]という立場であるが、ただ、このような立場に対しては、「入学試験への応募という事実から入学許可がありさえすれば入学するという確定的意思は推断できないように思われるがゆえに」、「賛成できない」[25]との批判が成り立つであろう。

これに対し、B説は、「入学資格の認定（合格通知）は、在学契約の『申込』資格の附与であり、入学手続が『申込』で、入学手続完了によって承諾され在学契約は成立する」[26]、との見解である。そして、ここでいう入学資格とは、「単なる成績によってのみ決められるのではなく、学則等に従って教育実施上の都合やその受験生の人格などを判定したうえで、一定の決議・手続を経て認められる」[27]ものとされる。この見解の特色は、民法上の契約締結法理では一般に予定されていない「申込」資格の取得という概念を、学生としての身分取得的要素をもつ契約の特徴として用いる点にあるといえよう[28]。ただ、そのような身分取得という要素の契約性（特別権力関係説におけるそれとの差異）に若干の疑問が残るように思われる。このように見てくると、「『承諾』がありさえすれば契約を成立させるという確定的意思を推断させる表示が『申込』であること、契約を成立させることを目的として特定の『申込』に対してなされる意思表示が『承諾』であること、に鑑みるならば、在学契約においては、入学許可（＝合格通知）を『申込』、入学手続を学校設置者によって限定された『承諾の方法』、入学手続をとることを通じてなされる意思表示を『承諾』、ととらえるのが適切[29]」かつ素直であろう。

二　公立義務教育学校の場合

この場合、学校教育契約の締結を法的にどのように構成すべきかが問題である。義務教育学校への就学は、原則的に義務づけられており、私立学校・国立学校を選択しない限り学区内公立学校への就学校指定に原則的に従わなければならないが、これはそのような学校教育契約の締結強制を保護者に課されているものと解することができる[30]。したがって、その範囲で学校教育契約は、契約の自由が制限されることになり、そこでは、就学校指定という「申込」は、承諾があったと同一の効果を生ずるものとしての承諾強制が課されることになると解すべきであろう[31]。

6　契約債務

学校教育契約により当事者が負担する債務は、主として学則等により、かつ学校慣習などによる補充によって定まり、教育実施役務供給と生徒等の生命・身体の安全を配慮すべき義務が主なものであるといえる。ただ、公立義務教育学校以外の学校における契約につき、授業料の納入が特約されている場合、これをどう解するかも問題となる。

一　教育実施役務の供給等

1　学校設置者がどのような内容の教育実施役務を供給するかは、学校教育契約にとって最も重要な点の一つであろう。そして、その給付内容が適切なものかが問題となる。この問題について近時注目すべき裁判例が現れている。事案は、公立高校の生徒が成績不良により原級留置の措置を受けたことにつき、校長、担任教師に対して追認考査の機会を与えなかったことや仮進級制度を設けなかったことなどが著しく不適切であるとして債務不履行や不法行為を理由に損害賠償請求をしたというものであり、札幌地判昭和五六年一一月一六日（判時一〇四九号一一〇頁）は次のように述べた。すなわち、成績評価は、生徒に対する具体的かつ専門的な教育評価にかかわるものであるから、成績評価の具体的な基準の設定・判断などは教師の教育的裁量に委ねられているが、このことは、究極的には、生徒の学習権を保障するためであるから、客観的に公正かつ平等になされるべく配慮しなければ、その成績評価は、教育裁量の範囲を逸脱し、成績評価を受ける生徒の学習権を違法に侵害することになるとし、そして、また各科目担当の教師は、成績評価の前提として又は教育権の本質をなすものとして、当該科目につき授業などにおける教育指導の具体的な内容・方法などを編成する権能を有し、それは、生徒に対する具体的かつ専門的な教育にかかわることから、広汎な教育的裁量に委ねられているが、その内容・方法が著しく教育的配慮を欠く場合、殊に成績不振の生徒に対し、これをまったく無視して何ら教育指導をしなかったようなときには、教育的裁量の範囲を逸脱するものとしてその義務の履行を怠り、生徒の学習権を違法に侵害することになると説いたのである（本件ではいずれの事実も認められていない）。これによると、成績評価の教育裁量性が生徒の学習権の保障を担保するものと捉えられていると見ることができる。そしてこの限りで契約債務の履行はその裁量範囲を逸脱したときに初めて義務違反を生ずることとなる。このため、逸脱行為の判定は極めて微妙になろう。

2　授業料をめぐる法律関係についてこれを契約理論でどう構成するかも問題である。この点につき、「学校という部分社会に加入し、学生・生徒としての身分地位を取得するための出捐として理解すべきではないか」[32]とする有力な見解がある。これは、授業料をめぐる法律関係の処理は、経済的合理性を前提とした財産法上の契約法理だけによるわけにはいかないとの認識に基づく考え方であると思われるが[33]、ただ学生・生徒としての身分地位取得という要素につき問題があることは既に述べた。授業料納入は、給付義務であり学校設置者が負担する給付義務と対価関係に立つものと解すべきであろう[34]。ただその法律関係の処理には、教育的配慮が要請される。この結果、履行遅滞による解除権を定める民法五四一条の直接適用は制限されることになる。例えば、私立大学の学費滞納を理由とする除籍処分は教育的配慮が必要であり、これを欠くならば権利濫用ないし信義則違反として認められないことになると解される[35]のである。

二　安全配慮義務

学校教育契約に関して安全配慮義務が問題にされてきた場面は、学校事故であろう。学校教師の個人的責任を問うよりも、学校設置者の学校全体の組織・運営・管理上の責任を追及するため、学校教育契約上の安全配慮義務違反という債務不履行責任構成をとることができるからである。既に言及したように、最近、教育内容と安全についての責任を法的側面から検討しようとする新しい動きが生まれている。安全配慮と教育実施役務の供給自体の在り方とも深くかかわっており、学校教育契約の見地から注目すべきものである。

（1）最判昭和二六年四月四日民集五巻五号二一四頁。
（2）田中二郎『新版行政法上巻〔全訂第二版〕』（弘文堂、一九七四年）九〇頁。
（3）兼子仁『教育法〔旧版〕』（有斐閣、一九六三年）二二六―二二八頁。
（4）兼子一『民事法研究〔第二巻〕（第三版）』（酒井書店、一九五八年）一六九―一七〇頁、兼子仁『教育法〔新版〕』（有斐閣、一九七八年）四〇六頁、室井力『特別権力関係論』（勁草書房、一九六八年）四〇三―四〇五頁、和田英夫「私立大学学生の退学処分問題」判例時報四八〇号（一九六七年）八七―八八頁、近藤昭三「大学教官による試験不実施の違法確認を求める訴え」ジュリスト（別冊）教育判例百選（第二版）（一九七九年）九五頁、利谷信義・池田恒男「教育法と民法」有倉遼吉編『教育法学』（学陽書房、一九七六年）六二頁、伊藤進「在学契約」中井美雄他『民法講義5契約』（有斐閣、一九七八年）三四三頁、上井長久「学校における子どもの権利と法的地位」日本教育法学会編『講座教育法5学校の自治』（総合労働研究所、一九八〇年）三〇頁。
（5）伊藤進「教育法と民法の交錯――在学関係と契約理論」季刊教育法三〇号（一九七八年）一四九頁、同「教育法と民法の交錯――教育私法序論」季刊教育法二九号（一九七八年）一三九―一四一頁参照。
（6）東京地判昭和四七年一二月一四日判時六九五号七六頁、東京地判昭和四六年五月一〇日判時六三一号二九頁等。学説はこれにほとんど見解が一致している。
（7）伊藤進・織田博子・市川須美子・青野博之「公教育の安全と教育過誤」日本教育法学会年報一五号（一九八六年）一六九頁以下。
（8）俵正市『解説私立学校法〔新訂三版〕』（法友社、二〇一五年）四〇頁。
（9）幾代通『民法総則』（青林書院新社、一九六九年）五一頁。
（10）幾代前掲五一・五二頁、星野英一『民法概論Ⅰ』（良書普及会、一九七一年）一〇六頁は、「いちおう満六歳くらい」、四宮和夫『民法総則〔第三版〕』（弘文堂、一九八二年）五一頁は、「大体七〜一〇歳」としている。

(11) 伊藤前掲（4）三四六頁。

(12) 伊藤進『学校事故の法律問題――その事例をめぐって』（三省堂、一九八三年）五九頁。

(13) 加藤永一「学校教育契約」遠藤浩他監修『現代契約法大系』（七巻）（有斐閣、一九八四年）二六一―二六二頁。

(14) 加藤前掲二六一頁。

(15) 学齢児童・生徒とは「保護者は、子女に教育をうける権利を充足させるべく九年の普通教育をうけさせる義務を負っているが、その子女（子ども）」（兼子仁・神田修編著『教育法規事典』（北樹出版、一九七九年）二五頁（川口彰義＝執筆））をいう（憲法二六条、教基法四条、学校法二三条、三九条二項参照）。

(16) 兼子・神田前掲一七四頁（平原春好＝執筆）。

(17) この点、上井前掲は、「法律上の就学義務に基づいて、保護者は当然に入学生徒等を代理して入学させているものとみることができる」、（傍点・奥野）と解しているが、「当然に……代理して……」としている点も本文に述べた理由から疑問である。

(18) 兼子仁前掲（4）三六四頁、なお、この行政処分は、「その違反に就学義務違反の刑事罰則が付されており、公権力的実体を有する実体的行政処分であろう」（兼子仁前掲（4）四〇七頁）とされる。

(19) 星野英一「現代における契約」加藤一郎編『現代法と市民』（現代法8）（岩波書店、一九六六年）二七〇頁。

(20) 星野前掲二七〇頁。もっとも、これを立法ないし行政処分とする立場に立つと異ってくるとされる（同二七〇頁）。

(21) 星野前掲二七〇頁。

(22) 星野前掲二七〇頁。

(23) このほか、「一般に、学齢児童生徒以外の者が公立の義務教育学校への入学を願い出た場合には、教育委員会は、相当の年齢に達し、かつ学歴、学校の収容能力等を考慮して適当と認められる者については、その就学を許可して差支えない〔昭二七・一〇・二一文部省初等中等教育局財務課長回答〕」とされていることにも留意しておくべきであろう。

(24) 加藤前掲二六八頁。濱秀和「私立学校入学金の返還請求」別冊ジュリスト（第二版）教育判例百選（一九七九年）一六一頁も大体同旨。

(25) 新美育文「在学契約」伊藤進編著『契約法』（学陽書房、一九八四年）二六〇頁。

(26) 伊藤前掲（4）三四五頁。

(27) 伊藤前掲（4）三四四頁。

(28) 伊藤前掲（4）三四五頁、同三四四頁参照。

(29) 新美前掲二五九頁。
(30) 室井前掲四〇五頁、兼子仁前掲（4）四〇七頁参照。
(31) もっとも、この点は、中学生の場合、保護者に同意の強制が課されると捉えることもできよう（中学生については就学の任意性が強まるといえる）。
(32) 伊藤進「教育法と私法——教育私法序論」日本教育法学会編『講座教育法1——教育法学の課題と方法』（総合労働研究所、一九八〇年）二二六頁。
(33) 伊藤前掲（32）二二六頁参照。
(34) 新美前掲六五頁は、「在学契約における基本的債務である」とする。
(35) 東京地判昭和四七年一二月一四日判時六九五号七六頁。

第四章　学校におけるいじめと学校側の民事責任

1　はじめに

学校事故の意義をどのように把握すべきかについては、いろいろの見解が示されているが、ここでは、学校教育の場における被教育者を被害者とする事件という意味でこれを捉えることにする。そうすると、最近、大問題となっているいじめによる事故がこれに含まれ、しかも、弱者への攻撃行動を本質とするものと理解することができる[1]ならば、それは学校事故のうち、いたずらやけんかによる生徒・児童（以下、生徒という）間の事故と共通の側面を有しているものと考えうるのではないだろうか[2]。生徒間事故の場合における責任負担者は、基本的には過失によって結果を直接生じさせた者（直接行為者）として責任を負うのではなく、生徒の直接行為者としての行為による結果の発生を回避すべき立場にありながらこれを怠った者として責任を負うのであるから、この者の過失の認定が困難であることが多い[3]。

そこで、いじめによる事故の法的処理が議論された最近の下級審判決を検討し、学校側の民事責任の要件を明らかにしたいと思う。

2　いじめとは何か

いわゆるいじめをどのようなものとして捉えるべきかについては、これを論じる目的や見地との関係でいくつかの考え方がありうるように思われる。「圧倒的に強い立場にある者（あるいは集団）が、反撃の余地をもたない弱い立場にある者（あるいは集団）に対して、ことばや態度や比較的軽度の身体的攻撃によって、主に心理的な苦痛を与える行為[4]」として、いじめを定義しているのがその例である。これは、いじめの問題の解決のための具体的な方策を提案しようとする教育学的見地からのものといえる。これに対して、「裁判所が言っている『いじめ』とは、別に教育学的見地からの判断でもなく、それがいじめにあたるとすれば不法行為としての損害賠償請求が認められる、という見地からの用語で（あり）、損害賠償請求事件の要件になるようなことを『いじめ』と言っている[5]」のである。そこで、裁判所の言っている「いじめ」について、最近言渡された下級審判決[6]を通覧すれば、それは生徒間で一定の者から特定の者に対してなされた集中性と継続性をそなえた加害行為である、と解することができる。

3　因果関係

不法行為の要件としての因果関係は、二つの事実の間に、ある原因があれば同じ事情の下で常に一定の結果が生じるという関係の存在することだとされるのが一般的である。しかし、この因果関係は、加害者に損害賠償責任を帰属させるため、原因・結果を問うているのであって、その存否の判定は、法的帰責の観点からおこなわれるべきものであろう。予見可能性のない損害まで加害者に賠償義務を負わせるのは酷だと考えられるからである[7]。この点、下級審判決[8]は、加害行為の全体を詳しく認定したうえで、被害との因果関係を判定するという立場をとっている。

4　安全保持義務

学校教育に携わる教師は、教育の場において教育活動から生じる危険に対して生徒の生命身体の安全を保持すべき義務を負うことについては判例・学説において異論はない。もっとも、学校生活は生徒の生活部面の一部を形成するにすぎないため、生徒の生命身体の安全保持に万全を尽くすという意味から、学校生活を離れた一般生活関係の側面における両親の生徒に対する監督義務と学校教師の義務との相互の緊密なかかわり合いがないがしろにされてはならないものといえる。かくして、いじめ問題についても家庭と学校との連絡が問われる場合がある。

いじめの申告もその一つの場合として、下級審判例が既に論及しているところである。これを積極的に評価する立場に立つ見解[(9)]では、いじめの予見可能性は、把握された事実（どの程度悪質かつ重大ないじめの存在が推認されるかという点）といじめの申告により確保されるものと考えられているのであろう。いじめの申告がそこでは被害生徒に対するいじめの存在を他人が認識しうる契機として理解されているように思われる。これに対して、いじめの申告について消極的な評価をする立場に立つ見解[(10)]では、いじめの申告がなされないことをもっていじめ一般の予見可能性を否定すべき理由とはできないし、また学校側の過失を肯定するのにそれで足りるものと考えられているのである。

一方、学校側の責任を導くのに、過失の前提としての予見可能性の対象を何に求めるべきかという点について、学説・判例において議論され始めている。いじめによる学校事故、とりわけいじめによる自殺について、学校側の責任を問うのに、自殺についての予見可能性まで必要でなく、いじめの予見可能性で足りるとする見解[(11)]と、具体的に自殺の予見可能性がなければ責任を問えないとする見解[(12)]とがある。最近、いじめによる自殺の事例が多く報告されている現在、場合によっては予見可能性が認められることがあるとの見解[(13)]も出されている。

5　まとめ

いずれにしても、これらの議論の争点は、結果を問題の生徒の自殺（もしくは傷害）と見て、予見の対象を右自殺（もしくは傷害）に求めるべきかどうかにある。もっとも、いじめ現象が弱者への攻撃行動を本質とするものと理解したうえで、このような行動を防止すべく生徒を監督する義務として学校側の義務を構成する見解（生徒間の事故に関する判例の多くは、学校側には学校教育法等により生徒を親権者などの法定監督義務者に代わって保護し監督すべき義務があるとする。例えば、最判昭和五八年二月一八日民集三七巻一号一〇一頁等）の立場によれば、監督上の過失では、これが生徒の加害行為を前提に生徒が結果を生じさせないよう監督すべき義務に反した不作為によるものであるということから、いじめと自殺（もしくは傷害）との間に因果関係が認められるときには、いじめについての予見可能性があれば監督上の過失の存在を認定しうる余地があるものと解すべきではないだろうか。

（1）　森田洋司「最近のいじめの様相と対策——私事化社会における『現代型』問題行動」ジュリスト九七六号（一九九一年）三五頁、同「『いじめ』訴訟と学校教育」法律のひろば四四巻四号（一九九一年）三三頁。

（2）　櫻井登美雄「学校におけるいじめと不法行為責任」山口和男編『現代民事裁判の課題⑦損害賠償』（新日本法規出版、一九八九年）三七七頁。

（3）　植木哲「中学校のクラブ活動中の事故と顧問教諭の過失の有無」民商法雑誌九〇巻一号（一九八四年）七五頁、また、中井美雄「不作為による不法行為」山田卓生編『新・現代損害賠償法講座1総論』（日本評論社、一九九七年）一三〇頁は、「訴訟的にみれば、不作為があったと目される時期（作為に出なければならない時期）に不作為者に結果発生の予見可能性があり、従って、結果回避可能性が存在したにもかかわらず、作為に出ないで結果を発生せしめてしまったということを立証することに尽きるであろう。」とされる。

（4）　高野清純『いじめのメカニズム』（教育出版、一九八六年）六頁。

(5) 星野英一「民法の学び方(1)――各段階における」法学教室一八七号(一九九六年)八頁。
(6) ①東京高判平成六年五月二〇日判時一四九五号四二頁、判タ八四七号六九頁、②福島地いわき支判平成二年一二月二六日判時一三七二号二七頁、判タ七四六号一一六頁、③東京地八王子支判平成三年九月二六日判時一四〇〇号三九頁、④東京地判平成二年四月一七日判タ七五三号一〇六頁、⑤浦和地判昭和六〇年四月二二日判タ五五二号一二六頁、⑥大阪地判平成七年三月二四日判時一五四六号六〇頁等。
(7) 加藤一郎『不法行為〔増補版〕』(一九七四年)一五四頁、また最近、事実的因果関係も法的価値判断であるという立場から、疑問が出されている(松浦以津子「因果関係」山田卓生編『新・現代損害賠償法講座1総論』(日本評論社、一九九七年)一三三頁。
(8) 注(6)の①②等。
(9) 注(6)の②③④⑤。
(10) 注(6)の⑥。
(11) 潮海一雄「学校における「いじめ」と学校側の責任――とくにいじめによる自殺を中心として」星野英一・森島昭夫編『加藤一郎先生古稀記念・現代社会と民法学の動向上』(有斐閣、一九九二年)一四六頁、伊藤進「学校における「いじめ」被害と不法行為責任論――最近の「いじめ」判決を素材として」星野英一・森島昭夫編『加藤一郎先生古稀記念・現代社会と民法学の動向上』(有斐閣、一九九二年)二七三頁、伊藤進＝織田博子『解説学校事故』(一九九三年)三五三頁等。注(6)の②参照。
(12) 櫻井登美雄「学校におけるいじめと不法行為責任」山口和男編『現代民事裁判の課題⑦損害賠償』(新日本法規出版、一九八九年)三七七頁、奥野久雄「学校事故に関する考察」林良平・甲斐道太郎(代表)編『谷口知平先生追悼論文集3財産法・補遺』(信山社、一九九三年)四〇一頁等。
(13) 新美育文「いじめと自殺」法学教室一九三号(一九九六年)四一頁、なお青野博之「判例批評」私法判例リマークス一一号(一九九五年)八七頁も参照。

第一編　日本法

第二部　学校事故等の判例研究

第一章　授業中における事故と担任教諭の注意義務

1　朝自習中の小学生の負傷事故と担任教諭の注意義務

平成二〇年四月一八日最高裁第二小法廷判決（平成一九年（受）第一一八〇号損害賠償請求事件）
判時二〇〇六号七四頁、判タ一二六九号一一七頁——破棄自判、棄却

一　要　旨

公立小学校三年の男子児童が、朝自習の時間帯に、教室後方にあるロッカーから落ちていた自分のベストを拾うため離席し、ほこりを払おうとしてこれを頭上で振り回したところ、ファスナー部分がちょうど席を立って後ろを振り向いた女子児童の右眼に当たり当該女子児童が負傷した場合において、担任教諭は、事故当時、教室入口付近の自席に座り、他の児童らから忘れ物の申告等を受けてこれに応対していたこと、朝自習の時間帯であっても、児童が必要に応じて離席することは許されていたと解されること、担任教諭において日ごろからとくに上記男子児童の動静に注意を向ける必要があったという事情はうかがわれないこと、ベストを頭上で振り回す直前までの上記男子児童の行動は特段危険なものでもなかったことなど判示の事情の下では、担任教諭が、ベストを頭上で振り回すという上記男子児童の突発的な行動に気付かず、事故の発生を未然に防止することができなかったとしても担任教諭に児童の安全確保又は児童に対する指導監督についての過失があるとはいえない。

二　事実の概要

原告X_1（被控訴人・被上告人〈女子児童〉）及び訴外A（男子児童）は、いずれも被告Y（控訴人・上告人〈千葉市〉）の設置する公立小学校（以下、本件小学校という）の三年二組（児童数三四名）に在学していた。

本件小学校では、児童は午前八時五分までに登校し、午前八時二〇分まで朝自習等をし、午前八時二〇分から朝の会を行うことになっていた。担任教諭は、毎日、登校時刻までに教室に入り、自習の課題を黒板に記載することなどを日課としていたが、午前八時五分から午前八時二〇分までの朝自習の時間帯において、本件小学校の教室内で、Aが頭上でベストを振り回した際にこれがX_1の右眼に当たりX_1が負傷するという事故（以下、本件事故という）が発生した。三年二組では、朝自習の時間帯には「用もないのに自分の席を離れない」などの約束事があった。

X_1は、本件事故当日である平成一四年五月二日の朝自習の時間中、本件事故が発生する直前に、最後列の自席で教科書を机に入れたりした後に、ランドセルを教室の後方にあるロッカーにしまおうとして、席を立って後ろを振り向いた。

Aは、そのころ、自分のベストが教室の後方にあるロッカーから落ちているのに気付いてこれを拾いに行った。Aは、ベストにほこりが付いていたので、ベストを上下に振ってほこりを払ったが、ほこりが取れなかったため、更に移動し、X_1から約一m離れた位置で、ほこりを取るため、ベストの襟首部分を持って頭上で弧を描くように何周か振り回したところ、ベストのファスナーの部分が、ちょうど席を立って後ろを振り向いたX_1の右眼の部分に当たった。

本件事故当時、三年二組の担任教諭は、教室前方の入口近くにある自席に座っていたが、四、五名の児童が担任教諭の下に話をしに来ており、そのうち一、二名の児童から忘れ物の申告等がされてその話を聞いていたため、Aが離席してベストを拾いに行ったこと及びそれに続く一連のAの行動や本件事故の発生に気付かなかった。なお、教室の広さは幅約六・八二m、奥行き約九・二五mであって、教室内に三四の児童用机が六列（二つの机をつけているため大きく三列）に並べられており、教師用机は児童用机と同一平面上にある。

X_1は、本件事故により右外傷性虹彩災等の傷害を負い、その後眼科に通院して治療を受けたが、順調に回復しており、後遺症等の徴候はない。そこで、X_1及びその両親であるX_2、X_3（共に原告・被控訴人・被上告人）が、担任教諭に児童の指導監督上の義務を怠った過失があるなどと主張して、Yに対し、国家賠償法一条一項に基づく損害賠償を請求した。

一審はXらの請求を棄却したが、原審は、次の通り判断して、Xらの請求を一部認容した。

小学校の担任教諭は、職務の性質及び内容から見て、教室内の各児童に対して注意力を適正に配分してその動静を注視し、危険な行為をする児童を制止したり厳重な注意を与えるなど適切な指導をおこない、児童を保護監督して事故を未然に防止する義務がある。本件事故は、担任教諭が教壇付近の自席に座っていた教室内で発生したものであり、しかも、担任教諭の席の周りには、四、五名の児童がやってきて話をしていたのであるから、他の児童も席を立ったりして気ままな行動に出やすいことも考えられる状況であったこと、Aの一連の動きは時間的にも瞬時といえるほど短いものではないこと、教室の大きさ、児童数から見て、担任教諭が教室全体を注視するのは物理的に決して不可能ではないこと、児童の日ごろからの傾向を見て児童が離席し動き回ることも予測して、学級の約束として「用もないのに自分の席を離れない」と定めるなどしていたことからすると、担任教諭も、本件事故におけるような行為もありうると予想して、その都度児童各人に具体的な注意を与えることにより、事故の発生を未然に防止すべきであった。しかるに、担任教諭は、自席の周りにいた四、五名の児童に気をとられ、教室内全体の動向観察を怠ってAの問題行動に全く気付かず、これを阻止することができなかったために本件事故を発生させたものである。したがって、担任教諭には、本件事故の発生につき、児童の安全を確保すべき義務及び児童に対する指導監督義務を尽くしていない過失が認められる。これに対して、Yが上告受理申立てをした。本判決は、Yの右申立てを受理したうえ、担任教諭に過失があるとはいえないと判断し、原審判決を破棄し、Xらの請求を棄却した。

三　判決理由

「前記事実関係によれば、本件事故は、朝自習の時間帯に、教室入口付近の自席に座っていた担任教諭の下に四、五名の児童が忘れ物の申告をするなどの話をしに来ており、被上告人X1自身も、教科書を机に入れたりした後、ランドセルをロッカーにしまおうとして席を立ったという状況の下で発生したのであるが、朝自習の時間帯であっても、朝の会に移行する前に、忘れ物の申告等担任教諭に伝えておきたいと思っていることを話すために同教諭の下に行くことも、教科書など授業を受けるのに必要な物を机に入れてランドセルをロッカーにしまうことも、児童にとって必要な行動というべきであるから、『用もないのに自分の席を離れない』という学級の約束は、このような児童にとって必要な行動まで禁じるものではなく、児童が必要に応じて離席することは許されていたと解されるし、それは合理的な取扱いでもあったというべきである。そして、Aが日常的に乱暴な行動を取っていたなど、担任教論において日ごろから特にAの動静に注意を向けるべきであったというような事情もうかがわれないから、Aが離席したこと自体をもって、担任教諭においてその動静を注視すべき問題行動であるということはできない。また、前記事実関係によれば、Aは、離席した後にロッカーから落ちていたベストを拾うため教室後方に移動し、ほこりを払うためベストを上下に振るなどした後、更に移動してベストを頭上で振り回したというのであり、その間、担任教諭は、教室入口付近の自席に座り、他の児童らから忘れ物の申告等を受けてこれに応対していてAの動静を注視していなかったというのであるが、ベストを頭上で振り回す直前までのAの行動は自然なものであり、特段危険なものでもなかったから、他の児童らに応対していた担任教諭において、Aの動静を注視し、その行動を制止するなどの注意義務があったとはいえず、Aがベストを頭上で振り回すというような危険性を有する行為に出ることを予見すべき注意義務があったともいえない。したがって、担任教諭が、ベストを頭上で振り回すという突発的なAの行動に気付かず、本件事故の発生を未然に防止することができなかったとしても、担任教諭に児童の安全確保又は児童に対する指導監督についての過失があるということはできない。」

裁判官全員一致の意見で、破棄自判、棄却（中川了滋、津野修、今井功、古田佑紀）。

【参照条文】民法七〇九条、国家賠償法一条一項

四　分析

本判決は、公立小学校のいわゆる朝自習中に生じた児童間事故に関する上告審判決であり、担任教諭に児童の安全確保又は児童に対する指導監督についての過失がないとしたが、原審は、担任教諭の過失を認め、上告審とその判断を異にしている。その辺の事情は、分析に値するであろう。その際に、注目すべきことは、右朝自習の性質・役割についての評価が担任教諭の過失判定を左右しているのではないだろうか、という点である。

1　担任教諭に児童を保護し指導監督すべき注意義務があることには異論はなく、本判決はこれに言及していないが、原審が「（担任教諭は、）児童を保護監督して事故を未然に防止する義務がある。」と述べていることから、おそらくそれを前提にしているのであろう。

もっとも、教諭の義務の法的根拠については若干の議論がある。それを原審のように教諭の職務の性質及び内容に求める見解[1]や国公立学校か私立学校かを問わず、学校教育契約上の「債務」に含まれているとする見解[2]や児童生徒の教育をつかさどる旨を定める学校教育法二八条六項の趣旨に求める見解[3]などが見られるが、いずれを採っても教諭の過失判定に差異はないといえる[4]。

2　問題は、教諭のそのような注意義務が子供の生活関係のどのような範囲において存在するかであろう。もちろん、その範囲外において発生した事故については注意義務違反としての過失は存在しえないものと解される。それについて、判例は、教諭が「学校における教育活動及びこれと密接不離の関係にある生活関係についてのみ監督義務を負う[5]」とする点で一致している[6]。最判昭和五八年二月一八日民集三七巻一号一〇一頁も、中学校での課外部活動中に起きたトランポリンの使用をめぐる生徒同士の喧嘩による失明事故について、「課外クラブ活動であって

も、これが学校の教育活動の一環として行われるものである以上、その実施について、顧問の教諭を始め学校側に、生徒を指導し事故の発生を未然に防止すべき一般的な注意義務のあることを否定することはできない」と判示し、注意義務を一定の範囲に限定している。そして、この判決は、具体的な注意義務の範囲について、「何らかの事故の発生する危険性を具体的に予見することが可能であるような特段の事情のある場合は、格別、そうでない限り、顧問教諭としては、個々の活動に常時立会い、監視指導すべき義務までを負うものではな（く）」顧問教諭に過失があるとするためには、「本件のトランポリンの使用をめぐる喧嘩が同教諭にとって予見可能であったことを必要とする。」と判示している。(7) つまり、子供の行為の時間、場所、態様等諸般の事情を考慮したうえ、それが学校生活において通常発生することが予見できるような行為についてのみ、学校側は賠償責任を負うのであり、そのような学習的活動外の子供の行為については生活指導の一環にすぎないとの見解であろう。

3　本判決は、このような見解の立場に立って、小学校三年の男子児童Aが、朝自習の時間帯に、離席して、ロッカーから落ちていたベストのほこりを払おうとしてこれを頭上で振り回したところ、ファスナー部分が別の女子児童X1の右眼に当たり当該児童が負傷した事故について、（イ）担任教諭は、事故当時、教室入口付近の自席に座り、他の児童らから忘れ物の申告等を受けてこれに応対していたこと、（ロ）朝自習の時間帯であっても、児童が必要に応じて離席することは許されていたと解されること、（ハ）担任教諭において日ごろからとくに当該男子児童の動静に注意を向ける必要があったという事情はうかがわれないこと、（ニ）ベストを頭上で振り回す直前までの右の男子児童の行動は特段危険なものでもなかったことなど判示の事情の下では、担任教諭が、ベストを頭上で振り回すというその男子児童の突発的な行動に気付かず、事故の発生を未然に防止することができなかったとしても、担任教諭に児童の安全確保又は児童に対する指導監督についての過失があるとはいえない、と判示している。これは、要するに、児童間事故の発生の危険が予見できる場合にのみ、未然にそれを防止するため、担任教諭において、問題の児童の動静を注視し、その行動を制止するなどの注意義務が存在するが、そのような事故発生の危険を予見できないような場合やそのような義務を尽くしても事故を防止できない場合には注意義務違反としての過失は否定される、という見解にほかならない。

このような見解の立場に立てば、本件朝自習の時間帯に用もないのに自席を離れないということになっていたが、このような学級の約束は、児童にとっても必要な行動まで禁じるものではなく、児童が必要に応じて離席することは許されていたものと解されるのであろう。というのは、右朝自習の時間帯は授業開始直前のいわゆる朝の会に移行する前のそれであったという事情を考慮すると、本件朝自習の性質・役割がいわば朝の授業開始への準備の過程そのものであると評価しうるからである。ゆえに、本件の学級の約束についても、児童が必要に応じて離席するのは許されると解釈することは合理的な取扱いであるというべきであろう。したがって、おそらく本来、学級の約束についての取扱いと加害男子児童の日ごろからの傾向（日常的に乱暴な行動を取っていなかったかどうか〈特段の危険性の有無〉）が担任教諭の過失を判定する決め手になるはずであるが、本件の場合のように、担任教諭が教室前方入口付近の自席に座り、他の児童らの忘れ物の申告などを聞いており、加害男子児童の一連の行動や傷害事故の発生に気付いていなかったようなときに、前述のように学級の約束についての取扱いの合理性が承認されるとするならば、結局は、右加害男子児童の日ごろからの傾向御（特段の危険性の有無）、すなわち、前記（ハ）・（ニ）の事情が考慮され、当該児童の一連の行動についての予見可能性が消極的に判定されることになるのであろう。したがって、席を立った児童に注意を促すなどの指導監督義務の怠り等についても否定的に解されることになるのではないかと思う。

4　これに対して、原審は、本件朝自習を授業時間内の自習として捉えることによって、担任教諭の過失を肯定しているように思う。授業中、すなわち、正規の学習活動中にあっては教諭の注意義務は強められるべきものと解されるからである。[9] 事実、原審も、「担任教諭が教室全体を注視するのは物理的に決して不可能ではな（く）……児童が離席して動き回ることも予想して、学級の約束として『用もないのに自席を離れない』と定めるなどしていたことからすると、……その都度児童各人に具体的な注意を与えることにより、事故の発生を未然に防止すべきであった。」とし、担任教諭は、「教室全体の動向観察を怠って、Aの問題行動に全く気付かず、これを阻止することができなかったために本件事故を発生させたのである。」と断じている。[10]

5　確かに、本件児童の離席行為、ベストの振り回しなど一連の行動に関する評価については、いろいろな議論がありうるであろうが、[11]本判決は、正規の授業開始直前の朝の会への移行前に実施されている朝自習の実情を踏まえ、担任教諭の注意義務の怠りを判定しているものといえよう。この意味において、それは、妥当であろう。

（1）　下級審裁判例として、①仙台地判昭和五五年一二月一五日判タ四三三号一二四頁（事案は、小学校三年生Aが教室内で自習時間中に同級生のノートにいたずら書きをしたため、鉛筆の取り合いとなり、その芯先部がAの右眼に突き刺り、後発白内障等の傷害を負ったというものであり、判決は、自習中の児童が解放的な気分となって気ままな行動に出やすいこと、事故当時幾分さわがしい状態になっていたことなどから、教室内に在る担任教諭は、本件のような事故も起こりうることを予見し、児童に注意を与えて事故を防止すべきであったのに、「週報」の作成に余念がなく、それを怠った過失がある、と判示した）②青森地八戸支判昭和五八年三月三一日判時一〇九〇号六〇頁（事案は、担任教諭が時間休をとっていたため自習時間となり、教室内で小学校三年生Aが同級生Bに吹き矢をいかけ、左眼失明の傷害を負わせたもので、同学級は、当日の第三・四校時に学級行事として「お楽しみ会」を予定し、出し物として吹き矢による風船割りを計画していた、というものであり、判決は、担任教諭が前日吹き矢を預かった際、吹き矢は扱い方によっては危険なことを知りながら施錠のない教師机に保管したことや吹き矢による風船割りがテレビ放映の影響で児童に人気が高かったことから、自己が時間休を取った場合、児童が吹き矢を取り出して遊ぶことが予想されるから、吹き矢の保管につき事故防止のための適切な措置を講ずべきであったのにこれを怠った過失がある、と判示した）③宇都宮地判平成五年三月四日判時一四六九号一三〇頁（事案は、図工の授業中、紙版画を製作していた小学校二年生Aが後を振り向いた際に、席を離れていた同級生Bの持っていたハサミが左眼に当たり左眼角膜裂傷等の傷害を負ったというものであり、判決は、本件事故は、担任教諭が教室内で各児童に対し個別作業について指導するため見回っている際に発生したもので、Bがハサミを持って自分の座席を離れた行動に気付かなかったためであるなどとしたうえ、担任教諭としては、小学校低学年の児童はまだ心身の発達は未熟であるから、単に口頭でハサミの使用方法についての注意を与えるだけでは十分でなく、教室内で終始、児童の行動を見守り、他の児童への加害事故の発生を防止すべき義務があるのに、これを怠った過失がある、と判示した）などがある。

（2）公立義務教育学校の教育関係の法律関係を契約理論で説明する見解として奥野久雄「学校教育契約」法律時報五九巻三号（一九八七年）三七頁、織田博子「在学契約と安全配慮義務」「伊藤進教授還暦記念論文集」編集委員会編『伊藤進教授還暦記念・民法における「責任」の横断的考察』（第一法規出版、一九九七年）二七三頁などがある。

（3）兼子仁『教育法〔新版〕』（有斐閣、一九七八年）五〇八―五〇九頁。

（4）学校の教育の場で本件のような事故が発生した場合に、教育活動の担任教諭においてとられるべき適切な事故防止措置を欠いたという不作為による不法行為の成否が問われることとなり、不作為が過失かどうかの観点からこれを論じることも可能であろう。そこでは右担任教諭の作為義務（注意義務）にどのような内容が与えられるべきか、またその前提としての予見可能性をどのように捉えるべきかが問題となる。ここで問題にしているのはそうした注意義務の発生根拠にすぎないからである。

（5）④東京地判昭和四〇年九月九日下民集一六巻九号一四〇八頁（事案は、中学校一年生Aが放課後学校に残って作文のさし絵をかいていたBをからかったため、BはAを追いかけたところ、Aは逃げる途中、鉄製防火扉を閉めたため、Bがそれに激突し、上前歯四本折傷害、歯肉裂傷の傷害を受けたというものであり、判決は、事故発生の時間、事故の態様を考慮して、教諭の過失を否定した）。

（6）⑤東京地判平成五年七月二〇日判タ八三五号二二三頁（事案は、小学校四年生Aは、給食前の衛生検査の時間中担任教諭のいる教室内で同級生の男子Bから足を掛け転倒させられる暴行を受け、入院二〇日、通院五一日を要する傷害を負ったというものであり、判決は、事故はC教諭が衛生検査をしている際に発生したものでC教諭としては児童が先生の指示に反して席を立つことまで予見できたとしても、（本件）暴行に発展することまでは予見不可能であった、と判示した）。⑥大阪地判平成一三年一〇月三一日判タ一一一三号二一三二頁（事案は、小学校二年生Aは担任教諭が教室を離れていた自習時間中に後ろの席に座っていた同級生Bの差し出した鉛筆が右眼に突き刺さるという事故に遭った（右眼失明）というものであり、判決は、小学校低学年の児童は未だ集団生活の規律が身につかず、危険予知能力も十分でないことは明らかであって、教諭が授業時間中児童を残したまま教室を離れると本件事故のような事故が起こることは十分予見できるから、担任教諭は、正当な理由がない限り、その授業中教室に在席して児童らの動静を把握・監督し、その安全を確保すべき注意義務があるとして、個人面談の日程調整のための本件離席行為は正当な理由はなく、担任教諭に過失があるとした）。ほかに注（1）の①～③、注（5）の④等々多数。

（7）ほかに最判昭和五八年六月七日判時一〇八四号七〇頁、判タ五〇〇号一一七頁（事案は、小学校の教室内で五年生Aが放課後担任教諭の許可を得て学習中、同級生Bの飛ばした画鋲付き紙飛行機が左眼に当たって、左眼外傷性白内障等の傷害を負ったというものであり、判決は、本件事故の発生は担任教諭〔職員会議に出席中で教室に不在であった〕にとって、事前に危険を予測できない突発的な事故であり、注意義務違反はないとした）がある。

（8）兼子前掲（3）五〇九頁。
（9）伊藤進『学校事故の法律問題——その事例をめぐって』（三省堂、一九八三年）一三八頁。
（10）同旨の裁判例として、注（1）の①ないし③を参照。
（11）本判決のコメント等を掲載する登記情報五六二号（二〇〇八年）一二八頁は、「本判決はその（Aの行動の：奥野注）異常性、危険性を認めなかった点が注目される。」と述べている。ほかに本判決のコメントとして、民事法情報二六二号（二〇〇八年）三二頁は、本判決は「担任教諭がAの突発的な行動を予見することは困難であったと考えられることなどから、本件事故につき担任教諭の過失を否定したものである。」と述べている。

2　組体操練習中の小学校生の負傷事故と指導教諭の注意義務

名古屋地判平成二一年一二月二五日（平二〇（ワ）五九二一号最高裁ＨＰ＝損害賠償請求事件）

一　事件の概要

本件は、原告Xが、平成一九年九月二〇日午前一〇時一五分ころ、被告Yが設置するC_1区所在のY立C_2小学校（以下、本件小学校という）運動場において、組み立て体操（以下、組体操という）の練習中に、四段ピラミッドないし四段タワー（以下、四段ピラミッドという）の最上位から落下し、左上腕骨外顆骨折の傷害を負った事故（以下、本件事故といい、これによって原告Xが負った傷害を本件負傷という）について、四段ピラミッドの練習に際し、指導及び監督に当たった教員らに過失があったとして、XがYに対し、国家賠償法（以下、国賠法という）一条一項に基づき、損害賠償を請求した、というものである。なお、Xは、本件事故当時は本件小学校の六年一組在籍の児童であり、本件事故当時の本件小学校の六年生は、児童七〇人が在籍し、一組と二組の二クラス編成であった。本件事故当時、本件小学校では、一クラスについて、一人の教員が担任を務めており、Xの所属する六年一組のクラス担任は、A_1であり、六年二組のクラス担任は、A_2であった（なお、A_2は、Xが五年生のときの、Xのクラス担任であった。以下、A_1及びA_2を「A_1ら」という）。A_1らは、本件事故の際、六年生の組体操の練習を指導していた。

二　判　旨

請求棄却。

1　担任教諭の注意義務

「Yは、本件小学校における学校教育の際に生じうる危険から児童らの生命、身体の安全の確保のために必要な措置を講ずる義務を負うところ、体育の授業は、積極的で活発な活動を通じて心身の調和的発達を図るという教育効果を実現するものであり、授業内容それ自体に必然的に危険性を内包する以上、それを実施・指導する教員には、起こりうる危険を予見し、児童の能力を勘案して、適切な指導、監督等を行うべき高度の注意義務があるというべきである。」

2　組体操と危険回避・軽減義務

「そして、四段ピラミッドは、最上位の児童は、二メートル以上の高い位置で立ち上がる動作を行い、かつ、安定するか否かは、三段目以下の児童の状況にかかってくるもので、落下する危険性を有する技であるから、指導をする教員は、児童に対し、危険を回避・軽減するための指導を十分に行う注意義務があると共に、最上位の児童を不安定な状況で立たせることがないように、最上位の児童を立たせる合図をする前に、三段目以下の児童が安定しているか否かを十分に確認したり、不安定な場合には立つのを止めさせたりし、児童が自ら危険を回避・軽減する措置がとれない場合に補助する教員を配置するなどして児童を危険から回避させたり、危険を軽減したりする注意義務があり、これらの義務を怠った場合には過失があるというべきである。」

3　過失の認定

「A_1らは、原告Xに対し、危険を回避・軽減するための指導を十分に行っていないうえに、A_1は、本件四段ピラミッドの三段目以下の児童が不安定な状況にあったのに、これを把握しないまま漫然と合図を出し、また、A_1らは、本件四段ピラミッド状況を近くで把握し、合図にかかわらず組み立てを止めるよう指示することのできる教員を本件四段ピラミッドの近くに配置せず、さらに、原告Xの落下に対して、補助する教員を近くに配置していなかったのであるから、上記の注意義務を怠った過失がある。」

三　解　説

学校教育については、「法律に定める学校は、公の性質を有するものであって、国、地方公共団体及び法律に定める法人のみが、これを設置することができる」と定められている（教基六条）。学校を設置することができる者（以下、学校設置者という）となりうる国や地方公共団体以外の法人は、私立学校法三一条に基づいて認可された学校法人に限られている（学校二条）。

そして、学校教育の際に生じうる危険については、学校設置者がこれから生徒の生命・身体の安全の確保のためにどのような措置を講じる義務を負うべきであるかが問われる。国または地方公共団体が設置しうる国公立学校において、生徒に人身事故が生じた場合に、生徒は、国家賠償法一条に基づいて学校設置者に対して、損害の賠償を請求することができる。また、学校法人が設置しうる私立学校において、それと同様の人身事故が生じた場合には、生徒は、民法七一五条もしくは民法四一五条に基づいて学校設置者に対して、損害の賠償を請求することができる。そのような場合、国家賠償法一条については、国や地方公共団体の損害賠償責任は公務員個人の不法行為責任を代位するものと解されているし、民法七一五条についても、被用者個人の不法行為責任を使用者が代わって負担するものと解されている。民法四一五条については、学校での教育関係が契約関係として把握されるときに、学校教育契約ないし在学契約に付随する義務として生徒の安全を配慮する義務があるということから、学校法人は、債務不履行としての安全配慮義務違反による契約責任を負うものと解される。前二つの不法行為構成では、公務員もしくは被用者である教員の過失の存否が学校設置者の賠償責任の成否を大きく左右する。そして、その過失の認定の前提として、生徒の生命身体の安全に対する注意義務が問題にされることになる。三つ目の債務不履行構成では、学校設置者の施設整備、安全教育、人員（教員）配置等の客観的義務違反が問責されることになり、判例上においては、安全配慮義務違反の認定にあたって、履行補助者としての教員の生徒の生命身体への安全に対する注意義務が問題にされることになる。現在、国公立の学校についても、私立学校と同じくそこでの教育関係が契約関係であるとの理解が一般化している（兼子仁『教育法〔新版〕』（有斐閣、一九八八年）四〇〇頁、伊藤進『教育私法論』（信山社、二〇〇〇年）四頁、内田貴『制度的契約論――民営化と契約』（羽鳥書店、二〇一〇年）七頁）。もっとも、判例の多くは、それにつき特別権力関係という説明の下に、社会的接触関係当事者の、当該法律関係に付随する義務としての安全配慮義務を、信義則を根拠に構成しているが、その義務内容は当事者の合意によって明らかにされているわけではないため、不法行為上の注意義務と立証の点でも同じものとして取り扱われることになっている。

そこで、本件の小学校が国公立学校もしくは私立学校のいずれであっても、教員の現場での注意義務違反の有無が、学校設置者の責任を判定する前提として、問われることになる。判例上、問題の教員らは、どのような理由でどのような注意義務を負っているものと解されるのであろうか。

判例は、「教員は学校教育法により生徒を親権者等の法定監督義務者に代わって保護し監督する義務がある」とするものとその理由をとくに明らかにしないものとに分かれているが（奥野久雄『学校事故の責任法理』（法律文化社、二〇〇四年）七頁）、ただ在学契約をその理由とするものも少なくない。そして、注意義務の範囲については、教員は「学校における教育活動及びこれと密接不離の関係にある生活関係についてのみ」注意義務を負っているとする点で一致している。また、その程度についても「万全を期すべき義務」という点でほぼ一致を見ている。ただそうはいっても、予見不可能な事故までその責任を肯定しようとする趣旨ではないことに留意すべきであろう。

それでは、学校の体育での事故における、教員の注意義務にどのような内容を与えるべきかを考えてみよう。体育の授業は、積極的で活発な活動を通じて心身の調和的発達を図るという教育効果を実現するものであって、授業内容それ自体に必然的に危険性を内包しており、したがって、それを実施、指導する教員らは、起こりうる危険を予見し、児童の能力を勘案して、適切な指導、監督を行うべき高度の注意義務を負うものといえる。本件の四段ピラミッドは、最上位の児童は相当に高い位置で立ち上がる動作を行いかつ安定するか否かは三段目以下の児童の状況にかかってくるもので、落下する危険性を有する技であるというものである。このため、これを指導する教員らは、児童に対して危険を回避・軽減すべく指導を十分に行う注意義務があるといえるであろう。とりわけ、最上位の児童を立たせる合図をする前には、教員が補助に就いて児童の様子を注視し、三段目以下の児童が安定しているか否かを十分に確認し、バランスが悪いときは、組立て（右児童が立ち上がることを含む）を止めるよう指示し、よって人身事故発生の危険を回避・軽減すべく指導する注意義務があると解すべきであろう。これらの注意義務を怠った場合には、教員らに過失が認められることになるものと思われる。

参考判例

○生徒は、県立高校の体育大会の行事として予定されていた八段の人間ピラミッドを体育の授業において練習中、それが突然崩落し、第一段の中央に位置していた右生徒が第四頸椎脱臼骨折等の傷害を負った。この事件について、被害生徒とその両親が県に対し、損害賠償を請求した。判決は、「八段のピラミッドを体育大会の種目として採用するに当たっては、参加生徒の資質、習熟度、過去の実績等について慎重な検討を必要とするものというべきである。しかるに、S高校においては、……これまで八段のピラミッドを成功させたことは一度もなく、前年の平成元年度の体育大会において七段を二度も失敗していたにもかかわらず、指導に当たる体育コース担任の教諭らは、被控訴人一郎をはじめとする生徒らの希望をそのまま受け入れ、平成二年度においては七段を飛びこして一挙に八段ピラミッドを実施することとし、学校長のTも指導教諭らの意見に何ら疑問を呈することなくそのまま承認したものである。しかもその際、指導教諭らにおいて、前年度の失敗の原因を分析研究し、その上での反省を踏まえたり、他の学校での実施例、成功例を調査するなどして、八段ピラミッドの構築に伴う崩落による事故発生について何らかの有効な事故防止対策を講じた形跡は全くないまま、目標段以外は前年度と殆ど変わらない練習計画をそのまま策定実施したものであって、S高校の体育コース担任の指導教諭ら及び学校長には先ず第一に杜撰で無理な練習計画を安易かつ漫然と策定実施した過失があり、その結果本件事故が発生するに至ったとの非難を免れないのである。〔中略〕崩落による本件事故発生は六段以上の目標段数を事前に明確に周知徹底させたうえで練習を開始すべきM教諭の注意義務違反に基因すると認めてもあながち不当な認定とはいえない。……多くの補助者を動員して中央中段部分に支持を与えることにより崩落の危険性を少しでも緩和する等の対策を講ずべき注意義務があるのにこれを怠り、前後の崩落の可能性のみに注意を奪われた結果、ピラミッドの前方に教諭四名、後方に補助台を兼ねた生徒一二名の補助者を配置したのみで中央中段部分の支持のための補助態勢に全く意を用いず、そのため中央中段部分については崩落するにまかせたことにより本件事故が発生したことを認めることができる。……M教諭らは、平素から、崩れるときには上のものは素早く下りて退去せよ、崩落するものは補助者が支えよ、との指導はしていたが（これは中央部の垂直落下による下段者の受傷にとって有効な防止対策たりえない。）、それ以上に、平素から、特段の事故防止の指導に努めた形跡は窺えないし、本件事故発生に際しても、臨機応変に意図的な分解を敢えてしてでも事故の発生を未然に防止等する方策にそもそも思い致らないばかりか、ピラミッド全体を見渡せる位置に補助者を配置することもなく、崩落のままにまかせてなす術を知らなかったものであって、本件事故はM教諭らの右注意義務違反の所為によって発生したといわなければならない。」と判示し、被害生徒らについて損害賠償請求を認めた。

（福岡高判平成六年一二月二二日判時一五三一号四八頁）

○上記判決の第一審は、八段の人間ピラミッドの成功が極めて困難であり、危険であるのに指導教諭らはこれを認識せず、容易に採用し、また、ピラミッド組立のための段階的な練習、指導をせず、一気に実践の組立に入り、練習二日目で事故を起こしたとして過失を認め、被害生徒らについて損害賠償請求を認めた。

（福岡地判平成五年五月一一日判時一四六一号一二一頁）

3　家庭科授業中の小学生の負傷事故と指導教諭の注意義務

東京地判平成一五年一一月一〇日（未公刊、損害賠償請求事件）

一　事実の概要

Y区立小学校五年生の児童Cが、家庭科の授業（以下、本件授業という）中に、同級生Bが裁縫箱から取り出した裁ちばさみで、左手薬指を負傷した。本件授業では、中針及び糸切りばさみ等が使用されているほか、各児童の裁縫箱の中には、小学校五年生が扱う用具として危険な裁ちばさみが入っていたのであり、しかも、本件事故発生当時は、数名の児童を残し、ほとんどの児童が作業を終了し、特段やるべきことはなく、授業終了まであと十数分という緊張感の欠けた状況にあった。児童Cが原告としてYに対して損害賠償を請求した。

二　判　旨

一部認容。

1　教科担当教諭の注意義務

「担任のA教諭は、原告を含む生き物係の児童たちの「めだかの世話をしてよいか。」との申出を許可し、生き物係の児童たちが自分の座席を離れて教室内を移動し、窓際にある水槽のめだかの世話を始めることを認め、児童同士が接近、接解する状況を許容したのであるから、担当教諭としては、裁ちばさみを持って遊んだり、ふざけたりするなど危険な行動に出る児童もあり得、児童同士の接近、接触により事故が発生することを想定して、可能な限り教室内の児童の動静を見守り、危険な行動に出た児童に対しては、適宜注意・指導を与えるべき注意義務があったというべきである」。

2　家庭科実習授業中の事故と担当教諭の過失の認定

「本件事故は、A教諭が、一番後ろの席で、作業の遅れている児童の個別指導に当たっている間に発生したものであり、本件事故発生までに、Bが裁縫箱にしまっていた家庭科用の裁ちばさみを取り出し、刃先を宙に向け、刃を開けたり閉じたりし始め、Cが、これに気付き、Bが手にしていた裁ちばさみを取り上げようとしたところ、Bが自分の身をよじりながらかわしていたにもかかわらず、A教諭は、B及びCの上記行動に気付かなかったというのであるから、A教諭には前記のような教室内の児童の動静を見守るべき注意義務に反する過失があったというべきであり、その結果原告に傷害を与えることになったものと認められる」。

三　解　説

区立小学校において児童が授業中の事故によって損害を被った場合に、区は、その賠償責任を負うのであろうか。

まず、その区が、この場合の賠償責任の主体となりうるのかについて見てみよう。国家賠償法（以下、国賠法という）一条一項は、「国又は公共団体の公権力の行使に当る公務員が、その職務を行うについて、故意又は過失によって、違法に他人に損害を加えたときは、国又は公共団体が、これを賠償する責に任ずる」と規定している。そして、また、地方自治法によれば、都の区は、公共団体たる特別地方公共団体としての特別区であるとされているので（地方自治法一条の三・二八一条）、「公共団体」に該当し、右賠償責任の主体になるものといえる。

次に、国賠法一条一項にいう「公権力の行使」の意義について見ると、近時、最高裁は、この「公権力の行使」には、「公立学校における教師の教育活動も含まれると解するのが相当であ（る）」（最判昭和六二年二月六日集民一五〇号七九頁、判時一二三二号一〇〇頁）と述べている。したがって、本件のような区立小学校における児童を被害者とする事故に国賠法一条を適用するのが、判例であると考えて差し支えがないであろう。

さらに、このような場合に、国賠法一条責任が成立するかどうかを見るためには、「公務員」（ここでは、教科担当教諭）の過失をどのように判定すべきであるか、という問題を検討しなくてはならない。これについては、既に、学校側の賠償責任を発生せしめる教諭の安全注意義務違反の見定めは、十分具体的になす必要があり、そして、授業中や学校行事中では教諭のこの義務は、強められているはずであること、とりわけ、こうした義務の強化は、実技・実験・実習をおこなう教科等の指導において顕著であることが指摘されている（兼子仁『教育法〔新版〕』（有斐閣、一九七八年）五〇三頁、五〇九頁）。

そこで、右の指摘を踏まえ、次の最高裁の判決（最判昭和五八年七月七日判時一〇八四号七〇頁、判タ五〇〇号一一七頁。後掲の参考判例を見よ）を参考にしながら、問題を考えてみよう。

事案はこうである。すなわち、図工のポスター作成のため、担任教諭から居残り学習を許可された十数名の児童たちがその作業をしていたところ、完成済みで用のない児童たちも十数名残っていて、画鋲付きの紙飛行機を飛ばす遊びを始め、作業中の児童の眼を負傷させたというものである。これにつき、一方では、用のない児童の帰宅をその自主性にまかせてよいとし、事故の突発性を強調して担任教諭の過失を否定する見解（上記の判決がこの立場である）もありうるが、他方、「学習中の児童と遊戯中の児童とでは、関心の対象を異にしているから、遊戯中の児童の危険な行為によって、学習中の児童が不測の損害をこうむる危険度は、一般の場合よりも遙かに高い」（今村成和「放課後の事故と教師の保護監督義務」法学教室三六号（一九八三年）七四頁）と見て、前者の見解の立場を批判する考え方もありうる。後者の見解の立場が妥当であるように思う。

本件の場合にも、組のかなりの部分の児童が作業を完成させ、特段やるべきことはなく、緊張感の欠けた状況にあって、このような児童たちに実習とは関係のない特定の目的のため座席を離れて教室内を移動することを許可したような事情があるときには、児童の移動は実習の妨げになることは言うまでもなく、そのような許可を与えることと自体、正当なことかどうか疑問の余地があるように思う。

しかも、このような事情があるような場合、実習中の児童と許可された別の作業中の児童と、ほかに遊戯を始める児童とでは、関心の対象を異にするから、とくに遊戯中の児童の危険な行為によって、ほかの児童が不測の損害をこうむる危険度は、通常の場合に比べてはるかに高くなっているといえる。授業の終了までそう長くないことを考えると、そのような許可を与えないで、児童の動静に注意を払うことによって、本件のような事故を回避すべきであったように考えられる。したがって、このような意味において、家庭科担当教諭の過失は認められるべきであろう。

なお、この点について本判決は、「担任のA教諭は、原告を含む生き物係の児童たちの『めだかの世話をしてよいか。』との申出を許可し、生き物係の児童たちが自分の座席を離れて教室内を移動し、窓際にある水槽のめだかの世話を始めることを認め、児童同士が接近、接触する状況を許容したのであるから、担当教諭としては、裁ちばさみを持って遊んだり、ふざけたりするなど危険な行動に出る児童もあり得、児童同士の接近、接触により事故が発生することを想定して、可能な限り教室内の児童の動静を見守り、危険な行動に出た児童に対しては、適宜注意・指導を与えるべき注意義務があったというべきである」と述べており、若干の疑問を感じる。

もちろん、右担当教諭が、作業の遅れている児童に対して個別指導に当たるということは、それ自体何ら不適切な行為ではあるとはいえないであろう。

4　数学授業中の担当教諭の暴行による中学生の負傷事故と担任教諭の事故説明の約束

東京地判平成二三年一月一三日（平二〇（ワ）第八一一三号損害賠償請求事件

一　事実の概要

原告X（以下、原告又はXという）は、平成五年〇月〇日生まれで、平成〇年四月に本件中学校に入学した者であるが、後記の本件事故当時は一年△組に在籍していた。被告Y_3は、本件中学校の数学教諭であり、後記の本件事件当時、一年△組において数学の授業を担当していた。後記の本件事故当時、Y_2は本件中学校の校長であり、被告Y_4は一年△組の担任であった。

Y_3は、平成一八年一二月五日、二時限目の数学の授業（以下、本件授業という）において、プリントを配布して、これを生徒に解かせていたが、原告は同授業中に椅子から床に落ちて腰等を打撲した（原告Xが椅子から落ちた原因等について、当事者間に争いがある。以下では、この事件を本件事件という）。

原告は、平成一八年一二月六日、B整形外科を受診したところ、同病院の医師から「現在疼痛強く、全治一〇日間を要する見込みである。」との診断を受けた。原告Xは、平成一八年一二月一五日、C整形外科を受診したところ、同病院医師Dから、「今後約三週間の加療を要する見込みとする。」との診断を受け、同日から平成一九年二月二二日まで同病院に通院した。また、原告Xは、平成一九年一一月一二日にも同病院を受診し、同年一二月一八日まで通院したが、この際には、腰部筋筋膜炎と診断された。そこで、原告Xは、学校側に対し、損害賠償を請求した。

ところで、本件事件の際に、被告Y_3が原告に暴行を加えたか。この点について、次のような事情がうかがわれる。すなわち、Y_3は、本件当日、一年△組の担任で数学を担当していた被告Y_4が体調不良のために欠勤したことから、その代わりに本件授業を担当したもので、同クラスで授業をおこなうのは本件の授業が初めてであった。被告Y_3は、本件授業中にプリントを解いている生徒の状況を確認するために教室内を巡回していた際、原告のセーターに犬の毛が多数付着していたため、原告に対し、「君は家で犬か猫を飼っているの。」と聞いたところ、原告が「犬を飼っています。何で分かったのですか。」と聞き返してきたため、「君のセーターに犬の毛がたくさん付いているよ。」と答えた。このため、原告Xは、セーターに付着した犬の毛を取り始めた。被告Y_3は、その後、②の席に座っていた生徒（以下、②の生徒という）に対し、個別指導をしていたところ、原告が被告Y_3の腰付近まで手を伸ばしてきたため、③の席に座っていた生徒（以下、③の生徒という）が「先生に毛を付けようとしているよ。」と発言した。被告Y_3が原告の方を振り向いたところ、原告が教壇の方ではなく、②の席の方を向いて座っていたため、被告Y_3は、原告に対して「いたずらするのは止めてください。」と注意をした後、原告Xの肩付近に手をかけて、前を向かせた。ところが、原告が再び②の席の方を向いて座り、被告Y_3に何も告げることなく、再度腰付近まで手を伸ばしてきたため、③の生徒が上と同旨の発言をしたところ、被告Y_3は、原告の方を振り向いた。その後、原告Xは、被告Y_3から手首をつかまれたため、前方に力をかけて被告Y_3の脇の下に潜り込み、②の生徒の方に向かって逃げようとしたが、その後まもなくして、椅子から床に落下した。原告の母親であるAは、本件事件の翌日である平成一八年一二月六日、本件中学校に電話をして本件事件につき抗議をしたところ、同日午後九時半過ぎころに、本件中学校の教頭であったE（以下、Eという）と被告Y_3が原告Xの自宅を訪れた。Aは、原告Xが腰等を打撲したのは被告Y_3が原告Xの胸を強く押して、床に叩きつけたためであるとして、被告Y_3にこれを問い糾したが、被告Y_3がこれを否定したことから、原告Xが受けた傷害の内容等が記載された診断書を示すなどして、さらに責任を追及した。被告Y_4は、Aから、原告が学校を欠席していることについて、クラスの生徒らから良からぬ噂が立っていて、このため原告が学校に行きづらくなっているとの話を聞いたことから、Aに対し、原告Xが欠席している理由をクラスの生徒に説明すること等を約束し、平成一八年一二月一三日ころ、一年△組のホームルームにおいて、その趣旨の説明をおこなった。原告は、平成一九年一月一一日、遺書を残して自殺を図り、病院に運ばれたが、幸い命に別状はなく、同日中に帰宅した。原告は、本件中学校に入学後本件事件までは、ほとんど学校を休んでいなかったが、本件事件後は登校しない日が続き、本件事件後に初めて登校したのは、平成一九年二月一三日であった。原告は、平成一九年四月に二年生に進級した後は同年一〇月まで、ほとんど休まずに本件中学校に登校していた。

二　判　旨

請求棄却。

1　両名の供述の信用性

「ア　原告の供述について

(ア)原告は、本件事件で被告Y_3から暴行を受けた際の経緯について、被告Y_3の脇の下に潜り込み、脇の下を通って逃げようとした際に、両手を身体の後ろに回され、両手首を被告Y_3の左手で掴まれた後、身体を起こそうとした時に、被告Y_3から右手で胸を押されたため、腰から床に落ちたと供述する。しかし、原告は、被告Y_3の脇の下を通って逃げようとして、前方に圧力をかけ、椅子に座らせようとする被告Y_3に力で抵抗しようとしていたことになるところ、原告の両手を身体の後ろに回すことに成功したとはいえ、被告Y_3がそのような状態の中であえて片手を離し、左手一本で原告の両手を掴んだという辺りの事実経過は若干不自然である。被告Y_3は、まさに原告に暴行を加える目的で右手を離したということになるであろうが、被告Y_3が右手を離した時点では原告は未だ前方に圧力をかけている状態であったことになるところ、この状態で原告の身体を片手で起こし、それを更に床に向かって力を加えることを意図していたとは通常考えにくいところである。さらに、被告Y_3は、一年△組の授業を担当するのは本件授業が初めてであったのであり、仮に、原告から複数回にわたりいたずらをされたとの認識を有していたとしても、この程度のことで、原告が主張するような強度の暴行を加えようとしたというのも通常は考え難（い）。

（イ）原告は、被告Y_3のズボンに原告の飼い犬の毛が付着していたため、これを取ろうとして、被告Y_3の腰付近まで二、三度手を伸ばした旨供述するが、原告においても、被告Y_3がいたずらをされたとの認識を有していることは容易に認識することができたと考えられるのに、被告Y_3に自らの意図を告げることなく、同じように、被告Y_3の腰付近に手を伸ばそうとしたというのも不自然である。むしろ、原告は、被告Y_3にいたずらをしようとしてこれらの行動に及んだものと考えるのが最も自然である。

イ　被告Y_3の供述について

被告Y_3は、本件事件の直後から現在まで一貫して原告に対する暴行の事実を否定しているものと認められる。原告が被告Y_3の腰付近に手を伸ばそうとしたことが両者が組み合うきっかけとなったことや、最終的に、被告Y_3が原告の手首を掴む状態となったことについては両者の供述が合致していること等に照らすと、むしろ、被告Y_3の方から積極的に原告の手首を掴んできたものと考える方が自然である。被告Y_3の供述を全面的に採用することはできないものの、同供述が虚偽であるとして、これを排斥するに足りる合理的根拠は見当たらない。

ウ　以上によれば、原告が椅子から落下して腰等を打撲した原因について、これを明確に認定することは困難であるが、前記アで説示したところに照らせば、原告の供述を採用して、その原因が被告Y_3の暴行にあったと認定することはできない。なお、原告は、本件事故を契機として精神的に変調を来したものと認められるが、これを根拠として被告Y_3の暴行の事実を推認することはできないというべきである。」

2 担任教諭の、Aに対する、本件事故についてクラスの生徒への約束

「被告Y4は、Aに対し、原告が欠席している理由をクラスの生徒に説明すること等を約束し、現にその趣旨の説明を行ったものであるが、これを越えて、原告が打撲を負った原因が被告Y3の暴力にあるとの説明をおこなう旨の約束をしたことを認めるに足りる証拠はない。被告Y3による暴行の事実がそもそも認め難いうえ、被告Y3は、当初から原告に対する暴行の事実を否定しているにもかかわらず、その場面を現認していない被告Y4において、被告Y3による暴行の事実が存在したことを前提とした約束をしたことは通常考え難く、同約束の存在を否定する被告Y4の供述の信用性を否定すべき事情は認め難い。」

三 解 説

本件のように、学校という教育の場で生徒を被害者とする人身事故が教諭の暴行によって惹起された場合には、被害生徒は、誰に対してどのような責任を求めることができるのであろうか。

国又は公共団体が設置しうる国公立学校においては、生徒にそのような人身事故が生じた場合に、被害生徒は、国家賠償法（以下、国賠法という）一条に基づいて学校設置者に対して、損害賠償を請求することができる。また、学校法人が設置しうる私立学校においては、それと同様の人身事故が生じた場合に、被害生徒は、民法七一五条に基づいて学校設置者に対して、損害賠償を請求することができる。そのような場合、国賠法一条については、国や公共団体の損害賠償責任は、公務員たる教諭の不法行為責任に代位するものと解されている。また、民法七一五条についても、被用者たる教諭の不法行為責任を使用者たる学校法人が代わって負担するものと解されている。

いずれの場合も本件の事案内容から、不法行為構成によって教諭個人の損害賠償責任が問われる。国賠法一条一項は、「国又は公共団体の公権力の行使に当る公務員が、その職務を行うについて、故意又は過失によって違法に他人に損害を加えたときは、国又は公共団体がこれを賠償する責に任ずる。」と定めることによって、違法性をこ

の規定に基づく国家賠償責任の基本的な要件の一つとしている。そしてまた、民法七一五条一項は、「ある事業のため他人を使用する者は、被用者がその事業の執行について第三者に加えた損害を賠償する責任を負う。」と定めることによって、被用者の民法七〇九条責任を、その規定に基づく使用者責任の前提要件にしているものと解されている。

不法行為における違法性については、二〇〇四年改正前の民法七〇九条は、不法行為の要件として「権利侵害」をあげていたが、ここで侵害の対象を「権利」に限定すると、社会通念上保護に値する利益が保護されないなどしばしば不都合な結果を生じた（例えば、大判大正三年七月九日刑録二〇輯一三六〇頁（雲右衛門事件））。そこで、近年の学説は、その「権利侵害」を「違法性」というふうに再構成することによって、不法行為の本質的要件を加害行為の違法性に求め、その判断基準を被侵害利益の種類と侵害行為の態様との相関関係において考案すべきであるとする考え方を打ち出した。判例も、「権利侵害」の要件を、不法行為上保護に値すると認められる利益であれば足りると解している。今回の民法改正で七〇九条に「法律上保護される利益」という要件が新しく付け加えられました。これは、上記判例の立場を法文化したものである（甲斐道太郎編『新現代民法入門〔第二版〕』（法律文化社、二〇〇五年）二七九頁）。

そこで、本件では、中学生の原告が、数学の授業中に教諭Y_3から暴行を受け、このため、原告の身体と精神に危害や苦痛が与えられたとして、その事案に相関関係説をあてはめてみると、特別の事情（原告の他の生徒への暴行を阻止するなど）がない限り、教諭Y_3の行為態様からして、被侵害利益が軽微であっても違法性があるとされるであろう。このような教諭の生徒への暴行事案にあっては、教諭の故意行為が介在するのが普通であり、教諭の不法行為責任の成否は違法性の有無に左右されることが多いからである。

もっとも、注意すべきは、最近、行政側から、「問題行動を起こす児童生徒に対する指導について（通知）」（平一九年二月五　一八文科初第一〇一九）が出されたことである。その通知において、教育委員会及び学校に対して、た懲戒の行為が体罰に当たるかどうかは、当該児童生徒の年齢、健康、心身の発達状況、当該行為が行われた場所的及び時間的環境、懲戒の態様等の諸条件を総合的に考え、個々の事案ごとに判断する必要がある」とされた。また、そこでは「児童生徒に対する有形力（目に見える物理的な力）の行使により行われた懲戒は、その一切が体罰として許されないというものではな（い）」とされた。さらに、その通知において引用されている裁判例として、懲戒行為の違法性に関して不法行為責任の有無が問われた事例がある（浦和地判昭和六〇年二月二二日判タ五五四号二四九頁）。事案は、担任教員が授業中に離席した中学生を注意するため出席簿で頭を叩いたというものである。これによれば、懲戒は「生徒の心身の発達に応じて慎重な教育上の配慮のもとに行うべきであり、このような配慮のもとに行われる限りにおいては、状況に応じ一定の限度内で懲戒のための有形力の行使が許される」とされている。ほかに、これとほぼ類似の事案に関する事例（東京高判昭和五六年四月一日判時一〇〇七号一三三頁）がある（もっとも、争点は刑事責任の有無である）。

ごく最近、それらと同様の考え方を示した最高裁判例（最判平成二一年四月二八日判時二〇四五号一一八頁）が現れている。そこで、この判例を踏まえ、本判決を検討することにしよう。事案はこうである。Aは、Bの設置する小学校の二年生の男子であり、Cは、当該小学校の教員であり、当時三年三組の担任を務めていた。本件事故当日Cは、休み時間に廊下でコンピューターをしたいとだだをこねている三年生の男子をしゃがんでなだめていた。同所を通りかかったAは、Cの背中に覆いかぶさるように肩をもんだ。Cが離れるように言っても、Aは肩をもむのをやめなかったので、Cは上半身をひねり、右手でAを振りほどいた。そこに六年生の女子数人が通り掛かったところ、Aは同級生の男子一名とともにじゃれつくように同人らを蹴り始めた。Cは、これを制止し、このようなことをしてはいけないと注意した。その後、Cが職員室に向かおうとしたところ、Aは後からCのでん部付近を二回蹴って逃げ出した。Cは、これに立腹してAを追い掛けて捕まえ、Aの胸元の洋服を右手でつかんで壁に押し当て、大声で「もう、すんなよ。」と叱った（この行為を当該行為という）。その後、Aは、夜中に泣き叫び、食欲が低下するなどの症状が現れ、通学にも支障を生じるようになり、病院に通院して治療を受けるなどしたが、それらの症状は徐々に回復し、Aは元気に学校生活を送り、家でも問題なく過ごすようになった。そこで、Aは、教員Cから体罰を受けたと主張し、学校設置者に対して損害賠償を請求した。

最高裁判例によれば、「Cの本件行為は、児童の身体に対する有形力の行使であるが、他人を蹴るというAの一連の悪ふざけについてこれからはそのような悪ふざけをしないようにAを指導するために行われたものであり、悪ふざけの罰としてAに肉体的苦痛を与えるために行われたものではないことが明らかである。（中略）当該行為は、その目的、態様、継続時間等から判断して、教員が児童に対して行うことが許される教育的指導の範囲を逸脱するものではなく、学校教育法一一条ただし書にいう体罰に該当するものではないというべきである。したがって、Cのした当該行為に違法性は認められない」と述べている。

本件の「暴行」が、数学の授業中において、教諭Y_3が配布したプリントを解いている生徒の状況を確認するため巡回していた際に、Xが自己のセーターに付いていた犬の毛をY_3の腰付近に手を伸ばして付けるといういたずらを二、三回くり返したため、Y_3はそれをやめさせるために注意したところ、逃げようとしたXの手首を掴み、Xと組み合いになり、Xが腰を打撲した、というものであったとすれば、どうか。

前記最高裁判例の考え方に沿って見てみよう。Xにいたずらの事実があり、Y_3がXの手首をつかみ、それをやめさせるために叱責したとすれば、Y_3の行為は懲戒行為と認められるであろう。その懲戒行為の態様ないし目的は、「男子生徒の手首を掴み叱責した行為」であって、他人にいたずらをするという生徒の悪ふざけをやめさせるよう指導に当たるためのものである一方、被侵害利益の種類・内容は身体の安全や精神の自由となるであろう。前者は教育活動中の指導の一環としてなされたとの評価が可能であり、後者は生徒の症状が徐々に回復しているならば、比較的軽微なものとの見方がとられるであろう。そうすると、双方を相関的に見ると、Y_3の行為に違法性がないとされる可能性が高いと思われる。そういう意味で、XのY3に対する損害賠償請求は認められないであろう。また、Xの校長に対する同請求は、民法七一五条二項の代理監督者責任を問うものであるので、Y3の七〇九条責任がこれの前提要件になるため、それも難しいものと思われる。

さらに、本件の「約束」を担任教諭Y4が果たさなかったことを理由とするXのYに対する請求は認められるであろうか。これについては、Y3の暴行を契機として男子生徒Xが精神的に変調をきたすことが考えられる。そこで、担任教諭Y4は被害の発生もしくは被害の拡大を防止するための適切な措置をとることが求められるであろう。問題は、約束の履行がそれに当たるかどうかであろう。問題を肯定するには、担任教諭Y4がXの腰部打撲の原因がY3の暴力にあるとの説明を行う旨の約束をしたことを認める証拠を必要とすることになる。Y3による暴行の事実については、前記最高裁判例や本判決を検討すると、そもそもこれを認めることは難しいであろう。というのは、Y3が暴行の事実を否定しているとすれば、事件の現場に居合せていなかったY4において、Y3による暴行の事実が存在したことを前提とした約束をすること自体通常考えることができないものと解されるからである。したがって、担任教論Y4による被害拡大防止措置の一つとしての約束の履行義務を認めることはできないであろう。ゆえに、XのY4に対する損害賠償請求は認められないものと思われる。

5　体育授業中同級生からの暴行による死亡と暴行事実を看過した担当教諭の過失

福島地郡山支判平成九年四月二四日（平（ワ）二八三号損害賠償請求事件）判時一六四二号一二〇頁

一　事実の概要

A（本件事故当時一二歳）、Y市立C中学校入学直後の平成三年四月二三日、体育の授業中、一〇〇m走の練習後

倒れて意識不明となり、市内の病院に運ばれたが四日後に死亡した。X_1X_2はAの父母であるが、A死亡後調査したところ、Aは倒れる前に当時はやっていた柔道の絞め技に似た「失神遊び」で同級生に首を絞められたり、胸に乗って踏みつけられるという暴行を受けていたことが分かった。そこでX_1X_2は学校側に事実を質したが、学校側はAの死因は何らかの心臓発作による突然死であり、同級生の暴行によるものではないとして学校側の責任を否定した。このため、X_1X_2は、Aの死亡は体育の授業中生徒の動静を注意することなく生徒間の暴行の事実を看過した体育担当教諭らに過失があるとして、C中学の学校設置者であるY市に、総額九四〇〇万円の損害賠償請求の訴えを提起した。

二　判　旨

請求認容。

1　屋外での体育授業中の事故と担当教諭の生徒の動静把握義務

「中学校は、多様な成長途上にある生徒が集団的に学習活動を遂行する場であって、常に種々の危険を内在して（おり）」、「在学する生徒に対し、学校教育の場において、その生命身体等を危険から保護するための措置をするべき法的義務（安全配慮義務）を負うことはいうまでもない。」

とくに、体育の授業では、「教室内での授業に比して高度の危険を内在する課題等を、教育上の必要から実施することが許されており、他方、一定の危険の内在するものであっても、義務教育の正課授業においては、生徒はいわば強制的にこれらの授業を受ける立場にあり、その心身の発達程度も未熟であることから、授業を担当する教諭としては、」「秩序の弛緩を避け、規律を維持して生徒の動静を把握し、生徒の動静にともなう危険を予見して十分な注意を払い、現実に生徒間での暴行や喧嘩、体調不良等を疑わせる状況が生じた場合には、直ちにその事態を掌握して暴行を制止し、あるいは秩序を回復せしめるなど適切な措置をとり、事故の発生を未然に防止できるよう、常に生徒の動静を適切に把握し、危険や重大な結果の発生を回避する高度の注意義務を負っているものと解するのが相当である。」

2　体育授業担当教諭の過失の認定

そして、一〇〇m走の計測を内容とする体育の授業は、「生徒として自己の最大限可能な走行速度を把握、認識せしめるべく行われるもので、生徒には走行により相当の負荷が生じうるものであり、しばしば走行中、あるいはゴール前後において異変を生じうるものもある」、と通常予測することができる。そして、また、それは、「中学生とはいえ、入学間もない未だ心身の未熟な生徒を対象とする授業であり、屋外での授業であることから教室内よりも開放的な気分になる上、一〇〇メートル走の計測後は計測終了による緊張感の弛緩と手持ちぶさたから恣意的な行動に出て、不慮の事故を惹起する危険な行動に及ぶことは通常予測可能である。」

したがって、体育の授業を担当する教諭としては、「通常の授業以上に戯れや喧嘩による事故の発生を防止し、あるいは体調不調に陥った生徒を可及的早期に発見すること」は当然であり、「もし生徒ら相互間に暴行等の事実があれば直ちにこれを制止するなど適切に対応しうるために、授業に参加する生徒を自己の計測地点付近や視野内に静粛に整列させて待機させ、あるいは失神の上倒れるような不測の事態が発生した場合には班を定めて責任者をして直ちに連絡させるなどして、生徒の監督・管理をすべき高度の注意義務を負担していたというべきである。」

しかし、本件の体育授業の担当教諭は、「一〇〇メートル走を終えた生徒がゴール付近に雑然と散在してたむろし、騒がしい状態にあったのに、「うるさい静かにしろ。」などと口頭で注意したにとどまり、それ以上に生徒を整列させて待機させ、規律を維持・回復させるなどの措置をとらず、生徒の動静を適切に把握・監督できない状態のまま計測を続けた」、というのであって、そのために、生徒の一人が町級生から暴行（同級生の一名から首を後方から右腕を回して絞められた結果、失神して倒れ、その後周辺の生徒に取り囲まれ、胸や腹の上に馬乗りになられて体重をかけられたり、瞼をさわられたり、鼻や口を塞がれる等の暴行）を受けていることを全く認知しないまま、最終組の生徒の走行途中まで計測を続行し、その間約五分もの間、暴行を受けていることを看過し、生徒の知らせを契機として、初めて事態の重大性を認識した、ということであり、この結果、既に上記生徒はグランドの上に仰向けに倒れて失神・失禁し、心臓・呼吸が停止し、瞳孔も散大している旨判断される状態に陥っていたのであるから、この点で本件体育の担当教諭には前記の注意義務を怠った過失がある、といわざるをえない。

なお、被害生徒の死因にかかわる同級生の証言の信用性について、本判決によると、同証人は、被害生徒とは特別な交際もなく、中立的な立場にある証人であると考えられ、同証人は、記憶の有無を明確にしつつ、暴行がなされた際の状況について相当具体的に証言しており、証言するに至ったのも、本件事故がこれまで経験したことのない異例なものであったことや被害生徒が同級生であったことを理由とするが、あえて同級生の犯罪行為に問われる可能性のある行為を証言するに至ったこと、被害生徒の両親の被害生徒の同級生らに対する聞き取りの結果と基本的事実関係において大きく齟齬する点を見出せないこと等に照らすと、上記同級生の証言は、十分信用することができるとする点は、注目される。

三　解　説

中学校は、在学する生徒に対し、学校教育の場において、その生命身体等を危険から保護するための措置をするべき指導監督義務を負うことには異論は見られないといってよいであろう。そこで、「現行法下で児童生徒間事故にもとづく学校設置者の賠償責任を発生せしめる教職員の安全義務（安全注意義務）違反の見定めは、十分具体的になされなくてはならない。授業中や学校行事中では教師の専門的安全義務が強められているはずである」（兼子仁『教育法〔新版〕』（有斐閣、一九七八年）五〇九頁）、と考えられている。

とくに、体育の授業においては、教室内での授業にくらべて高度の危険を内在する課題などを教育上の必要から実施することが許されており、そして、このような危険の内在するものであっても、義務教育の正課授業では、生徒はいわば強制的に右授業を受ける立場にあって、その心身の発達程度も未熟であるため、授業を担当する教諭には生徒の安全面に配慮すべき高度な注意義務が課されるものといえるであろう。

それでは、この高度の注意義務の具体的内容はどのようなものであろうか。例えば、中学校の生徒が校庭で写生中、同級生が投げた石が右眼に当たって失明した事故につき、学校側に過失があったとして賠償責任を認めた裁判例（大阪高判昭和五四年四月一二日判時九三〇号七六頁）がある。ここでは、教室外写生を実施する場合の、美術担当教諭に監督義務の一つとして全生徒掌把義務が認められている（伊藤進＝織田博子『解説学校事故』（三省堂、一九九二年）九八頁参照）。同じく、中学校での一〇〇ｍ走の練習を内容とする体育の授業も、心身の未熟な生徒を対象とした屋外での授業であるため、生徒が解放的な気分となり、いたずらや喧嘩それに暴行等の危険な行動に出ることがあることは通常予測することができる。そこで、体育担当教諭としては、授業を始めるに当たってそのような行動をとらないようあらためて厳重に注意し、もし生徒らが相互にそうした行動に出ることがあればこれを直ちにやめさせるなど適切に対応しうるために、生徒らを自己の視線のとどく範囲の地点に静粛に整列させて待機させ、また、全体について注意がゆきとどきにくい場合に備えて練習を幾つかの班組織でおこない、班ごとに責任者を定め、不測の事態が発生した場合には直ちに連絡させる体制をとるなどして、生徒の監督・管理をすべき高度の注意義務を負っているというべきである。

市立中学校の一年生のAが体育の授業中、一〇〇ｍ走の練習直後に同級生から首を絞められて意識不明となり、そのうえ胸に乗って踏みつけられる等の暴行を受けるというような事態が生じた場合に、これを体育担当教諭が看過すれば、その注意義務に違反した過失があるものと判断されることになるであろう。なぜなら、監督上の過失の見定めは、結果（死亡など）が予見できたかどうかではなく、この結果を生じさせた加害行為自体（暴行やいじめなどであるが、ただ、いじめについては、いじめの特質からして被害者側からのいじめの申告の有無も問題とされることとなろう）の予見可能性の有無が問われ、本件の場合はこれが肯定されるように考えられるからである。

それゆえに、学校設置者の市に損害賠償責任が認められる前提として、まずAの死因が議論されることになるものと思われる。体育担当教諭に過失があるとして市に損害賠償を請求できるには、Aの死因が同級生らの暴行によるものであり、何らかの心臓発作による突然死でないことを、被害者は証明しなくてはならないこととなるであろうが、これは、そのような場合には多くは事故現場に居合わせるのは児童や生徒など低年齢の者であるため、必ずしも容易なことではない。もっとも、裁判所の見解によれば、事故当時一二歳の少年の証言、及び、被害者の両親の同級生らに対する聞き取り調査結果に信憑性があるとされており、右証明は十分に可能であると見てよいであろう。

参考判例

○小学校二年の児童が、図工の授業中に同級生の持っていたハサミで左目を受傷した事故につき、「小学二年生は十分な判断能力、自律能力に欠けている上、本件授業は、小学二年生が……授業中、他の児童の作品を見るために自分の座席を離れることも認められたのであるから、このような授業を担当する教諭としては、単に口頭でハサミの使用方法についての注意を与えるだけではなく、右注意をうっかり忘れてハサミを持ち歩く児童もあり得ることを想定して、可能な限り教室内の児童の行動を見守り、注意に反する行動に出た児童に対しては、適宜注意・指導を与えるべき注意義務があったというべきである。」

（宇都宮地判平成五年三月四日判時一四六九号一三〇頁、判タ八二四号一四〇頁）

○市立中学在学中に、同級生から暴行を受け脾臓摘出の後遺症を受けた事故につき、「学校側には、学校教育活動及びこれと密接に関連する生活関係において、暴力行為（いじめ）等による生徒の心身に対する違法の侵害が加えられないよう適切な配慮をすべき注意義務があると認められる。すなわち、学校側は、……そのような（生徒やその家族から暴力行為について の）具体的な申告がない場合であっても、一般に暴力行為（いじめ）等が人目に付かないところで行われ、被害を受けている生徒も仕返しをおそれるあまり、申告しないことも少なくないので、学校側は、……暴力行為（いじめ）等の存在が窺われる場合には、関係生徒及び保護者らから事情聴取をするなどして、その実態を調査し、……実態に応じた適切な防止措置

（結果発生回避の措置）を取る義務があるというべきである。」
（大阪地判平成七年三月二四日判時一五四六号六〇頁、判タ八九三号六九頁）

第二章　休憩時間中における事故と学校側の責任

1　遊戯（ソフトボール）中の小学生負傷事故と校長及び教諭の安全配慮義務

甲府地判平一五年一一月四日（平一四（ワ）第一三四号損害賠償請求事件）判タ一一六二号二三八頁

一　事実の概要

本件は、被告Yの設置・運営する町立小学校第三学年に在学していた原告X（女子児童）が同小学校の体育館でソフトバレーボールをしていたところ、バスケットボールを使って追いかけっこをしていた第六学年の男子児童と衝突し、頭部を打って負傷した結果、てんかんと頭痛の後遺障害が残ったことにつき、公務員である学校長及び教諭らに安全配慮義務があったとして、国家賠償法一条に基づき損害賠償を請求した。

二　判　旨

一部認容。

1　小学校校長及び教諭の安全配慮義務

「（一）小学校の校長及び教諭らは、児童の生命身体の安全について配慮すべき義務（以下「安全配慮義務」という。）を負うものと解される。」

2　安全配慮義務の範囲

「この安全配慮義務は、在学関係という児童と学校側の特殊な関係上、その範囲は、学校における教育活動とこれに密接に関連する学校生活に関連するものに限定されるべきである。

児童の行動から発生した事故が学校における教育活動とこれに密接に関連する学校生活に関するものであるか否かは、当該事故の発生した時間、場所、発生状況、事故の当事者の学年、学校側の指導体制及び教諭らの教育活動状況等を考慮して判断すべきである。

（二）本件事故（被告Yの設置・運営する町立K小学校（以下、本件小学校という。）第三学年に在学していた原告Xが、同小学校の体育館内で六年生の男子児童と衝突し、頭部を打って負傷したという事故をいう：奥野注）が発生したのは授業時間内ではなく、二校時と三校時の間の休み時間（午前一〇時一五分から四五分までの三〇分の休み時間に当たる：奥野注）における事故であるものの、児童らはそのような休み時間内には、基本的には学校施設内にとどまるよう指導されていること、体育館という学校施設を利用中の事故であること、体育館内等に保管され、児童らの使用が許可されているボールを使用し、追いかけるなどして遊んでいる最中の事故であることに照らすと、本件事故は、学校における教育活動と密接に関連する学校生活に関するものに当たるというべきである。」

3　体育館の使用基準の趣旨

「本件小学校の校長は、児童らが、休み時間に本件体育館内において遊戯・運動中に、本件事故のような偶発的な衝突事故が発生することを十分に予見することができたのであるから、児童らの衝突事故等を回避するため、天候を問わず、児童のみで体育館を使用することを禁止するか、あるいは、時間帯又は曜日によって使用してよい学年を定めたり、行ってよい遊戯・運動の種類あるいは体育館内で同時に使用してよいボールの個数を制限するなどの厳しい使用基準を定めた上、児童に対し、その趣旨の指導を徹底する義務があったというべきである。

4　体育館の使用基準の不適切さ

「本件小学校の校長は、（中略）本件事故当時、本件体育館の使用について、雨の日、放課後及び朝は全校児童が児童のみで使用してよい旨の使用基準を設けていたのであり、この基準が児童の生命・身体の安全に対する配慮を欠くものであることは明らかである。さらに、児童らに対する指導についてみるに、休み時間中に体育館において使用してよい運動用具はボールのみとするとともに、みんなで仲良く安全に使うよう児童らに対して指導していたことは認められるものの、具体的に体育館内において行ってよい遊戯・運動の種類あるいは体育館内で同時に使用してよいボールの個数を特段制限せず、また、ボール遊びをする際には、近くで遊んでいる児童と十分な間隔をとり、十分気を付けるようにするなどの指導が全く行われていなかったことが認められ、日頃の指導にも不十分な点があったということができる。」

5　体育館の使用基準と衝突事故の回避可能性

「本件事故は、スポーツをしている競技者同士が接触するなどして偶然に発生した事故とは根本的に異なり、体育館内で自由に遊ぶことを許された児童が、秩序なく遊んでいる最中に発生した事故である。休み時間における児童のみによる体育館の使用を禁止したり、」右述のような使用基準を設けた上、「児童に対する指導を徹底していたならば、このような衝突事故を回避することは十分可能であったというべきである。」

三　解　説

公立義務教育学校の校長及び教諭は、児童生徒の安全について配慮すべき義務を負っており、本判決によれば、この義務は、在学関係という児童生徒と学校側との特殊な関係上、当然に生じるものと解されている。もっとも、その範囲は、それが学校教育活動の特質に由来する義務である以上、学校における教育活動とこれに密接に関連する学校生活に関するものに限定されるべきであると把握されている。

それでは、休憩時間中に体育館内でソフトバレーボールをしていた女子児童が男子児童と衝突し負傷した事故について、学校側の安全配慮義務違反（過失）は、どのように判定されるのであろうか。これにつき、その義務違反としての過失は、結果の発生を予見すべきであったのに、予見しなかったこと、と結果の発生を予見したにもかかわらず、結果を回避する措置を講じなかったことに求められる。つまり、結果の予見可能性が前提となる。そして、この予見可能性の有無は、児童の行為の危険度、児童の年齢・判断能力、事故発生の時間・場所等の諸事情を勘案して判定される。

そこで、本件で問題となるのは、児童間の衝突事故が体育館という学校施設内で発生したということより、むしろそれが休憩時間中に発生した点をどう見るべきかということであるように思われる。授業の合間の休み時間は、授業の整理や準備等をするのが普通であり、またそれは学校における教育活動と質的・時間的に密接な関係を有しており、したがって、休憩時間中の児童の行為についても学校側の安全配慮義務が及ぶものと解しうるからである（京都地判昭和五一年一一月二五日事故処分判例集一三一五号二六頁—一三一五号四六頁（奥野久雄『学校事故の責任法理』（法律文化社、二〇〇四年）三二頁）、浦和地判昭和五六年三月三〇日判タ四四三号一〇〇頁（奥野前掲一一四頁））。とりわけ、今日の就学手続の弾力化とこれに伴う児童生徒の多様化などの事情を顧慮するならば、十分な休憩時間も求められ、そしてこの間に児童生徒によって各種の遊戯が行われるのが通常であろうと考えられるからである。

そうすると、児童生徒らに学校施設の利用を許可するに際し、裁判例のように、児童生徒らの安全確保の観点からきめ細かくその使用基準を定め、この遵守を徹底すべきであると解したとしても、本件の場合、ソフトバレーボールをして遊んでいた児童に別の遊戯をしているものと思われる児童が偶然に衝突するといった事故を予見しうるかという点は、右述の過失の判定からすれば、これを消極的に解さざるをえないであろう。

もっとも、学校の校長には、「校務をつかさどる」（学校三七条三項）立場から、学校の安全体制を整備すべき責務があり、これに伴って児童生徒の安全を配慮すべき義務が課されるように考えられる（兼子仁『教育法〔新版〕』（有斐閣、一九七八年）五〇四頁も参照）。したがって、「偶発的な児童間の衝突事故」が発生した場合には、可能な限りで、養護教諭や担任教諭が事故の当事者から事情を聴くとか、周りで事故を見ていた児童生徒からもそれについて事情を聴取するなどして事故の内容を十分詳細に把握し、事態の重大性に応じて、至急に専門医の診療を受けさせることのできる措置をとることができる体制を整備すべきであると思われる。ゆえに、もし、この事後的措置が怠られるならば、被害者は、結果（てんかんと頭痛の後遺症）の回避の機会（期待利益）を喪失せしめられたことを理由に学校側に対して慰謝料の請求をすることができるものと解すべきである。

参考判例

○休憩時間は、授業時間中あるいはそれに準ずる課外のクラブ活動中などと違って、教育活動がなされる時間ではなく、一応生徒が各自自由に過ごしうる時間ではあるが、授業時間の合間であり、教員、生徒は休憩、あるいは授業の整理、準備等をするのが通常であって、学校における教育活動が終了し、生徒が下校することが予定されている放課後や自宅にいるのとは違って、学校における教育活動と質的、時間的に密接な関係を有し、休憩時間中の生徒の行為であるからといって教員の監督が及ばないと解するのは相当ではない。

また、生徒が学校内において休憩時間中に各種の遊戯をすることは通常考えられることであり、遊戯の種類、方法、程度、用いられる器具等によっては事故が発生し、本件ダート投げのように人の身体に危険をもたらす遊戯もあることも予測しうることであるから、休憩時間中の遊戯であってもこのような危険な行為が為されることを予測し、あるいは予測しうる状況にあるときは、教員はこれを監督し、事故の発生を未然に防止すべき義務があるものと解するのが相当である。

（京都地判昭和五一年一一月二五日事故処分判例集一三二五号二六頁―一三二五号四六頁）

○公立中学校の校長ないし担任教員が、教育活動の一つとして、登校した生徒を指導監督すべきことは、いうまでもなく、また授業中はもちろん、授業時間途中の休み時間における自校の生徒、担任する生徒の行状についても具体的内容を異にするとはいえ一般的には指導し監督すべきであることは当然である。

しかして、右休み時間における右指導監督義務の具体的内容は、特に危険な行為（遊戯を含む）と目されるものがおこなわれ又はおこなわれようとしているなど危険性が客観的に予測される場合の他は、生徒の年齢や社会的経験判断能力に応じた相当な一般的なものであれば足りるというべきである。

（浦和地判昭和五六年三月三〇日判タ四四三号一〇〇頁）

2　遊戯（一輪車乗り）中の女子児童負傷事故と校長の安全配慮義務

東京地判平成一七年九月二八日（平一四（ワ）第二三四五二号損害賠償請求事件）判タ一二一四号二五一頁

一　事件の概要

本件は、被告Yの設置する区立小学校の第二学年に在学していた原告X（女子児童）が、小学校の昼休みの休憩時間中に校庭で遊んでいたところ、一輪車に乗っていた同小学校の男子児童（第二学年に在学）に後方から衝突され傷害を負ったことにつき、国家賠償法一条一項に基づき、損害賠償を請求した。

二　判　旨

一部認容。

1　学校の教師と安全配慮義務及びその範囲

「学校の教師は学校における教育活動によって生ずるおそれのある危険から児童、生徒の生命及び身体の安全に配慮する義務（以下「安全義務」という。）を負っており、昼休みの休憩時間においても、それが小学校におけるその後の教育活動等が予定されている時間帯であって、小学校における教育活動と質的、時間的に密接な関連性を有しているものである以上、教育活動におけると同様の義務を負うべきである。」

2　教師の安全配慮義務違反の判断要因

「その安全義務を尽くしたかどうかについては、教師は生徒の生命、身体の安全について万全を期すべきことを前提に、当該事故の発生した時間、場所、発生状況、事故当事者の年齢・判断能力、学校側の指導・監督体制、教師らの教育活動状況等の事情を考慮して判断されるべきである。」

3　一輪車の性質・危険性と小学校の校長の事故防止措置

「小学校の校長は、一輪車の有する性質及び危険性、本件小学校の校庭における児童らの混在状況及び小学生、特に低学年の特性の事情を認識した上で、一輪車に乗車した児童が校庭で遊ぶ他の児童と衝突するなどして、傷害を負わせる危険を十分予見し得たということができる。」

「小学校の校長が、一輪車が、他の児童と衝突し、他の児童の身体に対して傷害を加える危険性を予見し得た場合、それを防止するための適切な措置を講じたかどうかについても、予見し得た危険性の内容及び危険発生の蓋然性に、当該事故の発生した時間、場所、発生状況、事故当事者の年齢・判断能力、学校側の指導・監督体制、教師らの教育活動状況等の事情を考慮して判断されるべきである。」

4　小学校の校長の校庭での遊び（一輪車乗りを含む）のルールを取り決めるなどの措置と事故回避可能性

「小学校の校長は、一輪車の乗車を含め、校庭で行われる遊び場の範囲を明確に特定し、また、各種遊びの範囲内での遊びのルールを取り決め特定された遊びの範囲及び遊びのルールにつき、児童らの年齢に応じた適切な指導を行い、それらを児童に認識、理解させるという措置をまず講じるべきであり、それにより児童がルールを理解して自主的に範囲を守って遊びをするのであれば、およそ混在を避けられるか、混在が緩和され、事故を回避することができるといえる。

したがって、本件小学校の校長がこれらの措置を講じ尽くしている場合には、それでもなお混在が改善されず、衝突の具体的危険があることを認識している場合でない限り、本件事故についての結果回避義務違反がないとするのが相当である。」

三　解　説

学校の教師に児童・生徒を保護し監督すべき義務があることには異論はなく、本判決でも「学校の教師は学校における教育活動によって生ずるおそれのある危険から児童、生徒の安全に配慮する義務」（以下、安全配慮義務という）を負っている、と述べている。このように学校の教師の義務は、教育活動に内在する危険から児童・生徒を守るべく万全の注意を尽くすべき義務でなくてはならないから国公立学校か私立学校かを問わず、それが学校教育契約の「債務」に含まれるあるいは附随するものとして構成することができるであろうし（奥野久雄『学校事故の責任法理』（法律文化社、二〇〇四年）一〇三頁）、また、児童・生徒の教育をつかさどる旨を規定した学校教育法二八条六項の趣旨などにその根拠を求めることができるであろう（兼子仁『教育法〔新版〕』（有斐閣、一九八八年）五〇八頁―五〇九頁）。この安全配慮義務は、上記のような学校教育活動の特質に由来する義務である以上、その範囲は、学校における教育活動とこれに密接に関連する学校生活に関するものに限定されるべきだとされている（甲府地判平成一五年一一月四日判タ一一六二号二三八頁）。

それでは、本件の場合のように、昼休み時間に校庭で遊んでいた女子児童に、男子児童が乗っていた一輪車をその後方から衝突させ負傷させた事故について、小学校の校長の安全配慮義務違反としての過失の存否をどう考えるべきであろうか。この過失は、結果の発生を予見すべきであったのに予見しなかったことと結果の発生を予見したにもかかわらず結果を回避する措置を講じなかったことから成り立っている。つまり、結果の予見可能性が前提になっている。そしてこの予見可能性の有無は、（イ）その事故の発生した時間・場所、（ロ）発生状況、（ハ）事故当事者の年齢・判断能力、（ニ）学校側の指導・監督体制、（ホ）教師らの教育活動状況等の諸事情を考慮して判断される。ただ、本件の場合は、一輪車という遊具が事故発生に関与しているので、この点を勘案するため、（ヘ）

予見し得た危険性の内容や（ト）危険発生の蓋然性といった要因がそれらの事情に加えられて判定されることになるであろう。したがって、その一輪車の事故への関与をどのように評価すべきかという点が、小学校の校長の過失を判定するうえで重要になるであろう。

そこで、もし学校側で一輪車の導入を決め、かつ昼休み時間に児童らがそれに乗って遊ぶことを許可していたとするならば、一輪車を学校教育に取り入れる教育効果を考慮すると、これが人の生命・身体に対して高度の危険性を有する遊具であるとは言い難いであろう。そうすると、上記の諸事情、とりわけ、（ロ）発生状況（各種の遊びを行っている児童らの混在等）（ハ）事故当事者の年齢・判断能力（双方共に小学二年生）（ニ）学校側の指導・監督体制（一輪車を含めた遊びの種類・内容・ゾーン設定・（ロ）の緩和、とくに一輪車の乗車に関する取り決めの確立等の指導）、看護当番制度の実施（事故防止に必要な教員の担当の有無等）等を総合して具体的に考慮されることになると思われる。もちろん、小学校の校長は、「校務をつかさどる」（学校三七条三項）立場にあり、学校の安全体制を整備すべき責務を負っているので、（ニ）が不十分だと評価されますと、（へ）の要因が具体化し、（ト）のそれが高まり、このため、本件の場合の、校長の安全配慮義務違反について積極的な判断がなされることになるであろう。

参考判例

○本件小学校の校長は、児童らが、休み時間に本件体育館内において遊戯・運動中に、本件事故のような偶発的な衝突事故が発生することを十分に予見することができたのであるから、児童らの衝突事故等を回避するため、天候を問わず、児童のみで体育館を使用することを禁止するか、あるいは、時間帯又は、曜日によって使用してよい学年を定めたり、おこなってよい遊戯・運動の種類あるいは体育館内で同時に使用してよいボールの個数を制限するなどの厳しい使用基準を定めた上、児童に対し、その趣旨の指導を徹底する義務があったというべきである。

（甲府地判平成一五年一一月四日判タ一一六二号二三八頁）

3　教室の出入口での女子児童と男子児童との激突負傷事故と親及び担任教諭の責任

東京地判平成一四年一一月一一日未公刊（損害賠償請求事件）

一　事実の概要

原告Xは、平成一〇年二月一八日午前一一時三〇分過ぎころ、本件小学校（被告Y区が設置・管理しているY区立第二K小学校：奥野注）の四年二組の教室において、次の体育授業（四校時）の準備をするために、一旦廊下に出て教室と廊下の間の壁に掛けてあった体操服を取ってから、再び着替えのために教室内に入ろうとして普通に歩いていた。その際、右側の教室内から勢いをつけて出入口付近に来たA（本件小学校の四年生時に原告Xと同級生であった：奥野注）が、左手を出入口の壁付近において一旦止まるようにやや姿勢を低くしながら、自然と遠心力が付くようにぐうんと左回転して教室外（廊下左側）に出ようとしたため、廊下と教室の境目付近において、Aのおでこ（左眉付近）と、対向歩行中の原告Xの左眼とが激突し、左眼に複視等の後遺症を負った。そこで、XはY1とAの両親Y2・Y3に対し、損害賠償を請求した。

二　判　旨

請求を一部（両親Y2・Y3に対する請求）認容。

1　Aによる不法行為の成否

「Aは、教室内外では他の児童に衝突しないように、死角のある出入口付近においては勢いをつけて回転するなどの危険な行為をしないようにする注意義務があるのにこれを怠り、教室内で勢いをつけて出入口付近に近づき、左手を出入口の壁付近において自然と遠心力が付くまま、ぐうんと進路左側（原告側）に回転しながら廊下に出ようとするという危険な行為をしたために、普通に歩いて教室内に入ろうとしていた原告Xの左眼に自己の前頭部（左眉付近）を激突させたというのであるから、Aには過失がある。

したがって、Aには、不法行為が成立する。」

2　被告Y_2・Y_3夫婦の監督義務者責任について

「Aには不法行為責任能力がないため、Aに代わって、その法定監督義務者である被告Y_2・Y_3夫婦が、民法七一四条一項により、Aが原告に加えた不法行為による損害を賠償する責任を負う。……被告Y_2・Y_3夫婦には、一〇歳の子であるAについてその日常生活全般にわたって指導監督する義務があること、本件事故後の被告Y_2・Y_3夫婦の対応は、Aの過失の有無はともかくとしても、一〇日の入院を要する傷害を負った同級生に対する関係児童の親の態度としては必ずしもふさわしいものではなかったと原告の母が感じていること〔証拠略〕に照らしても、被告Y_2・Y_3夫婦がAに対して他の生徒児童に対して迷惑をかけないように日頃から十分な指導監督をしていたことを認めることはできず、他に被告Y_2・Y_3夫婦に監督義務懈怠がなかったことを認めるに足りる証拠はない。……」

3　被告Y_1（小学校を管理する区）の国家賠償法による責任

「本件小学校四年二組の全児童は、次の四校時の体育授業を受けるためには、五分間というわずかな休憩時間中に（略・日課表）、廊下に掛けてある体操服を取ってから、本件教室に戻って素早く着替えを済ませ、さらに体育館へ移動しなければならなかったことは認めることはできる。

しかしながら、C教諭（昭和四七年教員採用）は、日頃から児童に対して教室内を走らないように注意をしていたことを認めることができるから〔証拠略〕、日頃からの児童に対する注意指導について過失があったということはできない。そして、本件教室には出入口が教室前方と後方の二か所にあり、児童も小学校四年生ともなれば学校内の日常の動作については相応の判断力・行動力を身につけているものと認めることができるから、担任教諭らにおいて体育授業の準備のために本件教室内や廊下が児童でごった返して危険な事態になるとまでは予想することができなかったということができる。

したがって、担任のC教諭らにおいて、……上記の着替え等が整然と行われるように、児童らに対して、格別な注意や指示を行うべき義務があったということができない。」

そこで、C教諭らの過失を否定し、被告Y_1（小学校を管理する区）の国賠法一条一項による損害賠償責任も否定。

三　解　説

本件の事案では、男子児童の不法行為責任は成立するであろうか。

通説によると、過失責任の原則がとられ、過失の存在が不法行為責任の成立要件とされる限りにおいては、過失の論理的前提として、行為者が行為の結果として不法行為責任を負うことについての十分な判断能力を備えていることを必要とされる（幾代通・徳本伸一補訂『不法作為法』（有斐閣、一九九三年）五〇頁）。この判断能力のことを責任能力という。その水準は、事案により多少異なるが、通常、概ね小学校を卒業する一二歳前後であるとされている。したがって、本件のような一〇歳になる小学四年生の男子児童は、責任能力を欠く、責任無能力者であるというべきであり、不法行為責任を負わないものと解される（民七一二条）。

そうすると、右児童によって不法に惹起された損害は、どのように填補されるべきであろうか。

民法は、七一四条一項において、七一二条及び七一三条の規定により責任無能力者がその責任を負わない場合において、その責任無能力者を監督する法定の義務を負う者は、その責任無能力者が第三者に加えた損害を賠償する責任を負う、ただし、監督義務者がその義務を怠らなかったとき、又は、その義務を怠らなくても損害が生ずべきであったときは、この限りでない、と定めている。この規定によれば、監督義務者としての親の責任を問うためには、①責任無能力者の違法な加害行為があること、②監督義務を怠らなかったこと、又は、監督義務を怠らなくても損害が生ずべきであったことの立証を要件として必要とする。

まず、①について、前述のように責任無能力者に過失を論理上問えないとする考え方によれば、責任無能力者の違法な加害行為があることで足りることになる（加藤一郎編『注釈民法（19）債権（10）』（有斐閣、一九六五年）二五六頁（山本進一執筆））。なぜなら、民法七一四条一項本文による監督義務者の責任は、責任無能力者にその責任無能力のゆえに不法行為責任が成立しないことにより補充的に生じるものであると見るならば、責任無能力者の加害行為による損害の発生が論理的前提となるものと解すべきだからである。そうすると、本件の場合には、男子児童が教室から勢いをつけて飛び出してきて、教室内に入ろうとしていた女子児童に激突し傷害を負わせているということであるので、その行為の危険性等を考慮すれば、その要件は充足されているものといえるであろう。

次に、②について見てみよう。この点について、監督の義務を怠らなかったことの立証は容易認められないであろう。というのは、この義務は、責任無能力者の生活関係の全面に及ぶべきものであって、個々の加害行為についての監督だけでは十分ではなく、一般的な監督義務をも尽くしていたことの証明が必要だとされるからである。ただ、本件の場合のように、小学校内において責任能力のない児童が他の児童に対して違法に損害を加えたときに、担任教諭らのみが責任を負い、加害児童の親は監督者責任を免れるのではないかという問題が生じてくる。これについては、親のように子供の生活の全面について監督義務を負う者と教師のように子供の特定の生活面にだけ監督義務を負う者との間に責任の限度にかなりの差異のあることが認められている（加藤一郎『不法行為〔増補版〕』（有斐閣、一九七四年）一六四頁、さらに、兼子仁『教育法〔新版〕』（有斐閣、一九七八年）五〇八頁以下は、両者の質的・量的差異をも指摘している。）この点を踏まえて考えれば、子供が教師の監督下にあるときにおいてなされた加害行為であっても、そのことだけで親の責任が当然に消滅すると考えるのは妥当ではないといえるであろう。したがって、建前としては、両者の責任が競合的に生じうると解したうえで、具体的状況に応じて親の責任を見定めるべきであると思う。本件の場合でも、このような②の要件の立証は難しいものといえるであろう。なぜなら、監督義務者としての親の義務の怠りを判定する際に、責任無能力者の加害行為の態様（女子児童が廊下から教室内に入ろうとしたところ勢いをつけて教室から飛び出すという行為の危険性）も考慮すべきであるといわれているからである（最判平成七年一月二四日民集四九巻一号二五頁、判時一五一九号八七頁〈事案は、責任無能力者による失火によって第三者所有の建物が焼失したというものである〉）。

したがって、男子児童の親の過失は認められるであろうから、その親は、監督義務者としての不法行為責任を負わなければならないであろう。

それでは、担任教諭らの過失については、どのように考えるべきであろうか。

小学校のクラス担任教諭にその児童の安全を確保すべき指導監督上の注意義務があることについて異論はなく、本判決もこのことを前提にしているものと思われる。このような注意義務の根拠について、民法七一四条二項は、監督義務者としての親に代わって責任無能力者を監督する者が、監督義務者としての責任を負う、と定めている。そして、この者は、その特定の生活面についてのみ監督義務を怠らなかったこと、または、監督義務を怠らなくても損害が生ずるべきであったことを立証すれば免責されるのである。この立証は、責任無能力者の生活の全面について監督義務を負う者の場合より相対的に容易であろう、と考えられる。これは、学校教師の監督義務を親のそれ自体の代行形態として捉える見解（加藤前掲一六一―一六二頁、幾代前掲一九二頁）の立場に依拠するものにほかならない、といえるであろう。

これに対して、学校教師の監督義務を親のそれと質的・量的に異なるものと解し、それを教育上の安全義務だと捉える見解がある。例えば、「学校教師の子ども集団にたいする安全義務は、その専門的教育権に伴うもので、学校教育法二八条〔現行は三七条〕六項『児童（生徒）の教育をつかさどる』ことに含まれるかぎりでのそれである」（兼子前掲五〇八―五〇九頁）とする見解がそうである。この後者の見解の立場が妥当であるように思う。

そこで、このような立場に立って担任教諭らの過失を検討してみよう。過失とは、通説によれば、一定の結果の発生することを知るべきであるのに、不注意のためそれを知りえないで、ある行為をするという心理状態である、といわれている。しかし、通説は、その反面で、過失は違法な事実の発生を予見し、これを防止すべき注意義務を怠たることである、と解しています。もっとも、学校事故における過失は、まず違法性を判定し、ついで過失の判定をするといった、二元的判断ではなく、注意義務違反から過失を判定する、過失一元的判断がなされているので、予見可能な結果に対する結果回避義務違反としての過失が判定されるのである（最判昭和五八年二月一八日民集三七巻一号一〇一頁、最判昭和六二年二月一三日民集四一巻一号九五頁等）。したがって、そこでは結果の予見可能性の有無が過失の存否を大きく左右することになるであろう。その際には、（イ）児童の年齢・判断能力、（ロ）児童の行為の態様、（ハ）事故の態様、（ニ）事故発生の場所、（ホ）事故発生の時間帯、（ヘ）日頃の注意指導等々の諸事情が総合的・具体的に考慮されることになるであろう。本件の場合も、（ロ）は教諭らの注意義務違反を根拠づける働きをするが、その他の諸事情、例えば、本判決によれば、「児童も小学四年生ともなれば学校内の日常の動作については相応の判断力・行動力を身につけているものと認めることができる」こと、及び、教室の出入口付近での（ニ）休み時間（ホ）に左眼複視等の後遺症を残す傷害事故（ハ）であること等々を総合的に考えれば、担任教諭らの過失は認められないように思う。

なお、裁判例が、本件の場合の男子児童の過失を肯定し、その不法行為責任の成立を認めている点に言及しておこう。本判決によれば、過失を、心理状態とみる通説の見解と異なり、具体的状況に応じて、結果回避のための行為義務違反として捉える見解の立場に立ち、右児童について過失を問うことは可能であるとし、不法行為責任の成立を認めているのであろう。そして、その責任の成立を妨げる事由として責任無能力を位置づけているように推測される（責任無能力者による失火に関する前掲最判平成七年一月二四日との関連につき、青野博之「工作物責任と失火責任法」山田卓生編集代表『新・現代損害賠償法講座４』（日本評論社、一九九七年）一六〇頁参照）。

参考判例

○「学校の教師は、学校における教育活動によって生ずるおそれのある危険から児童・生徒を保護すべき義務を負っているところ、小学校の体育の授業中生徒が事故に遭った場合に、担当教師が、右義務の履行として、右事故に基づく身体障害の発生を防止するため、当該児童の保護者に右事故の状況等を通知して保護者の側からの対応措置を要請すべきか否かは、事故の種類・態様、予想される障害の種類・程度、事故後における児童の行動・態度、児童の年令・判断能力等の諸事情を総合して判断すべきである。」

本件「事実関係によれば、上告人は、本件事故当時一二歳の小学校六年生であって、本件のような事故に遭ったのちに眼に異常を感じた場合にはその旨を保護者等に訴えることのできる能力を有していたものというべきところ、本件事故後、上告人には外観上何らの異常も認められず、上告人も眼に異常がないと言明していたのであり、しかも、上告人が異常を感じてもあえてこれを訴えないことを認識しうる事情があったものとは認められないのであるから、もし、のちに上告人が眼に異常を感じたことを訴えたときには保護者等が適宜の措置を講ずることを期待することで足りたものというべきである。」したがってAが「本件事故に基づく身体障害の発生を未然に防止するため、保護者に事故の状況等を通知して保護者の側からの対応措置を要請すべき義務を負っていたものと解することはできない。」。

（最判昭和六二年二月一三日民集四一巻一号九五頁、判時一二五五号二〇頁、判タ六五二号一一七頁）

○「民法七一四条一項は、責任を弁識する能力のない未成年者が他人に損害を加えた場合、未成年者の監督義務者は、その監督を怠らなかったとき、すなわち監督について過失がなかったときを除き、損害を賠償すべき義務があるとしているが、右規定の趣旨は、責任を弁識する能力のない未成年者の行為については過失に相当するものの有無を考慮することができず、そのため不法行為の責任を負う者がなければ被害者の救済に欠けるところから、その監督義務者に損害の賠償を義務づけるとともに、監督義務者に過失がなかったときはその責任を免れさせることとしたものである。ところで、失火ノ責任ニ関スル法律は、失火による損害賠償責任を失火者に重大な過失がある場合に限定しているのであって、この両者の趣旨を併せ考えれば、責任を弁識する能力のない未成年者の行為により火災が発生した場合においては、民法七一四条一項に基づき、未成年者の監督義務者が右火災による損害を賠償すべき義務を負うが、右監督義務者に未成年者の監督について重大な過失がなかったときは、これを免れるものと解するのが相当というべきであり、未成年者の行為の態様のごときは、これを監督義務者の責任の有無の判断に際して斟酌することは格別として、これについて未成年者自身に重大な過失に相当するものがあるかどうかを考慮するのは相当でない。

（最判平成七年一月二四日民集四九巻一号二五頁、判時一五一九号八七頁、判タ八七二号一八六頁）

4　中学女子生徒の机上に置いた椅子からの転落死と教諭の注意義務

富山地判平成一四年一一月二七日（平一一（ワ）第三一六号損害賠償請求事件）判例時報一八一四号一二五頁

一　事実の概要

本件では、Y_5県下のY_4町立中学校の一年の女子生徒Aが、平成一一年一月一四日、給食後の休憩時間中である午後一時二〇分ころ、教室の窓のカーテンフックが外れていたため、教室内の生徒用机の上に椅子を重ねて置き、その椅子の上に立って外れたカーテンフックを直していたところ、Y_1が、右足でAが立っていた椅子を蹴ったため、転落した。その際、窓ガラスが割れ、ガラス片がAの右大腿部に突き刺さったことにより、Aは、右大腿動脈損傷等の傷害を負い、同年三月一四日、搬送された病院で死亡した。そこで、Aの両親Xらが、加害生徒Y_1、Y_1の父母$Y_2$$Y_3$らに対し損害賠償を請求し、$Y_4$町に対して、同校教諭及び養護教諭に過失、またカーテンの管理の瑕疵があるとして、国賠法一条、二条により、さらにY_5県に対して国賠法三条に基づき損害賠償を請求した。

二　判　旨

一部認容、一部棄却。

1　加害生徒Y_1の責任

「悪ふざけをしてAが立っている椅子を揺らしたり足で蹴れば、弱い衝撃でも椅子が机から落ちて、Aが床に転落し、高所からの落下の勢いで、床あるいは窓ガラスに身体をぶつけ、負傷するおそれがあることは容易に予測で

きるものである。そうすると、Y_1がAの立っていた椅子を足で蹴った行為について、Y_1においてAを転落させようとする意思があったとまでは認められないものの、過失があることは明らかである。

また、Y_1は、本件事故当時、中学一年生で一三歳であったから、上記過失行為の是非善悪を分別し、これに従って行動する能力があったといえるから、責任を弁識するに足る能力があったものと認められる。」

下記の如く、C養護教諭の止血方法が不適切であったためにAが死亡したとはいえない。よって、Y_1の行為とAの死亡との間に相当因果関係が認められ、Y_1は、損害を賠償する義務がある。

2　加害生徒Y_1両親Y_2Y_3の責任

「しかしながら、……Y_1は、Aにちょっかいを出す傾向が増し、この点について、AがX_1に愚痴をこぼしていたなどの事情は認められるものの、総じて、おとなしく真面目だったものであり、あるいは暴力を加えるかのような言動があったとは認められない。したがって、Y_2Y_3に、Y_1の問題性に気付かず、あるいはこれを放置したといった事情は見当たらず、監護教育義務の懈怠があったとまで言い難く、法的責任までは認められない。」

3　担任教諭の過失

「ところで、……本件教室内の補修は、日直当番の生徒の役割に入っておらず、B教諭の担当となっていて、毎月一五日に管理点検票に記載されている各項目別に安全点検を実施していたこと、本件教室のカーテンフックが外れた場合の補修は約三メートルの高さでの作業であって、上記安全管理点検項目には、ガス・ストーブ等の火気、電灯・スイッチ・コンセント・コード等の電気関係等と並んで、カーテンについても、点検対象とされていたことが認められる。もっとも、……Aは、平成一一年一月一一日及び一二日の二日間にわたり、本件教室の外れたカーテンフックを直しているが、これは、……カーテンの補修が日直当番の役割作業ではないことから、真面目で几帳面なAが、教室環境を整えようとして自発的に行ったものと推認される。また、……本件クラスでは、帰りの会の際、日直当番の務めを行ったか否かを自己評価し又は級友の評価を受けることになっていたもので、日直当番の仕事とされている各事項は生徒に周知の事柄であったこと、……従前から、翌登校日も日直を担当するか否かは前記所定の日直当番を連続して担当していたことを併せ考えると、Aが日直当番を連続して担当していたことと、Aが外れたカーテンフックを直そうとしていたこととの間には関連性があるとはいえない。そうすると、本件事故についてのB教諭の過失を論ずるにあたり、Aの日直当番が八登校日連続していたことについて、B教諭の日直当番の担当に関する対応に何らかの注意義務違反があったか否かを検討するまでもない。」

4　外れたカーテンフックを直したことをクラスの生徒から確認する義務

「B教諭において、約三メートルの高さにあるカーテンフックが外れた場合に、生徒が、生徒用机に生徒用椅子を乗せ、その椅子の上に立ってこれを直そうとすることを予測することは、生徒が一般的な危険性を十分判断できる年齢である中学一年生であることや、日常的に外れたカーテンフックの補修を生徒に求めた事実が認められないことからみて困難である。また、……同月一一日及び一二日にAが外れたカーテンフックを直したことは学級日誌に記載されておらず、同月一四日の朝の会においても、生徒からそのような事実を指摘されなかったことが認められる。一般的に生徒がそのような方法で外れたカーテンフックを直すことは予測できないことも考慮すると、B教諭において、同月一四日の朝の会において、同月一一日及び一二日にAが外れたカーテンフックを直したか否かを生徒全員から確認すべき義務があったとまでは認められない。……

そうすると、B教諭において、……過失があったと認めることはできない。」

5　養護教諭の過失

「C養護教諭が、救急処置として、直接圧迫法及び大腿動脈血管基部の圧迫により止血を行ったことは、一般的な相当な方法であったと認められる。もっとも、C養護教諭において止血法を行うべき義務まであったとは認められず、過失があったといえない。」

6　カーテン管理の瑕疵

「本件事故は、Y1が、Aが乗っていた椅子を蹴って転落させたことにより生じたもので、その経緯には、真面目で几帳面なAが、自発的に教室環境を整えようとした事情があるとしても、カーテンの管理の瑕疵によって生じたものでないことは明らかである。……

したがって、被告Y4町の責任は、認められない。」

7　国賠法上の責任

「被告Y4町が、国家賠償法一条一項の賠償責任を負うものでない以上、被告Y5県についても、同法三条に基づく責任は認められない。」

三　解　説

児童・生徒間事故に基づく学校設置者の賠償責任を発生せしめる、担任教諭の安全注意義務違反の見定めは、学説上、十分具体的になされなくてはならないと解されている（兼子仁『教育法〔新版〕』（有斐閣、一九五八年）五〇九頁）。学習的活動外の子供の行為については、生活指導の一環として子どもの年齢に見合う予見可能性が、右見定めの基準として問われることになるであろう（伊藤進『学校事故の法律問題――その事例をめぐって』（三省堂、一九八三年）一九〇頁）。

判例もこれと同様に解している。休憩時間に教室の掲示板を標的に緑の羽根を投げているとき、的から外れて何気なく振り向いた生徒の右眼球にその針先が刺さり外傷性白内障の傷害を負わせた事故について、この危険な行為を予見することは不可能であったとし、担任教諭の過失を否定している（浦和地判昭和五六年三月三〇日判タ四四三号一〇〇頁、奥野久雄「判批」法律時報五四巻六号一一八頁（一九八二年））。

かくして、中学校教諭は、休憩時間における担任の生徒に対しては、生活指導上の安全を確保すべく注意を尽くすべき義務が課されているといえるのであって、右生徒の危険な行為の結果を予見すべき特別な事情がない限り、かかる義務の違反を問うことができないと解すべきであろう。そして、右義務違反の前提としての予見可能性は、①生徒の年齢・判断能力、②生徒の行為の危険度、③事故発生の時間・場所、④事故を回避するための指導内容、ほかに生徒の性格等が吟味され、具体的に判定されるべきであると解される。

そこで、本件に即して、これらの要因を吟味してみよう。まず、①について、中学一年生で一三歳であるから、行為の是非善悪を分別し、これに従って行動する能力があるといえるから、生徒の自主性を尊重し、生徒を過度に管理することは適切ではないと考えられる。この点で、例えば、学校で日直当番制が実施されていて、その運営を生徒に委ねていたとしても、祝日など学校の休業日を入れて相当長期にわたり特定の生徒に日直当番を担わせるというふうな事態が生じないように配慮されている限り、右制度およびその運営の在り方は妥当なものであると解されるように思われる。

次に、②の要因について、「机の上に置いた椅子に立って、カーテンフックが外れているのを直そうとした」行為、及び右「椅子を足蹴りする」行為は、重大な結果に至る事故を生じさせる危険性がきわめて高いものであるといえるであろう。そこで、この点は、①の要因や③の要因、すなわち、右のいずれの行為も教室内での休憩時間における生徒のそれであることなどを考慮するならば、原則として、担任教諭が教室に残ることによって、あるいは、教員の校内巡視等によって常時生徒を監視すべき義務はないであろうといえる。

しかし、本件についてもし議論が生じるとすれば、それは④の要因についてであろうと考えられる。なぜなら、①で言及したように日直当番制が実施されていて、帰りの会の際に、日直当番の務めを行ったかを自己評価し、または級友の評価を受け、この評価次第で日直当番の交替が決まるというようなものであった場合に、本判決によれば、問題の「カーテン補修は、日直当番の役割ではな」く、「真面目で几帳面なAが……自発的に行った」ことなどからして、「Aが日直当番を連続して担当していたことと、Aが外れたカーテンフックを直そうとしたこととの間には関連性があるとはいえない。」とし、担任教諭の「日直当番の担当に関する対応に何らかの注意義務違反があったか否かを検討するまでもない。」としているが、この点は若干疑問の余地がありうると考えられるからである。本判決のように日直当番の担当日数を問題とするのではなく、相当な日数の右担当が休業日をはさみ相当長期間にわたって続けられている状況を問うべきであって、そのような状況においては、生徒の真面目・几帳面な性格と相俟って日直当番の務めから早く解放されたいと思う余り、日直当番の役割事項以外の、重大な結果を伴う危険性の高い行為を生徒がなすに至る事態を十分に予見できるものといえる。そうすると、担任教諭としては、次の生徒に交替させるなどの対応措置を採ることによって右事態を回避すべき注意義務があるものと解すべきであって、これを怠れば右危険行為に伴って生じた結果について注意義務違反の過失が認められるといえるように思う。このような意味において、その結果が他の級友のいたずらなどの関与によって生じせしめられたとしても、右と同様に解しうるであろう。

ところで、学校事故の民事裁判例の大部分は、事故を未然に防止する事前措置が問題にされているが、中には事故による被害発生やその拡大を防止する事後措置を欠いたかどうか問われているものが見られる。例えば、顔面蒼白となって保健室に運ばれた高校生が急性心臓死で死亡した事故につき、半時間も病人の側を離れた養護教諭に過失があったとされた事例（徳島地判昭和四七年三月一五日判時六七九号六三頁）がある。本件についても、事故態様からして養護教諭の救急措置義務が問題となることがある。そして、救急措置として直接圧迫法と大腿動脈血管基部の圧迫により止血をおこなっていれば、一般的な相当な方法であると認められるように思う。ただ、止血帯使用による止血法をおこなうことも選択肢としてはありうるので議論の余地はあるが、救急処置としての範囲であることを考慮するならば、かような止血法をおこなわなかったとしても過失があるとは認められないであろう。

最後に、カーテンの管理に瑕疵があるとして町の責任を問えるかどうかという点にも言及しておこう。国公立学校の学校施設によって生徒が事故にあった場合には、学校設置者である国または地方公共団体に対し、国賠法二条に基づく賠償責任を問うことができる。国賠法二条の責任が認められるには、（イ）公の営造物による事故であること、（ロ）その営造物の設置・管理に瑕疵があること、（ハ）この瑕疵を原因として事故が生じ損害が発生したことの諸要件が満たされることが必要である。右瑕疵は、その種のものとして通常有すべき性状や設備を具備しないことと解されるのが一般的であるが、本件の事故は、Aが教室環境を整備しようとしたという事情があっても、カーテンの管理の瑕疵によってではなく、級友の加害行為および担任教諭の安全注意義務の怠りによって生じたものとして捉えうるであろう。

なお、小中学校教諭の身分は市町村の地方公務員であるが、その給与は都道府県が負担するものとされている（市町村立学校職員給与負担法一条）。そこで、その不法行為については、都道府県は、費用負担者としての責任を負わなければならないと解されている（西埜章『国家賠償法』（青林書院、一九九七年）四六八頁）。本件の場合も、これと同様に考えて国賠法三条に基づき県に対し賠償請求できると解して差障りがないであろう。

5　昼休み中の小学生の死亡事故と小学校の教員らの注意義務

新潟地長岡支判平成二八年四月二〇日（平二五（ワ）第一七七号損害賠償請求事件）

一　事　実

本件は被告Yが設置する市立ａ小学校において、昼休み中に、当時五年生であった亡B（以下、亡Bという）がグラウンド付近で突然倒れて意識を失い、搬送先の病院で不整脈による心不全によって死亡した事故（以下、本件事故という）について、亡Bの両親X1・X2が、ａ小学校の教員らには、ＡＥＤ（自動体外式除細動器）を現場により早く運び、実際にこれを使用すべき義務があり、特に校長には、亡Bの状況を自ら把握し、ＡＥＤの手配を指示すべき義務があったにもかかわらず、これらを怠ったことに過失があると主張して、被告Yに対し、国家賠償法一条一項に基づき、損害賠償を求めた事案である。

二　判　旨

当裁判所は、次のように判断した。すなわち、「学校の教員は、学校における教育活動によって生ずるおそれのある危険から児童・生徒を保護すべき義務を負う（最判昭和六二年二月一三日民集四一巻一号九五頁）。

この義務が及ぶ時間的範囲は、必ずしも授業時間中に限られるものではなく、学校における教育活動と質的、時間的に密接的な関係を有し、学校の管理下にあると認められる時間帯であれば及ぶものと解されるところ、本件事故は、昼休み中に発生したものであり、このような休憩時間は、一般に、生徒、教員にとって休憩あるいは授業の整理、準備等をする時間帯であるが、学校における教育活動が終了したわけではなく、学校における教育活動と質的、時間的に深刻な関係を有する時間帯として上記保護義務が及ぶものと解される。

また、上記保護義務の内容として、教員は、学校における教育活動により生ずる危険を未然に防止するために必要な措置を講じ、また事故等により現に児童生徒に危害が生じた場合には、これに適切に対処する義務があるというべきである。」

「学校保健安全法は、平成二〇年に従来の学校保健法が名称を変えるとともに、学校安全に関する二六条以下の規定が新設されるなどして改正されたものであるところ、その二九条は、学校においては、児童生徒等の安全を図るため、当該学校の実情に応じて、危険等発生時（事故等により児童生徒等に危険又は危険が現に生じた場合、二六条参照）において当該学校の職員がとるべき措置の具体的内容及び手段を定めた対処要領（危険等発生時対処要領）を作成することを義務付けている。」

「本件事故当時、a小学校においては、学校の管理下において児童に関わる事故が発生した場合の対応として具体的な定めがされていたことが認められ、これは学校保健安全法二九条に基づき危険等発生時において当該学校の職員がとるべき措置の具体的内容及び手順を定めたものと解されるから、この定めは、a小学校において児童に関わる事故が発生した場合の職員がとるべき行動規範を定めたものと認められる。したがって、同小学校の教職員は、このよう事故が発生した場合の適切な対処として、少なくとも上記で定められた対応をとるべき義務があったということができる。すなわち、児童に関わる事故として、児童の大けが、急病等の事態が発生した場合、同小学校の教職員は、「その場にいた職員（引率者）で現場へ急行」し、当該児童について「状況を把握し、救急処置をして、必要に応じて救急車などの要請」をするという救護活動をする義務があったということができる。」

「ＡＥＤの使用は、国際的には、平成一二年（二〇〇〇年）頃から強く提唱されていたが、日本では、当時は医師法一七条により医師のみ認められた医療行為であると解され、直ちに普及するには至らなかったこと、その後、平成一五年に構造改革特区での使用が提案されたのを契機に、厚生労働省に「非医療従事者による自動体外式除細動器（ＡＥＤ）の使用のあり方検討会」が設置されたこと、同検討会の報告書によれば、非医療従事者によるＡＥＤの使用はやはり「医行為」に該当し、非医療従事者が反復継続する意思をもって行えば医師法一七条に違反するが、救急の現場に居合わせた一般市民がＡＥＤを用いることは一般的に反復継続性が認められないから医師法違反にならず、また非医療従事者の中でも「業務の内容や活動領域の性格から一定の頻度で心肺停止者に対し応急の対応を行うことがあらかじめ想定される者」については、使用者がＡＥＤの使用に必要な講習を受けていること、使用者が対象者の意識、呼吸がないことを確認していることなど、四つの条件を満たす場合に、ＡＥＤを使用しても医師法違反にならないことなどが報告されたこと、これらを受けて、厚生労働省は、平成一六年七月一日付けの通知で、各都道府県知事に対し、報告書の内容を管内の市町村、関係機関等に周知するとともに、特にＡＥＤの使用に関し、職域や教育現場で実施される講習も含め、多様な実施主体による講習が実施されることなどにより、ＡＥＤの使用に関する理解が国民各層に幅広く行き渡るよう取り組むことを求めていたことが認められる。

ここにおいて、ＡＥＤの使用を含む講習の実施は、ＡＥＤの使用に関する理解が国民に広く行き渡ることを目的としていたとともに、非医療従事者であるが「業務の内容や活動領域の性格から一定の頻度で心停止者に対し応急の対応を行うことがあらかじめ想定される者」がＡＥＤを使用しても医師法一七条違反とならないための条件整備のためのものとして位置付けられていたものと理解される。したがって、同通知や報告書において、このような者が、講習を受講したからといって、当然にＡＥＤの使用が義務付けられることは想定されていなかったものと解される。

学校の教員は、……一般に学校における教育活動によって生ずるおそれのある危険から児童・生徒を保護すべき義務を負い、また学校保健安全法により、学校が作成を義務付けられている危険等発生時対処要領（危険管理マニュアル）において、危険等発生時において当該児童生徒等に対する措置をとることが予定されている者である。そして、前記検討会の報告書や厚生労働省の通知では、ＡＥＤの使用に関する講習の実施主体の一つとして教育現場が例示されていること（前記認定事実……）、日本スポーツ振興センターや文部科学省の統計上、全国では、毎年一定数、学校管理下における心臓系疾患による事故が発生していること（前記認定事実……）からすると、学校の教員が教育活動に伴う事故の際にＡＥＤを使用することは、前記厚生労働省の通知及び検討会の報告書における非医療従事者のうち、単なる現場に居合わせた一般市民による使用というよりは、「業務の内容や活動領域の性格から一定の頻度で心停止者に対し応急の対応を行うことがあらかじめ予想される者」又はこれに近い者による使用ということができる…非医療従事者によるＡＥＤの使用は、「業務の内容や活動領域の性格から一定の頻度で心停止者に対し応急の対応を行うことがあらかじめ想定される者」による使用を含め、「救命の連鎖」の一環として担うことが「期待される」ものとして位置付けられていたのであり、講習もそのような前提で行うことが想定されていたものと認められる。また、ＡＥＤの設置や使用の実情を見ても、平成二二年時点において全国的にはなお約一五％の学校においてＡＥＤの設置すらされておらず（前記認定事実……）、平成二〇年度から平成二四年度の五年間で心肺蘇生やＡＥＤによる電気ショックが実施された事例の中でも、心肺蘇生法のみが実施された事例がなお三〇％近くあったこと（前記認定事実……）などからすると、平成二二年の時点において、講習を受けた教職員が教育活動に伴う事故の際にＡＥＤを使用することは、期待されるものではあっても、義務であるという認識が一般的であったとまでは認められない。

……ガイドラインによる一次救命処置の方法自体が当時は流動的であり、（……ＡＥＤによる除細動が取り入れられた後も、再び心肺蘇生の重要性が強調されている。）、教育現場におけるＡＥＤの使用を含めた一次救命処置の方法もいまだ確立していたとは認め難いことを考慮すると、当時、約二年前にａ小学校にＡＥＤが設置され、事故のあった平成二二年の六月にＤ教諭、Ｅ教諭、Ｃ校長らがＡＥＤを使用した講習を受講していたからといって、同教諭らに当然にＡＥＤの使用や運搬に関する法的義務があったということはできない。

……本件事故当時、Ｄ教諭は、五年生の児童らから亡Ｂが倒れたという大きな声を聞き、最初に現場に駆け付けたところ、亡Ｂに声をかけたが返事がなく、肩の辺りをたたきながら繰り返し「Ｂさん、Ｂさん」と呼んだが返事がなく、亡Ｂの顔の近くに自分の顔を近付けても、息をしているのかどうかが不明であったため、その後駆け付けたＥ教諭と話して人工呼吸と心臓マッサージをすることにしたこと、Ｄ教諭が人工呼吸をし、Ｅ教諭が胸骨圧迫をしていたところ、ううっという呼吸をするような様子が見られたので、二人でこのまま続けようということを確認して、このような心肺蘇生を続けていたこと、Ｅ教諭は、とにかく続けなければいけない、この手を止めてしまったら再び悪くなってしまうのではないか、元に戻ってしまうのではないかと思い、心臓マッサージを続けていたこと、同教諭は、途中でＦ教諭がＡＥＤを持ってきたことに気づいたが、心肺蘇生に対し、亡Ｂがふうという呼吸をしているようなところを感じ、また周囲に集まっていた教員らからも呼吸をしているんじゃないかという声が聞こえたため、今の救命措置で大丈夫なのではないかと思い、この手を止めたらだめなんだという思いで救命隊が到着するまで心臓マッサージを続けたことが認められる。

上記の処置は、確かに「救急車がくるまでに」のリーフレットに記載された、ＡＥＤが到着したら、ＡＥＤの操作を優先する、ＡＥＤが届いたら、直ぐににＡＥＤを使うという部分には反するものであるが、一方で、上記リーフレットにおいても、胸骨圧迫（心臓マッサージ）と人工呼吸は救急隊に引き継ぐまで、または本人が動き出すまで絶え間なく続けることと記載されており（前記認定事実……）、また「【改訂三版】救急蘇生法の指針（市民用）」にも同様の記載があるとともに、心肺蘇生法の重要性が強調されていたのであり（前記認定事実……）、これらに沿うものである。……

もとより当時、非医療従事者が講習を受けたからといって当然に使用することが義務となるものとはいえないＡＥＤについて、一方で当時のリーフレットや「【改訂三版】救急蘇生法の指針（市民用）」においても絶え間なく続けることが推奨され、なお重要性が強調されていた心肺蘇生を続けた結果、呼吸が始まったと認識し、救急車が来るまでの間にＡＥＤの使用の機会を逸したからといって、これをもって、非医療従事者である教員に課せられた救護義務に違反したと評価することはできないといわざるを得ず、この点の原告ら主張（Ｅ教諭について、ＡＥＤが現場に到着し、これを認識していたことをＡＥＤ使用義務の根拠の一つとすること：奥野注）は失当である。……Ｃ校長が……Ｆ教諭及びＪ教諭にＡＥＤを手配するよう指示したからといって、……これによってＡＥＤの使用に繋がったという関係があることを肯定するには至らない。

……本件事故当時、ａ小学校の教員らには児童の急病等の事態が発生した場合の対応として、その場にいた職員が現場に急行し、状況を把握し、救急処置をして、必要に応じて救急車の要請をするなどの救護活動を行う義務があったということができるところ、……Ｄ教諭及びＥ教諭は、救急車が来るまでの間、心肺蘇生を絶え間なく続け、Ｃ校長は現場の状況を確認した後、直ちに他の職員に指示して救急車を要請するなどしたのであるから、これらに照らすと、当時、ａ小学校の教員らに上記義務の履行について欠けるところがあったということはできない。」

三　解　説

学校教師は、学校における教育活動によって生じるおそれのある危険から児童生徒を保護すべき義務を負う、と解されている（最判昭和六二年二月一三日民集四一巻一号九五頁）。このような教師の保護義務について、「親のわが子に」たいする監督義務は、親権中の監護教育権に伴うものであるが、学校教師の子ども集団にたいする安全義務は、その専門的教育権に伴うもので、学校教育法二八条六項『児童（生徒）の教育をつかさどる』ことに含まれるかぎりのそれである。」（兼子仁『教育法〔新版〕』（有斐閣、一九七八年）五〇八―五〇九頁）と述べられている。また、教師は、「学校における教育活動及びこれと密接不離の関係にある生活関係に随伴して生じた不法行為、いいかえれば、その行為の時間、場所、態様等諸般の事情を考慮したうえ、それが学校生活において通常発生することが予測できるような行為についてのみ、」賠償責任を負うものとされている（東京地判昭和四〇年九月九日下民集一六巻九号一四〇八頁）。

本件の事故は、昼休み時間中に生じているが、このような時間帯は、教員及び児童が休憩あるいは授業の整理、準備等をするのが普通であって、その間、教員は、児童の行動を逐一監視する余裕はなく、学校における教育活動と質的、時間的に深い関係を有する時間帯として、その義務がこれに及ぼされるものと考えられてている（浦和地判昭和五六年三月三〇日判タ四四三号一〇〇頁）。

さらに教師は、学校における教育活動により生じる危険を未然に防止すべく事前措置を講じるべき義務、又は、事故による被害の発生やその拡大を防止すべく事後措置を講じるべき義務を負っている、と解されている（前者について、最判昭和五八年二月一八日民集三七巻一号一〇一頁等多数、後者につき前出最判昭和六二年二月一三日等）。

本件の事故については、後者の事後措置義務の一環として、教員らのＡＥＤ（自動体外式除細動器）の使用義務の存否、や校長の救護義務（児童の状況を把握し、ＡＥＤの手配を指示すること）の怠りの存否が問題となる。そこで、このような問題をどのように考えるべきであろうか。一つの考え方として、児童にかかわる事故が生じた場合の対応として、具体的な定めがなされていることが認められている（学保二六条以下参照）。そして、それは、学校の教員がとるべき措置の具体的内容及び手順が定められたものと見られているから、小学校教員は、そのような事故が発生した場合の適切な対処として、上記で定められた対応をとるべき義務があるということができる。もっとも、問題は、そのような対応にＡＥＤの使用が含まれるかどうかであろう。

この点について、本判決によると、教育現場ではなお心肺蘇生法の重要性が強調されており、ＡＥＤの使用を含む救命処置の方法自体が確立されているとは認め難いと考えている。そうすると、事故当時、二年前にＡＥＤが設置されており、それにかかわる教員が既にＡＥＤを使用するための講習を受講していたとしても、当然にＡＥＤを使用すべき法的義務を負うとはいえないであろう。もっとも、非医療従事者にあたるものとされる教員は、ＡＥＤの使用について医師法に抵触しないように条件整備がなされているけれども、なおそれによるとＡＥＤ使用の対象児童の意識・呼吸がないことを確認するよう求められることになり、ＡＥＤを使用することは「期待」の域にとどまるものというべきであろう。

したがって、本件のような児童にかかわる事故が発生した場合には、教育現場で教員が救急隊が到着するまで心肺蘇生を絶え間なく続け、校長が現場の状況を確認したのち救急車を要請するなどしていれば、小学校教員に課せられた児童の保護義務を尽くしたものと考えるべきであろう。ゆえに、ＡＥＤの使用義務まで教員に要求することはできないように考えられる。また、教員らのＡＥＤの使用義務の存在を前提とする、校長のＡＥＤの手配を指示するという救護義務の怠りもなかったものと考えられるであろう。

6　悪ふざけをした児童に対してなした教員の行為と体罰該当性及び国賠法一条の違法性

平成二一年四月二八日最高裁第三小法廷判決（平成二〇年（受）第九八一号損害賠償請求事件）
民集六三巻四号九〇四頁——破棄自判

一　判決要旨

公立小学校の教員が、悪ふざけをした二年生の男子児童を追いかけて捕まえ、その胸元を右手でつかんで壁に押し当て、大声で「もう、すんなよ。」と叱った行為は、右男子児童が、休み時間に、通りかかった女子児童数人を蹴ったうえ、これを注意した右教員のでん部付近を二回にわたって蹴って逃げ出したことから、このような悪ふざけをしないように指導するためにおこなわれたものであり、悪ふざけの罰として肉体的苦痛を与えるためにおこなわれたものではないなど判示の事情の下においては、その目的、態様、継続時間等から判断して、教員が児童に対しておこなうことが許される教育的指導の範囲を逸脱するものではなく、学校教育法一一条但書にいう体罰に該当せず、国家賠償法上違法とはいえない。

二　事　実

本件では、旧B市の設置する公立小学校（以下、本件小学校という）の二年生であったX（原告・被控訴人・被上告人）が、本件小学校の教員Cから体罰を受けたと主張して、旧B市の地位を合併により承継したY（被告・控訴人・上告人）に対し、国家賠償法一条一項に基づく損害賠償を請求した。

Xは、平成一四年一一月当時、本件小学校の二年の男子児童であり、身長は約一二〇cmであった。Cは、その当時、本件小学校の教員として三年三組の担任を務めており、身長約一六七cmであった。Cは、Xとは面識がなかった。

Cは、一一月二六日の一時限目終了後の休み時間に、本件小学校の校舎一階の廊下で、コンピューターをしたいとだだをこねる三年生の男子児童をしゃがんでなだめていた。そこを通り掛ったXは、Cの背中に覆いかぶさるようにして肩をもんだ。Cが離れるように言っても、Xは肩をもむのをやめなかったので、Cは、上半身をひねり、右手でXを振りほどいた。そこに六年生の女子児童数人が通り掛かったところ、Xは、同級生の男子児童一名とともに、じゃれつくように同人らを蹴り始めた。Cは、これを制止し、このようなことをしてはいけないと注意した。

その後、Cが職員室へ向かおうとしたところ、Xは、後ろからCのでん部付近を二回蹴って逃げ出した。Cは、これに立腹してXを追い掛けて捕まえ、Xの胸元の洋服を右手でつかんで壁に押し当て、大声で「もう、すんなよ。」と叱った（以下、この行為を本件行為という）。

Xは、同日午後一〇時ころ、自宅で大声で泣き始め、母親に対し、「眼鏡の先生から暴力をされた。」と訴えた。その後、Xには、夜中に泣き叫び、食欲が低下するなどの症状が現れ、通学にも支障を生ずるようになり、病院に通院して治療を受けるなどしたが、これらの症状はその後徐々に回復し、Xは、元気に学校生活を送り、家でも問題なく過ごすようになった。その間、Xの母親は、長期にわたって本件小学校の関係者等に対し、Aの本件行為について極めて激しい抗議行動を続けた。

一審は、本件行為は学校教育法一一条但書で禁じられている体罰に該当すると判断してXの請求を約六五万円（慰謝料五〇万円、治療費等約九万円、弁護士費用六万円）の限度で認容した。

原審も、胸元をつかむという行為は、けんか闘争の際にしばしば見られる不穏当な行為であり、Xを捕えるためであれば、手をつかむなど、より穏当な方法によることも可能であったはずであること、Xの年齢、XとAの身長差及び両名にそれまで面識がなかったことなどに照らし、Xのこうむった恐怖心は相当なものであったと推認されること等を総合すれば、本件行為は、社会通念に照らし教育的指導の範囲を逸脱するものであり、学校教育法一一条但書により全面的に禁止されている体罰に該当し、違法であると判断して、Xの請求を約二一万円（慰謝料一〇万円、治療費等九万円、弁護士費用二万円）の限度で認容した。

三　上告受理申立て理由

「Cの本件行為は学校教育法一一条ただし書きの体罰にあたらず、正当な懲戒権の行使の許容限度内の行為で違法性はないというべきである。」

四　判決理由

「被上告人（X）は、休み時間に、だだをこねる他の児童をなだめていたCの背中に覆いかぶさるようにしてその肩をもむなどしていたが、通り掛かった女子数人を他の男子とともに蹴るという悪ふざけをした上、これを注意して職員室に向かおうとしたCのでん部付近を二回にわたって蹴って逃げ出した。そこで、Cは、被上告人（X）を追い掛け捕まえ、その胸元を右手でつかんで壁に押し当て、大声で『もう、すんなよ。』と叱った（本件行為）というのである。そうすると、Cの本件行為は、児童の身体に対する有形力の行使ではあるが、他人を蹴るという被上告人（X）の一連の悪ふざけについて、これからはそのような悪ふざけをしないように被上告人（X）を指導するために行われたものであり、悪ふざけの罰として被上告人（X）に肉体的苦痛を与えるために行われたものではないことが明らかである。Cは、自分自身も被上告人（X）による悪ふざけの対象となったことに立腹して本件行為を行っており、本件行為にやや穏当を欠くところがなかったとはいえないとしても、本件行為は、その目的、態様・継続時間等から判断して、教員が児童に対して行うことが許される教育的指導の範囲を逸脱するものではなく、学校教育法一一条ただし書にいう体罰に該当するものではないというべきである。したがって、Cのした本件行為に違法性は認められない。」

裁判官全員一致の意見で、破棄自判（近藤崇晴、藤田宙靖、堀籠幸男、那須弘平、田原睦夫）。

【参照条文】民法七〇九条、国家賠償法一条一項、学校教育法一一条

五　批　評

1　国家賠償法（以下、国賠法という）一条一項は、「国又は公共団体の公権力の行使に当る公務員が、その職務を行うについて、故意又は過失によって違法に他人に損害を加えたときは、国又は公共団体が、これを賠償する責に任ずる。」と定めることによって、公権力の行使及び違法性を、それぞれこの規定に基づく国家賠償責任の基本

的な要件の一つとしている。そこで、本判決を検討するのに必要な範囲で、右各要件について簡潔に見ておこう。

まず、公権力の行使の解釈について、(1)その意味・内容を、国家統治権に基づく優越的な意思の発動たる作用にあたる公務員の行為に限定する、いわゆる狭義説と、民法その他私法が適用されるべき純粋の私経済作用及び国賠法二条が適用される場合を除いた非権力的公行政作用をも含む、いわゆる広義説との見解の対立と、国公立学校における教育活動の法的性質を、権力的作用と捉えるのか、非権力的作用を見るのか、といった学校教育の本質的性質に関する論争とが交錯する形で議論されている。このような議論への応接について、最高裁は、これまで必ずしも明確な態度を示してこなかったが、ようやく近年になって、国賠法一条一項にいう「『公権力の行使』には、公立学校における教師の教育活動も含まれると解するのが相当であ（る）」と判示した、最判昭和六二年二月六日（判時一二二二号一〇〇頁）において、広義説を採用することを明らかにした。もっとも、そこでは、学校教育活動の法的性質についての明言が避けられているが、このことにより、もし学校教育作用が非権力的作用であることを前提としたものと解しうるならば、最高裁の判決は、国公立学校における学校事故に国賠法一条一項の適用を認める態度を示したものと解しうるであろう。本判決では、原審判決ともに右議論への言及はないが、おそらく判例の立場を前提にしているものと思われる。

次に、国賠法一条一項の違法性の解釈について、その意味・内容を、さしあたっては、民法の不法行為法でいう加害行為の違法性、すなわち、「私権もしくは法的に保護されるべき私的利益の侵害行為」を指すと解してよく、国賠法上の違法性については、侵害行為の性質・態様と被侵害利益の種類・内容とを相関的に考慮して判断される、と解する見解がある一方、加害行為が法規範に違反している場合に国賠法上の違法性ありと解する見解がいわれている。(2)この後者の見解によっても、被害が重大なものであるときには、違法性ありと判断しうるとされるのであって、前者の見解にいうところの違法性が妥当しうるとされている。(3)いずれにしても、本件のような教員による児童生徒への懲戒行為の違法性が問われる事例においては、両者の見解のいずれをとっても、違法性の判定に差異はほとんど生じないこととなり、また、不法行為の基本的しくみについても、民法も国賠法も同様に考えて差し支えがないように思う。

2　不法行為における違法性については、二〇〇四年改正前の民法七〇九条は、不法行為の要件として「権利侵害」をあげていたが、[4]ここで侵害の対象を既存の「権利」に限定するとしばしば不都合な結果を生じた（例えば、大正三年七月九日刑録二〇輯一三六〇頁（雲右衛門事件））。そこで、近年の学説は、その「権利侵害」を「違法性」というふうに再構成することによって、不法行為の本質的要件を加害行為の違法性に求め、その判断基準を被侵害利益の種類と侵害行為の態様との相関関係において考察すべきであるとする考え方を打ち出した。この考察の意味するところは、被侵害利益が強固であれば、侵害行為の不法性が小さくても違法性があるが、被侵害利益が強固でないときは、侵害行為の不法性が大きいものでない限り、違法性がないというふうなことを指すものとされる。

そこで、本件のような教員の懲戒行為による児童の権利もしくは利益侵害の事案にそれをあてはめてみると、右懲戒行為の結果、児童の被侵害利益が強固であれば、侵害行為の不法性が小さくとも違法性があるが、被侵害利益が軽微であれば、侵害行為の不法性が大きくない限り違法性がないとされることになる。本件のような教員の児童への懲戒・体罰事案にあっては、教員の故意行為が介在するのがふつうであり、教員の責任の成否はその違法性の有無に左右されることが多いことであろう。他方、一般的に、懲戒行為は、法令で認められる範囲でおこなわれるならば、法令による行為として違法性が阻却される。[5]もし懲戒行為が体罰（学校教育法一一条但書）に該当するならば、違法性は阻却されないのであろう。もっとも、体罰に該当する行為であっても、一定範囲のものは、違法性が阻却されるかが議論されうる余地がありうる点に留意すべきであろう。[6]なぜなら、加害行為の態様からして、通常ならば不法行為となるような行為であっても、特別の事情があるため違法性が阻却されると解されることがありうるからである。以下、本件で提起されているところの、そのような問題に焦点を絞って、本判決を批評することにしよう。

その前に、わが国における学校教育法制において、教員が児童・生徒に対しておこなう懲戒行為ないし児童・生徒に対して加える体罰がどのよう取扱われてきたか、という問題について、本判決の批評に必要な範囲において、若干の検討をしておこう。

学校における懲戒には、教師による児童生徒の行為の規制や居残り学習の指示といった個別的制裁である「事実としての懲戒」と、退学（教育を受ける権利を奪うもの）・停学（教育を受ける権利を一定期間停止するもの）などの法的効果を伴う懲戒処分とがあるとされている。他方、体罰は、「事実としての懲戒」の法的限界として、法律上禁止されているのである（学校教育法一一条但書）。戦前においては、国民学校令（一九四一年）第二〇条で、「国民学校職員ハ教育上必要アリト認ムルトキハ児童ニ懲戒ヲ加フルコトヲ得但シ体罰ヲ加フルコトヲ得ズ」とされていた。実際には、つとに、小学校の教員が懲戒のために生徒の身体に傷害を与えない程度に軽く叩くのは不法行為とはいえないというふうに多少の有形力の行使は体罰に該当しないと解されていたようである。(7) 一方、戦後においては、子供の人権（生命・身体の安全や私生活の自由及び名誉等）の保障(8)と教育の非権力作用の見地からして、それは厳格に規制されている。したがって、体罰は、広く身体への有形力の行使のほか、肉体的苦痛を与える懲戒を含むものと解されている。(9)

ところが、最近になって、学校社会としての秩序維持の強化、すなわち、児童生徒の問題行動に対する学校の指導の充実化の観点から、例えば、「児童生徒に対する有形力（目に見える物理的な力）の行使によりおこなわれた懲戒は、その一切が体罰として許されないというものではない」など、従来の懲戒・体罰規定の解釈運用に対して行政の立場から一定の修正が施されている。(10)

3　そのような中で、本判決は、教員の児童に対する本件行為が学校教育法一一条但書にいう体罰に該当するとした原審判決を破棄・自判し、本件行為の体罰該当性を否定し、本件行為に違法性がないとしたのであり、注目される。そこで、まず、両判決の見解が、なぜ分かれたかを考えてみよう。

原審判決が、「①胸元をつかむ行為は、けんか闘争の際にしばしば見られる不穏当な行為であり、被上告人を捕えるためであれば、手をつかむなど、より穏当な方法によることも可能であったはずであること、②被上告人の年齢、被上告人とCの身長差及び両名にそれまで面識がなかったことなどに照らし、被上告人の被った恐怖心は相当なものであったと推認されること等を総合すれば、本件行為は、社会通念に照らし、教育指導の範囲を逸脱するものであり、学校教育法一一条ただし書により、全面的に禁止されている体罰に該当し、違法である。」と判決したのであるが、これに対して、本判決は、次のように述べ、原審判決のその判示内容を全面的に否定した。すなわち、「Cの本件行為は、児童の身体に対する有形力の行使ではあるが、他人を蹴るという被上告人の一連の悪ふざけについて、これからはそのような悪ふざけをしないように被上告人を指導するために行われたものであり、悪ふざけの罰として被上告人に肉体的苦痛を与えるために行われたものではないことが明らかである。（中略）本件行為は、その目的、態様、継続時間等から判断して、教員が児童に対して行うことが許される教育的指導の範囲を逸脱するものではなく、学校教育法一一条ただし書にいう体罰に該当するものではないというべきである。したがって、Cのした本件行為に違法性は認められない。」と。このような判旨をどのように評価すべきであろうか。

これにつき、本件行為の違法性の有無に関する原審の判断内容と上告審のそれとを対比してみると、おそらく、前者が①懲戒方法より穏当なものへの代替可能性、②児童の年齢、懲戒行為者との体格差・面識の有無などからもたらされる恐怖心などの諸要因を考慮し、本件行為に教育的指導の範囲からの逸脱ありと見て、その体罰該当性及び違法性を肯定しているのに対して、後者は、（イ）当該行為の目的・態様、（ロ）その継続時間等の諸要因を考慮し、Cの一連の行為の児童に与える「肉体的苦痛」の緩和を認め、本件行為の体罰該当性を否定し、よってその違法性を否定しているのであろう。どうも、この辺りに両者の法的判断を分ける分水嶺があるように思う[11]。そうだとすると、事実としての懲戒行為にかかる一定の事実に関する見方の違いが、当該懲戒行為の違法性判定の帰趨を左右することになっているといえよう。

4　そこで、本判決を批評するにあたり、教員による懲戒行為の違法性判定に関する議論において、どのような事実が、どのように見られているか、その結果、どのような法的判断がなされているかという視点から、教員による懲戒行為や体罰によって児童生徒に発生させられた損害の賠償責任の有無が争われた裁判例を取り上げ若干の検討をしてみよう。

①福岡地裁飯塚支判昭和四五年八月一二日（判タ二五二号一一四頁）の事案は、こうである。すなわち、高校三年生のAは、人文地理の授業時間中に、隣席の生徒と私語を続け、その教科以外の書物を見ていたため、担当教員のほか二名の教員（うち一名が担任教員）から殴打されたうえ教壇に起立させられ、さらに同校応接室に連行され長時間（三時間）同室に監禁され授業を受けられないだけでなく昼食の機会を与えられないで、その間前記授業中におけるAの態度を叱責されたり、あるいは平手で頭部を殴打されるなどの暴行を加えられた末、釈放されたが、その翌日に自殺を遂げたというものである。判決は、「公立高校の教師は必要に応じて叱責・訓戒などの事実上の懲戒を加える権限を有する」とし、「懲戒を加えるに際してはこれにより予期しうべき教育的効果と生徒の蒙るべき右権利侵害の程度とを常に較量し、いやしくも教師の懲戒権のよって来たる趣旨に違背し、教育上必要とされる限界を逸脱して懲戒行為としての正当性の範囲を超えることのないよう十分留意すべきであ（り）」、したがって、「権利侵害を伴うことのあるのに拘らず正当行為としてその違法性が阻却されるのである。そのためには、当該生徒の性格、行動、心身の発達状況、非行の程度等諸般の事情を考慮のうえ、それによる教育効果を期待しうる限りにおいて懲戒権を行使すべきで、体罰ないし報復的行為に亘ることのないよう十分配慮されなければならないことはいうまでもない」と述べ、学校において担当教員から頭部への殴打・長時間の監禁を伴う懲戒を受けた点を考慮すると、本件懲戒行為はその正当な範囲を逸脱し違法なものであると判示する。

この判決（①）では、不法行為の違法性の判定にあたっては、当該懲戒行為の態様として、頭部への殴打・長時間の監禁と当該懲戒行為によって生徒のこうむった権利侵害ないし利益侵害として、身体・精神的自由への侵害、授業出席機会・昼食供与機会の喪失とを相関的に較量して、右懲戒行為の違法性を肯定している。他方、その違法性阻却事由の有無については、生徒の年齢・性格、その心身の発達状態・非行の程度等の要因を総合的に考慮し、教育効果が期待できる場合に限り、正当な懲戒権の行使になり、よって、違法性が阻却されることになると解されている。①では、懲戒方法・懲戒行為の態様から、結局違法性を認めている。(12)

②東京高判昭和五九年二月二八日（判時一一一二号五四頁）の事案は、県立高校の体育の授業でバスケットボールのパスの練習中、ボールを相手の男子チームに取られた女子生徒Aが、このことを理由に、担当教員Bから懲戒として「必殺宙ぶらりん」と称する懸垂を命じられ、バランスを崩して落下し、後遺症の残る負傷をしたというものである。判決は、原審が「それ（体育授業中における懲戒行為：奥野注）は体育授業の本来的目的から外れるものであるから、それを行なう必要性があり、その方法が通常行なわれているもの（例えば、運動場内のマラソン、うさぎ飛び、正座など）にして社会通念上相当にしてかつ危険を伴わないものたることを要する」とする点を支持し、結局は「懲戒行為であると体育のための指導、訓練であるとを問わず、学校ないし教師が一定の行為を命ずるに当って生徒の安全に十分配慮すべき義務があるところ」、床から三・一ｍの高さでの本件懸垂は人によっては恐怖感を感じ、非常に危険な方法であるなどの点を考えると、担当教員のした行為は懲戒の限度を超えた違法なものである、とする。

この判決（②）では、被侵害利益（身体の安全・精神的自由）の強固さと恐怖を感じさせる、非常に危険な方法による本件懲戒行為の態様（本件懸垂を命じる行為）とが相関的に較量されており、その結果、当該懲戒行為の違法性が肯定されている。(13)

③長崎地判昭和五九年四月二五日（判時一一四七号一三二頁）の事案は、公立中学校三年の男子生徒Aが、宿題ノートを忘れたといったところ、担任教員Bは、Aの態度から見て宿題に手をつけていないのではないかという疑念を持ち、これを確かめたうえで、しかるべく指導する必要があるとの考えから、国語の授業中に、宿題ノートを自宅に取りに帰るよう叱責したが、帰宅直後Aは自殺したというものである。判決は、「教育とは、単に学校で授業を

受けさせるだけのことを言うのではなく、基本的な生活態度、生活習慣、学習態度を身につけさせることが人間形成のために大事であり、忘れ物を取りに帰らせることも生活指導措置として、教育の一端として首肯できるものであり、」B教員の「前記措置が右（懲戒：奥野注）の範囲を逸脱するものとは到底認められない。」とし、B教員の懲戒行為の違法性を否定する。

この判決（③）では、生徒の授業を受ける機会が一定時間奪われるという被侵害利益が比較的軽微なものであり、他方、教員の叱責という懲戒行為の態様（忘れ物を自宅まで取りに帰らせること）も生徒指導措置の一環であって、懲戒の相当な範囲内のものと捉えられている。ゆえに、右行為の違法性は否定されている。[14]

④鹿児島地判昭和五九年一一月一六日（判自一六〇号六一頁）の事案は、公立中学校一年生Aが昼の休み時間に、美術室で休み時間終了後の清掃時間に五分程遅れたところ、学級担当教員Bは、遅刻の理由を十分聴取しないまま、Aの顔面を殴打し、Aを校庭に正座させるという体罰を加えたため、Aにその体罰による外傷及び心因性の障害を負わせたというものである。判決は、「懲戒権の行使はその性質上生徒等の権利侵害を伴いがちなものであるから、教員の懲戒は、当該生徒等の心身の発達状況、懲戒の原因となった行為の軽重等諸般の事情を考慮のうえ、懲戒による教育的効果を期待することができ、かつ当該事案による相応な方法でなされる限りにおいて許されるものと解され、教育上必要とされる限界を逸脱した懲戒は違法なものというべきであ（り）」、「教員が行使する懲戒に関する制約及び法が明文をもって体罰の禁止を宣言している趣旨に照らし、少なくとも生徒等に対する教育指導上差し迫った必要のない安易な体罰の行使は許されないというべきである。」とし、「本件当時Aに対する指導につき、B教諭が体罰をもって臨まなければ教育的指導ができないほどの事情が存在したことをうかがわせる証拠はないなど」の事情に照らし考えると、「本件体罰は、教育上の必要性を欠く違法なものというべ（き）」である、とする。

この判決（④）では、懲戒権行使の制約の法理（違法性の判定としての懲戒行為の態様と被侵害利益の種類との相関的較量）によることにつき、①～③と同旨だが、体罰については、教育的指導の方法として例外的にそれを肯定しうる余地を認めている点が注目される。

⑤静岡地判昭和六三年二月四日（判タ一六六四号一二一頁）の事案は、公立中学校の二年生Aは、教室で同級生に対し、催眠術遊びをしているのをほかの組の担任教員Bに見付かり、翌日職員室でBから床の上に長時間にわたり正座させられて顔面を十数回殴打され、さらにほかの教員Cからも顔面を数回殴打されるなどして、左眼球打撲兼結膜下出血の傷害を受けたというものである。判決は、学校教育法一一条を引用し、同条但書において体罰は明確に禁止されているとし、義務教育を保障するという観点から、「生徒から授業を受ける機会を実質的に奪うような決定をすることは許されない」とし、教員らのAに対する行為が懲戒行為であることを認めたうえで、「有形力の行使の態様・回数及び程度においても、はたまた長時間正座を持続させた点においても、全体として被罰者たるAに肉体的苦痛を与えたものということができ、したがって、法律上禁止された体罰に該当するだけでなく、」「Aから授業を受ける機会を奪った点においても懲戒権の行使として許されるべき法的限界を逸脱したものというべきであるから、懲戒行為の故をもって、その違法性が阻却されるものということはできない。」とする。

この判決（⑤）では、権利（身体の安全等）の侵害・被侵害利益（授業を受ける機会の喪失）の強固さと侵害行為の態様（顔面殴打・長時間の正座等の学校教育法一一条違反の懲戒行為）を相関的に考量し、教員らの懲戒行為の違法性を認める一方、有形力の行使の態様・回数・程度・長時間の継続的学習機会のはく奪などの諸要因を総合的に考慮し、その結果、懲戒権行使の相当な範囲を超えており、体罰に該当し、懲戒行為の違法性の阻却が認められない[15]と解している。

⑥東京地判平成元年四月二四日（判タ七〇七号二三一頁）の事案は、公立高校定時制四年生のAは、自分の書いた学級日誌を読んだ保健体育の担当教員Bから揶揄されるような論評を書かれたのでこれに抗議したところ、教員BとAとBがその日誌を取り合う形となった際、Bの右こぶしがAの頬に当たり、急性歯牙支持組織災等の傷害を負ったというものである。判決は、「教員は生徒に懲戒を加える場合であっても体罰を加えることはで

きないとされている（学校教育法一一条）。」のであり、「教師が教育の現場において生徒に対し暴行した場合に、右暴行がやむをえないものと評価されるためには、当該生徒が人の生命・身体に現に危害を及ぼしているか又はこれを及ぼす具体的な可能性があり、かつ、当該暴行がその生命・身体に対する危難を避けるために必要であるなど例外的事情がある場合に限られると解すべきである。」とし、右例外的事情の存在を否定して、B教員は、「Aの強情さにとっさに怒りを覚えて本件殴打行為に及んだもの」であり、やむをえないものであるとはいえない、とする。

この判決⑥では、教員の生徒に対する暴行（有形力の行使）がすべて違法な体罰とは見ないで、有形力の行使による身体傷害の程度や教育目的によるものか、感情的なものかなどの諸要因を考慮して判定している点が注目される。本件では、有形力の行使による身体傷害は軽微であるが、それが感情的なものであったため、違法な体罰とされた。この意味で、体罰の行使について例外的に肯定しうる余地を認める④と同旨であろう。

⑦福岡地判平成八年三月一九日（判時一六〇五号九七頁）の事案は、公立中学校の生徒A（満一三歳）が恐喝事件を起したことを反省させるために、教員BらがAの頭髪を丸刈にさせたり、海岸の砂浜に日没後の午後八時過ぎころ小雨が継続的に降る中、人気のない暗い海岸の砂浜で、穴を掘ってその中に、Aを首まで砂を被せて約一五分間にわたり埋めたりしたというものである。判決は「いわゆる『体罰』とは、事実行為としての懲戒のうち、被懲戒者に対して肉体的苦痛を与えるものをいい、その判断にあたっては、教師の行った行為の内容に加え、当該生徒の年齢、健康状態、場所的、時間的環境等諸般の事情を総合考慮すべきものと解されるところ、」本件砂埋めの態様からして、「Aに肉体的苦痛を与えるものであ（り）、」「本件砂埋めが学校教育法一一条但書にいう『体罰』に該当することは明らかである」とする。また、判決は、本件砂埋めの違法性について次のように述べる。すなわち、本件砂埋めは、「肉体的苦痛を感じないような極めて軽微なものではないし、とりわけAに与える屈辱感等の精神的苦痛は相当なものがあったというべきであって」、「教師としての懲戒権を行使するにつき許容される限界を著しく逸脱した違法なものであり、違法性が阻却されることはない」とする。

この判決⑦では、いわゆる「体罰」を「事実行為としての懲戒のうち、被懲戒者に対して肉体的苦痛を与えるものをいう。」と定義し、その判定要因を次のように明示している。すなわち、（イ）教員のおこなった行為内容、（ロ）生徒の年齢・健康状態、（ハ）場所的・時間的環境等がこれである。他方、本件懲戒行為の違法性阻却事由の判定にあたっては、体灘罰の判定要因(イ)〜(ハ)のほかに、(ニ)当該行為に伴う精神的苦痛の大きさを加え、（イ）と（ロ）〜（ニ）とを総合的に考慮し、当該懲戒行為の違法性を肯定している。なお、本件について、体罰の判定と違法性の判定において、考慮されるべき要因に相違があることを指摘することができる。（ニ）の要因が前者の判定にさいし、見受けられないからである。

以上、教員による懲戒行為ないし体罰によって児童生徒に生じた損害の賠償責任の有無が争われた裁判例を検討してきたが、そこでは、教員の懲戒行為の目的・態様と被侵害利益の種類・内容とを相関的に較量して右行為の違法性の判定がなされている一方、被懲戒者の年齢・性格、その心身の発達状態、その非行の程度等の諸要因に懲戒行為の内容（予期しうる教育的効果を含む）を加え、これらを総合的に考慮して、違法性阻却事由の有無（事案によって体罰該当性の有無も）判定されることとなっている。ただ、その体罰については、「事実としての懲戒」の法的限界と把握されているが、④や⑥のように体罰の行使を当然に違法と見ないで、教育的指導の方法として例外的に肯定しうる余地を認めている点が注目される。

そして、③を除いて、すべてが懲戒行為の違法性を肯定している。懲戒行為の態様として、身体の重要部位への殴打（④・⑤・⑥）、長時間の監禁（①・⑤）・正座（④・⑤）、危険な方法（②・⑦）などと、被侵害利益の種類・内容として、身体の安全（①・②・④・⑤・⑥・⑦）、精神的自由（①・②・④・⑦）、学習権（①・⑤）などとを相関的に較量して、違法性ありと評価されているのであろう。

これに対し、③に目を転じると、ここでは、違法性が否定されている。懲戒行為の態様として、忘れ物を自宅に取りに帰るよう命じる行為と、被侵害利益の種類・内容として、一定時間の授業中の学習機会の喪失とを相関的に較量し、右行為の違法性を否定している。というのは、とりわけ前者の懲戒としての命令行為は、生活指導措置の一環として見られ、他方、後者の被侵害利益を軽微なものと評価されたためであろう。③では、有形力の行使による懲戒がなされているわけではないが、児童の自殺という結果も考慮に入れると、違法性を否定した点で子供の人権尊重という意味から若干問題はなくはないが、学校による生徒の生活指導の重視という視点からの判断であったのではないかと思う。

5　以上の諸検討を踏まえ、教員による問題の児童に対する懲戒行為の違法性を否定した本判決を見ると、③と懲戒の方法は異なるものの、違法性の有無につき、③の方向に近い考え方で判定がなされているといえる。懲戒行為の態様ないしその目的は、「男子児童の胸元をつかみ叱責した行為」であって、他人を蹴るという右児童の一連の悪ふざけをしないように指導にあたるためのものである一方、被侵害利益の種類・内容は、相当程度の恐怖心を伴う精神的自由の侵害であり、両者の相関的較量の結果、前者は、日常の指導措置の一環としてなされたとの評価が行われ、後者は、児童の症状が回復していることもあり、比較的軽微なものと見られ、結局は、違法性が否定されており、また、体罰該当性についてもそれぞれの諸要因を総合的に判断された結果、否定的に解されているのであろう。

要するに、本判決では、学校による児童生徒の問題行動に対する指導の充実化が志向されているものといえよう。その背景には、学校社会の秩序の確立という法政策的判断があるように思われる。そうはいっても、本判決は、決して、教員による児童生徒に対する体罰を肯定する立場に立つものではなく、むしろ子供の人権尊重の理念と学校による児童生徒の生活指導の充実化という、いわば学校社会の秩序の確立の理念との調整を目指した判決であろう。この意味において、それは支持されるべきではないだろうかと思う。

（1）　奥野久雄『学校事故の責任法理』（法律文化社、二〇〇四年）九七頁、市川須美子『学校教育裁判と教育法』（三省堂、二〇〇七年）九九頁。

(2)　芝池義一「国家賠償法における違法性」法と民主主義二七六号（一九九三年）一二頁。

(3)　芝池前掲一三頁、阿部泰隆『国家補償法』（有斐閣、一九八八年）一四頁も参照。

(4)　この「権利侵害をどのように理解するかの議論について」潮見佳男『不法行為法Ⅰ〔第二版〕』（信山社、二〇〇九年）六〇頁。

(5)　加藤一郎『不法行為〔増補版〕』（有斐閣、一九七四年）一三九頁、前田達明『民法Ⅵ2（不法行為法）』（青林書院新社、一九八〇年）一一七頁、川井健『民法概論4』（有斐閣、二〇〇六年）四三一頁等。

(6)　小田中聡樹「体罰の暴行罪該当性」別冊ジュリスト・教育判例百選（一九七三年）一二〇頁は、違法性が阻却される場合でも「実質的にみて違法性が阻却される余地が刑法上まったくないかが問題とされうる」こと指摘する。不法行為法上においても同様であろう。

(7)　今橋盛勝「体罰の教育法的検討」季刊教育法二七号（一九七八年）一一五頁。

(8)　今橋盛勝「体罰裁判と国家賠償法一条論」法時五七巻一〇号（一九八五年）七一頁は、体罰事実に国賠一条の適用に際し「子どもの人権」の視点の重要性を論証する。

(9)　遠山敦子「学校における懲戒と体罰禁止の法制」季刊教育法四七号（一九八三年）一六頁。

(10)　文部科学省は、「問題行動を起こす児童生徒に対する指導について（通知）」（一八文科初第一〇一九号平成一九年二月五日）において、教育委員会及び学健対して、「問題行動を起こす児童生徒に対し、毅然とした指響行うよう」要請した。そして、右通知において、「教員等が児童生徒に対して行った懲戒の行為が体罰に当るかどうかは、当該児童生徒の年齢、健康、心身の発達状況、当該行為が行われた場所的及び時間的環境、懲戒の態様等の諸条件を総合的に考え、個々の事案ごとに判断する必要がある。」とし、また、「児童生徒に対する有形力（目に見える物理的行な力）の行使により行われた懲戒は、その一切が体罰として許されないというものではな（い）」とした。裁判例として、教員の懲戒権の行使との関係で刑事責任の有無が問われた事案（中学校の教員が生徒の頭を数回軽くたたいたというもの）について、「いやしくも有形力の行使と見られる外形をもった行為は学校教育法上の懲戒行為としては一切許容されないとすることは、本来学校教育法の予想するところではない」とした東京高判昭和五六年二月二二日判タ四四二号一六三頁（教育の生徒に対する軽微な暴行が体罰にはあたらず、正当な懲戒権の行使の許容限度内の行為であるとする）及び、懲戒行為の違法性に関して民事責任の有無か問われた事案（担任教員が授業中に離席した中学生を注意するため出席簿で頭を叩いたというもの）について「生徒の心身の発達に応じて慎重な教育上の配慮のもとに行うべきであり、このような配慮のもとに行われる限りにおいては、状況に応じ一定の限度内で懲戒のための有形力の行使が許容される」とした浦和地判昭和六〇年二月二二日判タ五五四号二四九頁が挙げられている。

（11）　安藤博「熊本県天草市公立小学校『体罰』事件最高裁判決」季刊教育法一六二号（二〇〇九年）一〇〇頁は、一審判決を引用し、「原告（注＝本件児童）はまだ小学校二年生であり、身長一三〇㎝程度であったのに対して、被告Cは成人男子の平均的な身長であり、身長差からしても両者の力の差からしても、被告Cが原告の胸元を両手で掴んでやや上向きにつり上げ、壁に押し付けるという行為能心様からしても、被告Cの行為は教育的指導の範囲から逸脱して」いることなどの諸事実を挙げ、これらを根拠に体罰に当たると判断した、と捉え「この点最高裁認定は『やや穏当を欠く』と評価しており、一連の行為の持つ強圧感は薄くなっている。この事実認定の違いが逆転判決の理由である」と分析している。少し細かいが、最高裁が本件行為を「やや穏当を欠く」と評価したのは「Cは、被上告人（注、本件児童）を追い掛けて捕まえ、その胸元を右手でつかんで壁に押し当て、大声で『もう、すんなよ。』と叱った」（傍点：奥野）という事実であろう。また、「やや上向きにつり上げ」といった点も、原審判決中で認定されていないから、上告審判決では考慮されていない。そういう意味でいえば、本件の事実関係の中で、Cの一連の行為のもつ「強圧感」なるものは、もともと薄かったのではないだろうか。

（12）　福岡高判昭和五〇年五月一日（判タ三二八号二六七頁）は①の控訴審判決であり、（1）と同旨。

（13）　千葉地判昭和五五年三月三一日（判時一一一二号五八頁）は、②の第一審判決で（2）と同旨。

（14）　③とほぼ同旨のものとして、浦和地判昭和六〇年二月二二日（判タ五五四号二四九頁）がある。事案は、中学二年生の生徒が授業中離席したため、担当教員から出席簿で頭を叩かれて精神的苦痛をこうむったというもので、右教員の行為は「口頭による注意に匹敵する行為」と評価している。

（15）　この点は、体罰は法律上当然に違法行為である、という論理であろう（伊藤進＝織田博子『解説学校事故』（三省堂、一九九二年）五三八頁）。

第三章　クラブ活動中における事故と学校側の責任

1　国立大学の空手道部夏季合宿練習中の学生負傷事故と顧問教官の過失

長崎地判平成一一年一月一二日訟月四五巻一一号二〇三七六頁

一　事実の概要

本件では、国立N大学の空手部に所属していた原告Xが、夏季合宿におけるトレーニング中に熱射病になり、その結果精神分裂病になったなどとして、同部において主将等の地位にあった被告Y3らに対して不法行為による損害賠償を求めるとともに、被告国Y1に対しても安全配慮義務違反又は同部顧問教官Aの不法行為による損害賠償を求めた。

原告Xは、昭和六〇年四月、N大学経済学部に入学した後、同大学空手道部（以下、単に空手道部という）に入部し、同年八月の時点においても、同部に所属していた。なお、原告Xは、空手道入部所属前に空手の経験はなかったが、高校時代にはフェンシング部に所属していた。

被告国Y1は、N大学を設置し、管理するものである。

被告Y3らは、同年当時、いずれも同大学三年に在籍し空手道部に所属していた者であり、岡部の主将等の地位にあった（以下、空手道部の部員を単に部員という）。

空手部は、昭和二八年に創設され、昭和六〇年度は、部員数四九名でN大学医学部教授Aが顧問教官を務めていた。

空手道部では、昭和六〇年八月二一日、O町において、同月二七日までの予定で夏季合宿（以下、本件合宿という）を始め、原告X及び国Y_1を除く被告Y_3らを含む部員三五名がこれに参加した（以下、本件合宿に参加した部員を参加者という）。

参加者らのうち原告Xを含む一、二年生部員と三年生部員一名は、同月二一日、午前九時三七分にバスでNバスターミナルを出発し、午前一一時三〇分ころ宿舎としていたO町の民宿「w」に到着して他の参加者らと合流した。参加者らはその後昼食をとり、午後二時三五分に同民宿前を出発し、体をほぐす程度にゆっくり走って緩やかな上り坂になっているB、C、Dの各々を通り、A点から走行距離にして約一・三キロメートル離れたトレーニング予定地のS高等学校付近（E点）へ向かった。

参加者らは、右予定地に着くと、まず、平地の歩道を利用しておんぶダッシュ（二人一組となりE—F間約九〇mのコースを行きと帰りで交代し、五往復。一往復毎にインターバルをとる）をおこなった後、E地点から走行距離にして約三五〇m離れた段階下（G点）までインターバルを兼ねてジョギングした。そして午後三時ころに軽いインターバルをとった後、六五段の登り階段（高低差約一三m）を含みG点かHの各点を通り再びG点に戻る一周約二五〇mのコース（以下、本件周回コースという）を、階段でのダッシュと下り坂でのインターバルで一〇周し、さらに片足飛びで階段登りを左右二回ずつ、二人一組となり手押し車で階段上りを各自二回ずつおこなった。そしてさらに、ジョギングで走行距離にして五〇〇ないし六〇〇m離れたO中学校へ移動してその校門周辺の鉄棒で懸垂一〇回セットをおこなった後、なお余力がある者は約四〇mの「アヒル」（腰を低く落として歩くもの）をして、それ以外の者は歩いて、S高等学校へ向かい、午後四時二五分ころから同校の体育館で約二〇分間休憩し、柔軟体操と空突き、空蹴りをしたが、四人の参加者が相次いで座り込み、病院へ運ばれたため、午後五時一〇分ころトレーニングは中止された。

この間、午後三時一〇分ころ一年生の訴外Mが本件周回コースを六ないし七周したところで、H地点付近で座り込み、さらに一〇分ほどで眼球を中央に寄せて泡を吹き意識を失ったが、車で一旦S高等学校に運んだ後、被告Y_3がO町の中村医院に運んだが、日浦病院に転送され、さらに翌二二日にはN大学医学部付属病院（以下、N大付属病院という）に再転送されたが、腎臓、肝臓の機能障害がひどく、同年九月六日に死亡した。原告Xも、本件周回コースを一〇周完走後の午後三時二〇分ころ、G点付近で動けなくなって座り込んだ。原告Xは、その後二五分ほどして一旦トレーニングに戻り、ジョギングに参加し、懸垂もした（片足飛びと手押し車はしなかった）が午後四時四四分ころ柔軟体操や空突きをしていたところで足のしびれを訴え、休んでいたが大量の水を吐いたため、被告Y_3が車で中村医院に運んだ。このうち原告Xに係る事故を、以下、本件事故という。

原告Xは、中村医院に運ばれたものの、同病院では対応ができなかったため、同日午後五時過ぎに転送され、そこで熱射病の診断を受けて入院したが、同月二六日には、N大付属病院に転院した。

その後の原告Xは、一旦症状が軽快したため、昭和六一年四月二五日、N大病院を退院し、復学したが、講義の理解力はほとんどなく、同年八月二三日から九月一八日まで検査のため、N大付属病院に再入院し、後期は休学した。休学中は改善の兆しが見られたが、同年一一月薬を飲むのをやめたところ、同年末ころから再び悪化し、裸のまま近所の神社に詣りに行くなどの異常な行動をとるようになった。昭和六二年四月再び復学したが、授業に対する意欲は減退し、遅刻や欠席が多くなり、その後、平成四年ないし平成五年に退学した。

退学後の原告Xは、平成五年ころからは幻聴がひどくなり、意味不明の言葉を発したり、泣いたり、下を向いて考え込んだりするようになった。

この間、原告Xは、平成二年五月三一日にN大付属病院において「器質性脳障害（脳器質性精神病）」との診断を、平成三年一一月一一日にSクリニックにおいて「非定型（脳器質性）精神病」の診断をそれぞれ受けた後、平成五年六月二八日には、Tクリニックにおいて「精神分裂病」との診断を受けた。

二　判　旨

請求棄却。

1　国はどのような責任に問われるか

国立大学の学生が空手道部の夏季合宿におけるトレーニング中に熱射病になり、その結果精神分裂病になったことにつき、国はどのような責任を問われるのか。この点について、判決は次のように述べる。すなわち、「Aは、昭和五九年四月に空手道部の顧問教官に就任し、新入生歓迎会や卒業生の送別会等に出席してあいさつをしたり、毎年一回程度行われる空手道部の演武会の際、部員らを激励するほか、学外集会届ほか諸届に署名・押印をするなどしており、本件合宿についても、昭和六〇年七月下旬には日時と場所の予定の報告を受け、さらに同年八月一〇日ころには、被告Y_2（空手道部の外務）が持参した学外集会届に顧問教官として署名・押印した。……内容については、『強化合宿』と記載されているだけで、具体的なトレーニングの項目・回数・時間等の記載はなかった。Aは、右学外集会届に署名・押印する際、怪我や交通事故に気をつけるようにとの一般的な注意を与えたが、トレーニングの項目・回数・時間等を聴取したり、熱射病等具体的な病名を挙げて注意をしたことはなかった。なお、同人は、……過去の夏季合宿でも部員が倒れたことがあったことは知らなかった。

また、N大学当局が本件事故当日、本件事故の内容を詳しく調査したり、Y_1（国）を除く被告らに対し原告Xの救護措置の指示をした事実はない。

……被告Y_1（国）の責任を検討するに、まず、Aは本件合宿におけるトレーニングの具体的な内容については知らず、それまでに夏季合宿で部員が倒れたことがあったことも知らなかったのであるから、本件合宿について事前に日時や場所の予定の報告を受けたり、学外集会届に署名・押印したことをもって、本件合宿により参加者のうち熱射病等が発生し、その生命、身体に危険が及ぶことを直ちに予見することはできなかった。」

2　大学教育における自主性の尊重

「大学における学生は、上級生、下級生の別を問わずいずれも成人又はそれに近い存在であって、自己の行為及びその結果については自分で判断し対処する能力を備えているといえるから、大学における教育も、内容が高度であることが求められるのと同時に、その手段もかかる学生の資質に応じたものであることが望ましく、自主性を尊重すべきものといえる。殊に、課外活動は本質的に学生が自主的に行うものであるから、学生の運営に委ねられるべき面が大きく、顧問教官といえども、常に活動内容の詳細まで把握した上で、学生に対し個別具体的な指導をすべき義務があるとはいえない。この点、本件におけるAも同様であり、学外集会届に署名・押印する際等に本件合宿におけるトレーニングの具体的な予定を聴取すべき義務があったということはできない。なお、……その内容は、……参加者の間に熱射病等にかかる者が出ることが明らかに予想されるというほど過酷なものとまでいえず、参加者らの体力や健康状態、天候等を考慮して、無理があれば、その場で適宜トレーニングの項目・回数・時間等を加減することでも熱射病等の発生を防止することが可能であったといえる上、かかる配慮自体顧問教官がしなくても主将であった被告Y_3をはじめ参加者ら自身で行うことが可能なものであったといえるから、Aに、本件合宿に当たりトレーニングの内容の変更を指示するなどの措置を採るべき義務があったということはできない。したがって、本件事故について、Aに過失はなく、同人の過失を前提とする被告Y_1（国）の国賠法一条一項の責任も認められない。」

3　国が負う安全配慮義務

「被告Y_1（国）は、一般論としては、国立大学の学生に対し、在学関係に付随する義務として、その生命、身体について安全配慮義務を負うということができる。しかしながら、右に記載した大学における学生の資質及び大学教育や課外活動のあり方からすれば、被告Y_1（国）に、大学での課外活動についてもその詳細まで把握した上で、学生に対し個別具体的な指導をすべき義務があるとはいえない。この点、本件におけるN大学当局も同様であり、本件合宿におけるトレーニングの具体的な予定を事前に把握して、その内容の変更を指示するなどの措置を採るべき義務はない。

さらに、本件において、原告Xは、本件事故発生後、まずC医院に運ばれ、その後日D病院に転送され、同病院で治療を受けていたのであるから、その後の治療内容の選択は一応同病院の医師に任せれば足り、本件事故発生当日、N大学当局が、本件事故の内容を詳しく調査したり、Y_1（国）を除く被告Y_2・Y_3らに対し原告Xの救護措置の指示をしなかったことをもって、被告Y_1（国）に安全配慮義務違反があったとはいえない。また、昭和六〇年八月二四日の時点でD病院から連絡を受けたにもかかわらず、被告Y_1（国）が直ちに原告XをB大附属病院に受け入れなかったのも、当時同病院のICU室が満杯であったためであって、やむを得ない理由があったといえるから、この点でも被告Y_1（国）に安全配慮義務違反があったとはいえない。」

三　解　説

本件のように、国立大学において、学生が課外クラブ活動中の事故によって損害をこうむった場合に、国はどのような責任を負うのであろうか。

国賠法一条一項は、「国又は公共団体の公権力の行使に当る公務員が、その職務を行うについて、故意又は過失によって違法に他人に損害を加えたときは、国又は公共団体が、これを賠償する責に任ずる。」と定めている。そして、ここにいう「公権力の行使」の意義については（市川須美子『学校教育裁判と教育法』（三省堂、二〇〇七年）九九頁等）、（イ）国家統治権に基づく優越的な意思の発動たる作用に当たる公務員の行為に限定するいわゆる狭義説と、（ロ）右の作用に限らず、民法その他私法が適用されるべき純粋の私経済作用及び国賠法二条が適用されるべき営造物の設定、管理作用を除いた非権力的公行政作用をも含む、いわゆる広義説との対立と、国公立学校における教育活動の法的性質を、（ハ）権力的作用と捉えるべきか、（ニ）非権力的作用と解すべきかといった学校教育の本質に関する見解の対立とが交錯し、判例・学説上において活発な議論がなされている。今日、(ロ)と(ニ)の説をとるのが通説(兼子仁『教育法〔新版〕』(有斐閣、一九七八年)五一七頁)であって、判例もほぼこれと同様の立場に立っているものといえるであろう。ただ、(ニ)の点については、最高裁の態度は、必ずしも明確ではなく、右「公権力の行使」には、「公立学校における教師の教育活動も含まれると解するのが相当であ(る)」とするにとどまっている(最判昭和六二年二月六日集民一五〇号七九頁)。いずれにしても、国立大学における学生を被害者とする事故に国賠法一条一項の規定を適用するのが判例の態度であると見て差し支えがないであろう。

そうすると、本件のような場合に、国賠法一条一項による国の責任が成立するかどうかは、公務員(そこでは顧問教官等)の「過失」の有無に大きく左右されることとなる。それでは、この「過失」はどのように認定されるのであろうか。

近年、最高裁は、中学校における課外クラブ活動中の部員と他の生徒間のけんかによる事故について、「課外のクラブ活動が本来生徒の自主性を尊重すべきものであることに鑑みれば、何らかの事故の発生する危険を具体的に予見することが可能であるような特段の事情のある場合は格別、そうでない限り、顧問の教諭としては、個々の活動に常時立合い、監視指導すべき義務までを負うものではない」と判示している(最判昭和五八年二月一八日民集三七巻一号一〇一頁)。これは、学校における課外のクラブ活動について、顧問教師は、個々の具体的な活動についてまで注意義務を負わないということを述べたものであり、したがって、また、顧問教師の過失(注意義務違反)の前提としての予見可能性の対象も、個々の活動中の具体的な被害に求められるべきであるといっているものと解される。

こうした考え方は、大学における学生の課外活動中の事故責任についての判定にも基本的に妥当するものであるといえるであろう。というのは、顧問教官の過失の認定は、次の諸要因を吟味し、十分に具体的かつ総合的になされるべきものと解しうるからである。すなわち、(イ)学生の年齢、判断能力、(ロ)大学教育の資質、(ハ)大学側の課外活動への関与の程度、(ニ)クラブ運営に対する学生の自主性・自立性、(ホ)クラブ顧問教官の役割等の消極性（名目的・象徴的地位）等がこれである。

かくして、大学における課外クラブの顧問教官は、常に活動内容の詳細まで把握したうえで、学生に対し個別具体的な指導をすべき義務を負わないものといえるであろう。本件空手道部の顧問教官も、問題の合宿をおこなうに際し、学外集会届に署名・押印するときなどに、合宿におけるトレーニングの具体的な項目、回数、時間等を聴取すべき義務があるとは解しえないと考えられる。そうすると、合宿の参加者が熱射病などにかかることについての予見可能性はないものと解され、顧問教官の過失は否定されるものと思われる。

もっとも、大学当局に対しては、在学関係若しくは在学契約に付随する義務として、学生の生命、身体について安全配慮義務が課される点を問いうる余地があるかもしれない。ただ、前述の（イ）ないし（ホ）の各要因を考慮すれば、本件大学当局についても、問題の合宿でのトレーニングなどの具体的な予定を事前に把握し、その内容の変更を指示するといった措置をとるべき義務は認められないものといえるであろう。

なお、クラブ活動から逸脱した危険があって、部員若しくは保護者などからの訴えによってそれを認識しうるときなど、大学に届けられた活動計画に一見して明白な安全対策上の不備があるときなどのように事故の発生を予見しうる特別の事情の存在が認められる場合には、事故による損害の発生やその拡大を未然に防止すべき具体的措置を講ずる義務が、条理上若しくは信義則上大学側に課されうるものと考えられる。

参考判例

○町立中学校の生徒が、放課後、体育館において課外のクラブ活動中の運動部員の練習の妨げとなる行為をしたとして、同部員から顔面を殴打されたなど判示のような事情のもとで生じた喧嘩により左眼を失明した場合に、同部顧問の教諭が右クラブ活動に立ち会っていなかったとしても、右事故の発生する危険性を具体的に予見することが可能であるような特段の事情のない限り、右失明につき同教諭に過失があるとはいえない。

（最判昭和五八年二月一八日民集三七巻一号一〇一頁、裁時八五六号一頁、判時一〇七四号五二頁、判タ四九二号一七五頁）

2　課外クラブ活動中の生徒への落雷事故と担当教諭の注意義務

（損害賠償請求事件、最高判平一七（受）七六号、平成一八年三月一三日。破棄差戻、判時一九二九号四一頁）

一　事　実

X_1（原告・控訴人・上告人）は、平成八年、当時、Y_1学校法人（被告・被控訴人・被上告人。以下、Y_1という）との間の在学契約に基づき、Y_1の設置するA高校に一年生として在籍し、同校サッカー部に所属していた。Y_1は、課外のクラブ活動の一環として、平成八年八月一二日から同月一五日まで、屋外の施設であるT市甲運動広場（以下、本件運動広場という）等で開催される第一〇回Dと称するサッカー競技大会（以下、本件大会という）に、同校サッカー部を参加させ、その引率者兼監督をB教諭とした。

本件大会の主催者である財団法人Y_2協会（被告・被控訴人・被上告人。以下、Y_2という）は、O教育委員会の認可を受けて設立されたスポーツ振興等を主な目的とする団体であるが、その加盟団体であり権利能力なき社団であるC連盟に、D実行委員会を設置させて、本件大会を開催した。本件運動広場は、その管理者であるT市からY_2が貸与を受けていた。本件大会のパンフレットには、主催者として「財団法人Y_2協会C連盟」という名称が記載されていた。

A高校の第一試合が開始された平成八年八月一三日午後一時五〇分ころには、本件運動広場の上空には雷雲が現われ、小雨が降り始め、時々遠雷が聞こえるような状態であった。上記試合が終了した同日午後二時五五分ころからは、上空に暗雲が立ち込めて暗くなり、ラインの確認が困難なほどの豪雨が降り続いた。同日午後三時一五分ころには、大阪管区気象台から雷注意報が発令されたが、本件大会の関係者らは、このことを知らなかった。同日午後四時三〇分の直前ころには、雨がやみ、上空の大部分は明るくなりつつあったが、本件運動広場の南西方向の上空には黒く固まった暗雲が立ち込め、雷鳴が聞こえ、雲の間で放電が起きるのが目撃された。雷鳴は大きな音ではなく、遠くの空で発生したものと考えられる程度ではあった。

B教諭は、稲光の四、五秒後に雷の音が聞こえる状況になれば雷が近くなっているものの、それ以上間隔が空いているときには落雷の可能性はほとんどないと認識していたため、同日午後四時三〇分の直前ころには落雷事故発生の可能性があるとは考えていなかった。

A高校の第二試合は、同日午後四時三〇分ころ、上記気象状況の下で、本件運動広場のBコートで開始され、同校サッカー部員がこれに参加していたところ、同日午後四時三五分ころ、本件フィールドのA高校側ゴールからみて左サイドにボールがあがり、両チームの選手がそこに集まっており、X_1のみが右サイドのスペースを駆け上がって走り始めたところ突然フィールドが明るくなり大きなパチパチという音とギザギザの稲光とともにX_1に突然落雷しX_1はその場に倒れた（以下、この落雷事故を本件落雷事故、又は本件事故という）。X_1は、E救命救急センターに救急車で搬送され、以後、同センター、F病院及びG病院で治療を受けたが、X_1には、視力障害、両下肢機能の全廃・両上肢機能の著しい障害等の後遺障害が残り、退学せざるをえなくなった。

そこで、X_1とその両親X_2X_3、その兄X_4らは、Y_1に対して、サッカー競技の有する危険からX_1を保護するため万全の配慮をなす義務を怠ったなどと主張し、債務不履行又は不法行為に基づき、損害賠償を請求した。そして、Y_2に対しても同様の請求がなされているが、ここでは検討の対象としない。

一審は、Y_1らの損害賠償責任を否定し、X_1らの本訴請求を棄却した。X_1らは控訴した。原審判決（判時一九一三号六六頁）は、次のように判示した。すなわち、「A高校の第二試合が開始される直前には遠くで雷鳴が聞こえており、かつ、西南方向に暗雲が立ちこめていたこと……であるから（自然科学的知見によれば：奥野注）落雷の危険性になる。……しかしながら、……社会通念上も雷注意報が発令されたり、遠くで雷鳴が聞こえたりしていることから直ちに一切の社会的な活動を中止あるいは中断すべきことが当然に要請されているとまではいえないから、Y1に安全配慮義務違反があったというためには、自然科学的な見地から落雷被害についての結果回避可能性にあったというだけでは足りず、その前提として、……B教諭に落雷被害についての予見可能性のあったことや平均的なスポーツ指導者としての予見義務違反があったことが必要である。……しかしながら、上記冊子（日本体育・学校健康センターが毎年発行する「学校の管理下の死亡・障害」と題する冊子）において、落雷事故として紹介されているのは、毎年一件程度であり、しかも落雷事故の発生状況・態様は、各事例毎に千差万別ともいうべきものであって、本件における具体的状況下に当てはめて、落雷事故発生の具体的危険性の認識可能性を判断するための資料とするには、不十分である。その他、一般人を対象とした啓蒙目的のパンフレット、新聞報道、文部省（現文部科学省）の指導等における落雷事故に関する知見を総合考慮しても、本件の状況下において、平均的なスポーツ指導者が落雷事故発生の具体的危険性を認識することが可能であったと認めることはできない。

以上によれば、（本件試合の前試合後半の半ばころである）午後四時ころ、本件試合が開始された午後四時三〇分ころ、本件落雷事故が発生した午後四時三五分ころのいずれの時点においても、雷注意報が発令されていたことや雷鳴・黒雲の発生があった等の雷発生の兆候があったとしても、そのことから直ちにB教諭において本件フィールドの選手に落雷することを予見することが可能であったとはいえず、また、そのことを予見すべき義務があったとまではいえないというべきである。……（そうであるから）、B教諭がE（本件運動広場のBコートの会場担当者：奥野注）あるいは主審らとの間において競技実施手順を確認し、気象状況の悪化に伴う競技の中断・中止のルールを協議していたとしても、本件落雷事故を阻止し得ることにはならなかったというべきである。」したがって「B教諭が安全配慮義務を尽さなかったということはできないから、Y1に債務不履行責任又は不法行為責任があるということはできない。」として控訴を棄却した。Xら上告。

二　判　旨

破棄差戻し。

「教育活動の一環として行われる学校の課外のクラブ活動においては、生徒は担当教諭の指導監督に従って行動するのであるから、担当教諭は、できる限り生徒の安全にかかわる事故の危険性を具体的に予見し、その予見に基づいて当該事故の発生を未然に防止する措置を執り、クラブ活動中の生徒を保護すべき注意義務を負うものというべきである。

……落雷による死傷事故は、平成五年から平成七年までに全国で毎年五～一一件発生し、毎年三～六人が死亡しており、また、落雷事故を予防するための注意に関しては、平成八年までに、本件各記載等の文献上の記載が多く存在していたというのである。そして……、A高校の第二試合の開始直前ころには、本件運動広場の南西方向の上空には黒く固まった暗雲が立ち込め、雷鳴が聞こえ、雲の間で放電が起きるのが目撃されていたというのである。そうすると、上記雷鳴が大きな音ではなかったとしても、同校サッカー部の引率者兼監督であったB教諭としては、上記時点ころまでには落雷事故発生の危険が迫っていることを具体的に予見することが可能であったというべきであり、また、予見すべき注意義務を怠ったものというべきである。このことは、たとえ平均的なスポーツ指導者において、落雷事故発生の危険性の認識が薄く、雨がやみ、空が明るくなり、雷鳴が遠のくにつれ、落雷事故発生の危険性は減弱するとの認識が一般的なものであったとしても左右されるものではない。なぜなら、上記のような認識は、平成八年までに多く存在していた落雷事故を予防するための注意に関する本件各記載等の内容と相いれないものであり、当時の科学的知見に反するものであって、その指導監督に従って行動する生徒を保護すべきクラブ活動の担当教諭の注意義務を免れさせる事情とはなり得ないからである。」

「以上によれば、原判決のうちYらに関する部分は破棄を免れない。そして、本件については、A高校の第二試合の開始直前ころまでに、B教諭が落雷事故発生の危険を具体的に予見していたとすれば、どのような措置を執ることができたか、同教諭がその措置を執っていたとすれば、本件落雷事故の発生を回避することができたか」について、さらに審理を尽くさせるため、本件を原審に差し戻す。

三　評　釈

本判決[1]は、学校の課外クラブ活動としてのサッカーの対外試合中の落雷事故に関する最高裁判決であり、その指導にあたる担当教諭の過失の存否について積極的判断がなされたものであり、注目される。また、本判決は、その過失を否定して、学校の債務不履行ないし不法行為責任を認めなかった原審判決を破棄し、事件を原審に差し戻しており、担当教諭の過失を肯定しながら、なお学校の責任を判定するのに事実審理を尽くさせる必要があるとしたものである。その辺の事情も考えながら、本判決の指導上の過失判断について若干の検討し、本判決の意義を明らかにしたいと思う。

1　教諭に生徒を保護し監督すべき義務があることについて異論はなく、本判決は、サッカー競技の指導にあたる教諭の一般的注意義務について、やや限定的[2]に次のように判示している。すなわち、「教育活動の一環とし、行われる学校の課外のクラブ活動においては、生徒は担当教諭の指導監督に従って行動するのであるから、担当教諭は、できる限り生徒の安全にかかわる事故の危険性を具体的に予見し、その予見に基づいて当該事故の発生を未然に防止する措置を執り、クラブ活動中の生徒を保護すべき注意義務を負うものというべきである」と。このように教諭の義務は、教育活動に内在する危険から生徒を守るべく万全の注意を尽くすべき義務でなくてはならないから、国公立学校か私立学校かを問わず、それが学校教育契約（在学契約）上の「債務」に含まれるか又はこれに附随するものと構成しうるであろうし[3]、あるいは、生徒（児童）の教育をつかさどる旨を規定した学校教育法二八条六項等の趣旨などにもその法的根拠を求めうるであろう[4]。

もっとも、このような一般的な注意義務の存在からしてもこの義務主体の特定及び当該義務違反の右主体への帰責を考えることは難しいように思う。というのは、学校の課外クラブ活動としてのスポーツ活動について、その担当教諭に一般的な注意義務が認められるようなときでもこの事故の具体的結果を必ずしも予見することができるわけではないからである。この点において、本件では課外クラブ活動の担当教諭などにおいてとられるべき適切な事故防止措置を欠いたという不作為による不法行為の成否を検討しうる余地が見られる。ただこれを論じようとするならば、当該不作為が違法かどうか、もしくは過失かどうかといった観点からの検討が要請されるのがふつうであろうが[5]、学校事故の処理においては注意義務違反から過失を判断するいわゆる過失一元的判断がなされてきているので、予見可能な結果についての回避義務違反としての過失の存否が主要な争点とされている[6]。その理由としては、既に違法性の問題と共通する側面があること[7]及び過失判断の弾力性等[8]が指摘されている。かくして、本判決でもまず過失の観点からの検討が要請されよう。そしてそこでは、課外クラブ活動の担当教諭の注意義務にいかなる内容が与えられるべきか、またその前提としての予見可能性はどのように捉えられるべきかが問題となる。

2　このような問題について、原審判決は、「クラブ活動が屋外で行われるスポーツ競技の場合において、その内容等からみて必然的に危険が内在していることから、その指導にあたる教員は、生徒の能力を勘案して発生する可能性のある危険を予見し、これを回避すべき適切な防止措置等をとらなければなら（ない）」とし、また、「雷発生の兆候があったとしても、そのことから直ちにB教諭において本件フィールドの選手に落雷することを予見することが可能であったとはいえず、また、そのことを予見すべき義務があったとまではいえない」とする。なぜなら、「平均的なスポーツ指導者においても、落雷事故発生の危険性の認識は薄く、雨がやみ、空が明るくなり、雷鳴が遠のくにつれて、落雷事故発生の危険性は減弱するとの認識が一般的なものであったと考えられるから、平均的なスポーツ指導者がA高校の第二試合の開始直前ころに落雷事故発生の具体的危険性を認識することが可能であったとはいえない」からである。

これに対して、本判決は、「原審のいう平均的なスポーツ指導者において（の）落雷事故発生の危険性の認識」は、「当時の科学的知見に反するものであって、その指導監督に従って行動する生徒を保護すべきクラブ活動の担当教諭の注意義務を免れさせる事情とはなり得ない」とし、また「A高校の第二試合の開始直前ころには、本件運動広場の南西方向の上空には黒く固まった暗雲が立ち込め、雷鳴が聞え、雲の間で放電が起きるのが目撃されていたというのである。そうすると、上記雷鳴が大きな音ではなかったとしても、同校サッカー部の引率者兼監督であったB教諭としては、上記時点ころまでには落雷事故発生の危険が迫っていることを具体的に予見することが可能であったというべきであり、また、予見すべき注意義務を怠ったものというべきである」とする。さらには、本判決は、本件については、本件落雷事故発生の回避可能性を審理させるため原審判決を破棄し、事件を原審に差し戻したのである。このような双方の見解をどのように評価すべきであろうか。

3　本件は、学校の課外クラブ活動としてのスポーツ競技中の落雷によって生徒が負傷したという稀な事案に関するものであり、ほかに直接参考にすべき裁判例を見出し難い。そこで、右双方の見解の立場を対比して検討の手掛りを探ろうと思う。

まず原審判決は、一般的に予見の対象をスポーツ競技に内在する危険に求め、その判断要因として生徒の能力を挙げている。これは、生徒の危険回避・承諾能力のことであろう(9)。そして本件の落雷事故発生の危険の予見可能性については、平均的なスポーツ指導者の認識を基準にして判断すべきであるとしている。おそらく落雷の危険を屋外スポーツ説技に内在するものとして考えているのであろう。これに対して、本判決は、生徒の安全にかかわる事故の危険性を予見の対象にし、平均的なスポーツ指導者の有さないような特殊の技能・知識・経験（当時の科学的知見を含む）等を本件スポーツ指導者に求めている。この点でも、両者は、落雷の危険の捉え方が微妙に異なるように感じられる。とくに、本判決は、落雷の危険を相当の注意を用いたとしても防止することのできない、いわゆる天災もしくは自然現象として捉え[10]、本件スポーツ競技に内在する危険ではないと見ているのではないかと思う。いずれにしても、まさに学校のスポーツ指導者の注意義務の在り方が問われている。そこで近年言い渡された最高裁判例を若干見てみよう。

①最判昭和五八年二月一八日（民集三七巻一号一〇一頁、事案は、中学校の課外クラブ活動中体育館でトランポリンの使用をめぐりクラブ員と部外の生徒とのけんかによる失明事故にかんするものである）は、立会義務の存否を問責し、「課外のクラブ活動が本来生徒の自主性を尊重すべきものであること鑑みれば、何らかの事故の発生する危険性を具体的に予見することが可能であるような特段の事情のある場合は格別、そうでない限り、顧問の教諭としては、個々の活動に常時立会い、監視指導すべき義務まで負うものではない」と判示し、右予見可能性の判断要因として幾つかの点（例えばトランポリンの管理等の指導内容等々）を指摘し、これらについてさらに審理を尽くさせる旨を説示した。

②最判昭和五八年七月八日[11]（判時一〇八九号四四頁、判タ五〇六号八七頁、事実は、ラグビー部顧問教諭が他校部員に対し社会人チームへの参加を呼びかけこれに参加した部員が競技中タックルされて死亡したというものである）は、技量較差の見極め義務を問責し、高校生チームを成人チームと対戦させるに際し、両チームの技能、体力等に格段の差があるようなときには、対戦をとりやめるなどしてこの較差に起因する事故を防止すべき注意義務がある旨を判示し、右死亡事故を予測せしめるまでの較差があったかにつき審理を尽くさせる旨を説示した。

③最判平成九年九月四日（判時一六一九号六〇頁、判タ九五五号一二六頁、事案は、公立中学校の課外クラブとしての柔道部の回し乱取り練習中に一年生のA部員（初心者）が二年生のB部員（柔道初段）から大外刈りの技をかけられ負傷した事故につき、スポーツ指導者としての顧問教諭C（柔道六段）の指導上の過失の有無が争われたものである）は、指導者の指導上の裁量を問題にし、「C教諭において、本件事故当時、Aが、回し乱取り練習でBの相手をするのに必要な受け身を習得し、これを確実に行う技能を有していたと判断したことに、安全面の配慮に欠けるところがあったとすることはできない。そのほかに、……（本件）事故の発生を予見させる特別の事情の存在もうかがわれ（ない）」と判示し、

ＡＢ間の技能較差を重視してＣの過失を肯定していた原審判決を破棄し、自判した。

以上、本判決及び①～③は、ともに、学校の課外の教育活動としてのクラブ活動中に生徒に生じた人身事故についてその担当教諭の指導上の責任を問題にしており、その際、指導者の過失に関してこれを肯定した原審判決を上告審で破棄し、自判した③を除き原審に差し戻している。しかし、①～③は、いずれもその判断内容から、本件の原審判決と同様、通常の技能、知識、経験等を有する平均的なスポーツ指導者の注意義務を措定しているものといえる。これに対して、本判決は、本件落雷事故発生の危険性の認識は、平均的なスポーツ指導者のそれでは足らず、当時の科学的知見に基づき、より一層高度なものを措定しているものといえよう。このことによって、本判決は、スポーツ指導者の注意義務を、相当の注意を尽くしたとしても防止しえない、天災もしくは自然現象にも及ぼしうるものと広く解して、本件担当教諭に落雷事故発生の危険を予見すべき注意義務の怠りを認めているのであろう(12)。

4　このように指導者の予見すべき注意義務の水準を高めて本件落雷事故発生の予見可能性を認めたとしても、なお今度は、予見しなかったという不作為と本件重大な後遺障害という結果との間の因果関係が問題とされることになる。そして、不作為の因果関係が問題にされる場合には、単なる不作為だけでは、その主体や作為内容を特定することができないし、他人の権利を侵害する危険性を考えることもできないから、作為義務を伴う不作為にしてはじめて不法行為の対象となり、因果関係の「条件」となりうるとされている(13)。このことから、不作為の因果関係の判定は、作為があれば結果の発生が防止されえたか否かという観点から行われることになる。したがって、本判決のように、平均的なスポーツ指導者の落雷事故発生の危険性の予見では足りないとしてこれを超える高度の注意義務を認めたとしても、不作為の因果関係について当該事故結果を当該不作為者に帰属させうるかが問われることになろう(14)。

実際、本判決は、「Ｂ教諭としては、……落雷事故発生の危険性が迫っていることを具体的に予見することが可能であ（り）……また、予見すべき注意義務を怠った……」としながら、「落雷事故発生の危険を具体的に予見していたとすれば、どのような措置を執ることができたか、同教諭がその措置を執っていたとすれば、本件落雷事故を回避することができたか」についての審理を求めている。これは、予見という作為があり、かつ、本件第二試合開始前後の状況が前提とされているとすれば、Ｂ教諭が生徒のサッカー競技への参戦を取り止めるかもしくはサッカー競技の中止をすみやかに大会主催者[15]に対し申し出るなどの措置を執りえなかったというような特別の事情がなければ、生徒を安全な空間へ避難させること等によって、本件事故結果を回避することができたであろう旨を述べたものと推察される。つまり、因果関係の「条件」に右述のような特別の事情を加えるというかたちをとるならば、因果関係が推認されうるとしたものであろう。したがって、今後、差戻し審では、そのような特別の事情についての審理が要請されるように思う。

なお、この審理においては、相当な注意を尽くしたとしても防止することができないような天災もしくは自然現象が、無過失責任においては、不可抗力として免責事由の意味をもつことになるのが一般的であるとされる[16]けれども、本件の場合のように過失責任の成否をめぐる領域での、不可抗力による免責の問題は、おそらく、「過失がない、または、因果関係がないという形で、不法行為の成立要件を欠くものとして処理することができ、不可抗力という概念を持ち出す必要はないことになる[17]」とされよう。そして、また本件のように天災もしくは自然現象が何らかの形で関与しこれがきっかけとなって人身事故が発生したものと解されうるような場合には、天災もしくは自然現象との関係で担当教諭に過失があったかどうかが問われる一方で、さらに、右の過失が認定されたとしても、その過失と損害発生との間の因果関係の存否が問われることになるであろう。もし、本件において、本件落雷事故発生の予見があって、かつ、問題の特別の事情もあり、損害が発生したのだとすれば、過失の有無は損害発生と関係なく、担当教諭の過失と損害発生との因果関係が否定され、学校の責任は成立しないこととなろう。このような意味で、本判決は、過失責任原則の下において、不可抗力が問題にされうる事例を提供したことにその意義を見出しうるように思う。

（1）本判決の研究として、伊藤進「土佐高校サッカー落雷事故――最高裁判決」季刊教育法一四九号（二〇〇六年）五〇頁、升田純「高校のサッカー部に所属する生徒が課外活動としてのサッカー大会に参加して競技中、落雷により負傷した事故について、引率者兼監督の教諭に落雷事故発生の予見義務違反が認められた事例」Lexis 判例速報八号（二〇〇六年）四九頁がある。また、本件第一審判決の研究として、津田玄児「土佐高校落雷被災事件」季刊教育法一三八号（二〇〇三年）五六頁、橋本恭宏「土佐高校落雷被災事件」季刊教育法一四〇号（二〇〇三年）四一頁がある。

（2）最高裁は、既に「課外のクラブ活動であっても、それが学校の教育活動の一環として行われるものである以上、その実施について、顧問の教諭をはじめ学校側に、生徒を指導監督し事故の発生を未然に防止すべき一般的な注意義務のあることを否定することはできない」と述べている（最判昭和五八年二月一八日後掲①参照）。

（3）安全配慮義務の登場によりこのような法律構成が、学校教育契約関係においてもとりうる余地が生じてきたとされる（奥野久雄「学校事故判例研究の一視点――いわゆる「公権力の行使と契約法理の接点」」中井美雄ほか編『中川淳先生古稀記念論文集・民事責任の規範構造』（世界思想社、二〇〇一年）一四三頁、奥野久雄『学校事故の責任法理』（法律文化社、二〇〇四年）九二頁）。

（4）兼子仁『教育法〔新版〕』（有斐閣、一九七八年）五〇八―五〇九頁。ほかに、生徒を学校における教育計画に従わせることは、これより生ずる危険から、生徒を保護すべき責務を当然に伴うものであって、これは本来学校設置者の責任なのであり、校長や教師は、その機関としての地位にあるがゆえに、生徒の安全を保護すべき職務上の責任を負うとする見解もある（今村成和「中学校の柔道のクラブ活動における傷害事故」別冊ジュリスト・教育判例百選（一九七三年）一三三頁）。

（5）伊藤進＝織田博子「不作為不法行為序説と判例の整理」Law School 五二号（一九八三年）四頁、円谷峻「不作為不法行為と過失論」同誌同号一九頁、中井美雄「不作為不法行為と違法性論」同誌同号二七頁。

（6）因みに、中井美雄「不作為による不法行為」山田卓生編『新・現代損害賠償法講座Ⅰ』（日本評論社、一九九七年）一〇六頁は、不作為不法行為を問題にしうる裁判例を分析され、「過失に関する裁判例をみると、注意義務を尽くして危険を予見し、予測される危険に応じた結果回避措置をとらなかったことを過失と捉える事例が殆んどであり、……過失に関するかぎり、不作為不法行為と作為不法行為とに基本的な差異はない」とされる。

（7）前田達明「過失概念と違法性概念の接近」奥田昌道ほか編『民法学6不法行為の重要問題』（有斐閣、一九七五年）六二頁。

（8）芝池義一「国家賠償法における過失の二重性」民商法雑誌一一二巻三号（一九九五年）三六五頁。

（9）奥野久雄「学校事故・スポーツ事故」法学セミナー増刊『不法行為法』（日本評論社、一九八五年）二四二頁、奥野前掲『学校事故の責任法理』一四頁。

（10）升田前掲五二頁は、雷について、「その危険性、回避方法等についてはほとんど知られていないのが現状であ（り）、……特に落雷事故が従来天災として考えられ、法的な責任とは比較的関係がないものとして考えられてきた」と指摘され、そのうえで、本判決について、落雷事故の「予防措置を執らなかったことにつき過失が認められる可能性が拡大した」と評価されている。

(11) 本件と類似の事実関係について、国家賠償法上の公務員たる顧問教諭の過失ではなく、安全配慮義務が問題となった裁判例がある（福岡高判平成元年二月二七日高民集四二巻一号三六頁、判時一三二〇号一〇四頁、判タ七〇七号二二五頁、新美育文「研究」私法判例リマークス一号（一九九〇年）五九頁）。

(12) 同旨升田前掲五二頁。

(13) 四宮和夫『事務管理・不当利得・不法行為　中巻』（青林書院、一九八三年）四一四頁、前田達明「民法Ⅵ₂（不法行為法）」（青林書院新社、一九八〇年）一〇九頁。

(14) 同旨伊藤前掲（1）五五頁。

(15) 本判決は、本件サッカー大会の主催者は、誰であるかが争点になり、本件大会のパンフレットには、主催者として「財団法人Y_2協会C連盟」という名称が記載されていたことなどから、特段の事情のない限り、Y_2協令は本件大会の主催者であると推認するのが相当である、としている。そのうえで、Y_2協会が本件大会の主催者であると推認しえない特段の事情があったかについて原審で審理を要請している。

(16) 伊沢孝平「不可抗力と民事責任」関西大学法学論集九巻五・六号合併号（一九六〇年）一三九頁、錦織成史「不可抗力と避けることのできない外的事実——危険責任の免責事由に関する一考察」法学論叢一一〇巻四・五・六号（一九八一年）一九九頁。

(17) 加藤一郎『民法ノート（上）』（有斐閣、一九八四年）一五四頁、なお、一四七頁も参照。

第四章　生活指導活動における事故と学校側の責任

1　児童の始業式直前の自殺と学校側の真実解明・報告義務

札幌地判平成二五年六月三日（平二三（ワ）二六九一号損害賠償請求事件）判時二二〇二号八二頁

一　事実の概要

本件は、北海道Y町立小学校五年の女子児童Aが、女性教諭Bの違法な指導により精神的苦痛をこうむり、自殺行為に至って平成二〇年四月四日に死亡し、さらにY町等は本件につき、Aの遺族Xらに対し真実解明調査・報告義務があるのにこれを怠ったとして、Aの父母らがY町に対し国賠法一条一項又は民法四一五条の安全配慮義務違反に基づき、北海道に対して国賠法三条一項により、損害賠償（父X[1]に金三九九六万円余、母X[2]に金三七九六万円余）を求めた。

被告Y町は、平成二〇年四月当時、Aが通っていた本件小学校を設置管理している普通地方公共団体であり、本件小学校の校長、教頭、教諭ら及び被告Y町が設置するY町教育委員会の教育長以下委員らは、いずれも被告Y町の公務員である。被告北海道は、市町村立学校職員給与負担法一条の規定に基づき本件小学校の教員の給料その他給与等を負担している。

Aは、平成一九年度当時、本件小学校五年生だった。本件小学校の五年生は、一三名の一クラスしかなく、B教諭が担任だった。この一三名クラスは、全員同じ保育所に通い、本件小学校入学後も一学年一クラス編成だったため、全員同じクラスで進級してきた。

B教諭は、五年生の児童に対して、登校後、忘れ物がないかを点検し、忘れ物をした場合、朝の会が始まる前に、職員室に来てB教諭にその旨を申告するよう指示していた。B教諭は、忘れ物をした児童に対して厳しく叱責した。B教諭は、厳しく指導した後に、児童に対して「皆に謝りなさい。」と言ったことがあった。

B教諭は、Aが五年生時の夏休みの宿題ドリル（以下、本件ドリルという）で、図形の作図（指定された平行四辺形と同じ平行四辺形を作図するというもの）を一か所間違えたことに対して、できるようになるまでやり直すよう、図形の作図を繰り返し指導した。

そのため、Aは、夏休み後に毎日本件ドリルの再提出をしたが、B教諭は、平成一九年一一月初旬ごろまで繰り返し訂正と再提出を要求した。原告Xは、同月中旬ごろ、B教諭に対し、本件ドリルをチェックするよう依頼した。

B教諭は、Aを含む一部の児童に対して、学校行事に際して演奏する楽器の居残り練習を指示した。Aの個人練習は、七、八回おこなった。

Aは、平成二〇年四月三日午前九時四〇分、自宅トイレのブラインドについている紐によって、縊首している状態で発見され（以下、本件事件という）、同月四日午後四時五二分、JA北海道K病院（以下、K病院という）において、縊首を原因として死亡した。

C校長は、平成二〇年四月七日、原告Xらに対し、B教諭が辞意を表明している旨を伝え、Aの死因は不慮の事故であってB教諭に責任はないとして、B教諭に辞意を撤回するよう、原告Xらから、B教諭に慰留を求めるよう依頼した。

平成二一年三月九日、本件小学校では、卒業式に向けた保護者説明会が予定されていたが、C校長は、原告Xらに対して、「お母さんたち（Aの同級生の保護者ら）は、今、ナーバスになっているので、余計なことは言わないでください。」と述べた。

Y町教育委員会は、平成二一年九月一四日付で、原告Xら宛の「Aさんの事故及びご逝去に関わる学校（C校長・

B教諭）の対応についての経過と指導について」と題する文章に、C校長の前記の依頼に対する教育委員会の見解として、「当時、事故で亡くなったと認識していたとはいえ、悲しみにうちひしがれている保護者にお願いすることは、組織の維持自己の立場しか考えの及ばない校長の思い上がりやおごりであって、……お願されたXさんの驚きや困惑は極めて当然でご遺族の気持ちを逆なでされた思いであったことは想像に難くありません。」と記載して、原告Xらに交付した。

C校長の後任者である本件小学校校長D（以下、D校長という）は、平成二一年五月一四日、原告X宅を訪れ、原告Xらの執拗な追及によってB教諭が辞意を表明していることを報告し、これ以上の執拗な追及を止めてもらいたい旨述べた。

平成一九年一一月一六日付で北海道教育委員会教育長Eから各市町村教育長（各市町村立学校長）宛に出された「児童生徒の事故報告について」（通知）（教学健一〇五九号）は、死亡の原因が「自殺」である場合には、事故報告書の「事故の分類」欄には「自殺」と記載するものとしている。

平成二〇年四月四日付の死体検案書には、Aの直接の死因として多臓器不全、その原因として縊首と記載されており、「死因の種類」として「自殺」に丸が付けられていた。

C校長は、平成二〇年四月七日付一般事故報告書において、「死亡の原因」として「多臓器不全」と記載した。これに対し、原告Xは、平成二二年七月九日付で、Y町教育委員会教育長F（以下、F教育長という）に対して、死体検案書を提出し、Aの死亡が事故という報告で処理されているが、自殺である旨異議を述べた。C校長は、死亡の原因を「多臓器不全」としていた点を、原告Xらが、上記死体検案書を提出したことにより、「自殺」と変更する旨報告するとともに、死亡の原因につき自殺と記載した平成二二年七月二三日付一般事故報告書を提出した。なお、B教諭は、平成二二年三月三一日、教員を辞職した。

二　判　旨

一部認容、一部棄却。

「在学中の児童が自殺し、それが学校生活上の問題に起因する疑いがある場合、当該児童の保護者がその原因を知りたいと思うのは当然のことであるが、保護者において、学校生活上の問題を調査することは困難である。他方、学校がその点を調査することは、学校が教育機関として他の児童の健全な成長やプライバシーについて配慮すべき立場にあり、その調査機能に一定の限界があることを考慮しても、保護者がこれを行う場合に比べてはるかに容易であり、その効果も期待できることは明らかである。

学校設置者は、在学する児童の学校生活上の安全に配慮して、無事に学校生活を送ることができるように教育・指導をすべき立場にあるのであるから、児童の自殺が学校生活上の問題に起因する疑いがある場合、その原因を究明することは、健全な学校運営にとり必要な事柄である。したがって、このような場合、学校設置者は、他の児童の健全な成長やプライバシーに配慮した上、児童の自殺が学校生活に起因するかどうかを解明可能な程度に適時に事実関係の調査をしてその原因を究明する一般的な義務を負うと理解できる。

また、自殺した児童の保護者から、自殺の原因についての報告を求められた場合、学校設置者は、信義則上、在学契約に付随して、当該児童の保護者に対し、上記調査義務に基づいた結果を報告する義務を負うというべきである。

そして、国家賠償法上違法となるためには公務員が個別の国民に対して負担する職務上の法的義務に違背することが必要であるところ、上記報告義務は、在学契約に基づき、報告を求めた当該児童の保護者との関係において信義則上負うものであるから、この報告義務に違反したときは、国賠法上違法との評価を受けるが、上記調査義務は、上記のとおり学校設置者としてその健全な学校運営のために一般的に負う義務と理解できるから、上記調査義務違反は国家賠償法上の違法評価とは直ちに結びつくと解することはできず、上記報告義務違反の判断の一要素に留まると解するのが相当である。」

「本件小学校関係者及び遠軽町教育委員会は、本件事故に関して適切な調査を行ったとは認められず、本件調査義務を果たしたとはいえない。また、F教育長は、原告らがAの自殺の原因と考えていたB教諭の指導能力について、原告からの報告を求められた後も、調査を尽くさないまま、その認識やB教諭に対する指導内容とは異なる評価を原告らに伝えており、また、両者に齟齬があることにつき合理的な説明をしておらず、本件報告義務を適正、誠実に履行したとは認められない。

F教育長は、その理由につき、大切な子供を亡くした原告らの心情にできる限り寄り添うためであり、抗議の姿勢を日々強めてゆく原告らの理解と納得を得て事態を収拾させるためであった旨述べる。しかし、本件報告義務は、その性質上、調査結果に基づき、遠軽町教育委員会がAの自殺の原因として判断したこと（あるいは、自殺の原因が不明であること）を客観的に報告することが求められるものであり、F教育長の上記方針は、原告らに対して本件報告義務を履行するについての方針としては相当であるとは認められない。確かに、原告らは、B教諭等に対して、長時間にわたる聴取りや多数回にわたる書面のやり取りを行うといった強硬な態度を取るようになった（これは、本件小学校関係者が、原告らに対して、B教諭の慰留を求めたり、卒業式においてAの席を設けることはできないとの方針を伝えたなどといった本件小学校関係者の配慮に欠けた言動や、本件小学校関係者の調査態様などが一因であると考えられる。）が、このことを考慮しても、本件報告義務の内容が変質するものではない。

よって、本件小学校関係者及び遠軽町教育委員会教育長以下委員は、本件報告義務に違反したものといわざるを得ない。なお、本件小学校及び遠軽町教育委員会といった組織に属する被告遠軽町の公務員による一連の職務上の行為の過程をもって、本件報告義務違反が認められるものであり、個々の教員、委員の各行為が本件報告義務に違反したということはできない。」

「本件小学校関係者及び遠軽町教育委員会教育長以下委員らは、公務員としての職務を行うについて本件報告義務に違反したものであるから、被告遠軽町は、国家賠償法一条一項に基づき、原告らが被った損害を賠償する責任を負う。」

「被告北海道は、本件小学校関係者の給料その他の給与等を負担しており、本件報告義務違反が本件小学校関係者及び遠軽町教育委員会教育長以下委員らによる一連の職務上の行為の過程をもって認められるものであり、本件小学校関係者と遠軽町教育委員会教育長以下委員らの義務違反は不可分一体となったものであることから、被告北海道は、国家賠償法三条一項に基づき、原告らが被った損害を賠償する責任を負う。

原告らは、本件報告義務違反により、本件事件の原因がB教諭の指導によるものか否かについて適正に報告を受ける機会を失い、本件小学校関係者による配慮に欠けた言動も相まって、Aの死亡による原告らの精神的苦痛は増大したものといえるが、①B教諭の指導について、本件ドリルのチェックの依頼（平成一九年一一月上旬になされた依頼）を除けば、本件事件以前に原告らから相談や指導改善の申入れはされていないこと、②原告らは、本件事件当日、他の児童や保護者に対する状況説明の仕方に関する要望として、Aは不注意でけがをして入院したとだけ言って下さいと言っており、その後、他の説明をして欲しいといった話をすることはなかったこと、③原告らが遠軽町教育委員会に事実確認をするよう申入れをしたのは、本件事件から一年近く経過した平成二一年三月三一日だったこと、④Aの同級生は小学校六年生という精神的未発達な児童であった上、一学級がAを含めて一三名と少人数であったことからすれば、児童への聴取り調査は慎重を期する必要があったといえること等の事情に加え、⑤原告らが長時間にわたる聴取りや多数回にわたる書面のやり取りを行うといった強硬な態度をとったことと遠軽町教育委員会が原告らに迎合する態度をとったことにより、B教諭に対するそれぞれの認識の齟齬が強くなったと考えられることも考慮すると、本件報告義務違反による原告らの精神的苦痛に対する慰謝料の額は、原告らそれぞれにつき五〇万円と認めるのが相当である。」

三　解　説

本件の場合のような、公立義務教育学校の教育関係を法的にどのように説明することができるであろうか。

義務教育学校の場合満六歳から一二歳までの学齢児童、ひきつづき一五歳までの学齢生徒である子供をもつ保護者は、その子供をそれぞれ小学校及び中学校に就学させる義務を負うものとされている（学校一七条）。そして国立・私立学校への就学者等は、当該学校の承諾を証する書面を添え、その旨を届出なければならないとされている。そして、就学校指定（学校令五条）は、就学校との関係において、保護者に具体的な就学義務を負わせる行政処分であると解されている（兼子仁『教育法〔新版〕』（有斐閣、一九七八年）三六四頁）。契約と行政処分の関係については、その差異は「意外に微妙である」といわれている（星野英一『民法論集第三巻　現代における契約』（有斐閣、一九七二年）七五頁）。すなわち、両当事者間において権利義務の内容は、どちらにおいても法律によって全く決められることがあるので、この意味において自由の存否をもって区別の標準とはできないし、また附合契約から明らかなように、法律によって許された範囲でその内容を誰が事実上決めるかによっても区別できないとされている。そうすると行政処分は、相手方がなにもしないのにその義務を課す点で、相手もともかく義務を負うべく現われた（附合）契約と異なるとされている。このように就学校指定を考えると、それは行政処分という外形をとっていても、国立・私立学校を選択することができるという仕方で相当程度の関与をすることができるため、契約の実質を備えるものといえる。したがって、就学校指定は、学校設置者が一方当事者となる契約的関係であると解することができるであろう。

そうすると、学校教育契約の締結を法的にどのように説明することができるのであろうか。

義務教育学校への就学は、原則的に義務づけられており、国立・私立学校を選択しないかぎり、学区内の公立学校への就学校指定に原則的に従わなければならないが、これはそのような学校教育契約の締結強制を保護者に課されているものと解することができる。したがって、その範囲で学校教育契約は、契約の自由が制限されていることになり、そこでは就学校指定という「申込」は、承諾があったと同じ効果を生じるものとして承諾強制が課されることになると解することができるであろう（奥野久雄「学校教育契約」法律時報五九巻三号（一九八七年）三七頁）。

本件では、町立小学校の児童Ａが六年生の始業式直前に、五年生時の担当教諭の行き過ぎた違法な指導により自殺した場合に、真実の解明調査、報告義務違反があったとして、学校の設置者（町及び北海道。以下同じ）に対する損害賠償請求は認められるであろうか。

学校設置者は、在学する児童の学校生活上の安全に配慮して、無事学校生活を送ることができるように教育・指導すべき立場にあるのであるから、信義則上、学校教育契約に付随して児童の生命・身体の安全に配慮すべき義務を負っている。そこで、児童の自殺が学校生活上の問題に起因する疑いがある場合には、その一環として、他の児童の健全な成長やプライドに配慮したうえ、児童の自殺が学校生活に起因するかどうかを解明可能な程度に適時に事実関係の調査をしてその原因を究明する義務を、当該児童の保護者に対して負うものと解すべきであろう。

もっとも、児童に対する指導は、児童の権利侵害を伴うことも少なくなく、教育的効果と児童のこうむるべき権利侵害とを比較衡量し、児童の発達状況等を考慮したうえで、指導による教育的効果を期待しうる合理的範囲のものと認められる限りにおいて正当な指導として許容されるべきであり、その範囲を超えた場合には違法なものになると解されるのであろう。したがって、児童Ａが担当教諭の行き過ぎた違法な指導によって精神的苦痛をこうむり、自殺したとのことであるから、自殺の原因を究明せず調査・報告を怠ったとすれば、児童の保護者は、上記報告義務違反によって本件自殺の原因が担当教諭の指導によるものか否かについての適正な報告を受ける機会を失った、精神的苦痛に対して、学校設置者を相手に精神上の損害を賠償請求することが認められるであろう。

参考判例

○「学校側には、学校教育活動及びこれと密接に関連する生活関係において、暴力行為（いじめ）等による生徒の心身に対する違法な侵害が加えられないよう適切な配慮をすべき注意義務があると認められる。すなわち、学校側は、・・・そのような（生徒やその家族から暴力行為についての）具体的な申告がない場合であっても、一般に暴力行為（いじめ）等を否定したり、申告しないことも少なくないので、学校側は、……暴力行為（いじめ）等の存在が窺われる場合には、関係生徒及び保護者らから事情聴取をするなどして、その実態を調査し、……実態に応じた適切な防止措置（結果回避の措置）を取る義務があるというべきである。」

（大阪地判平成七年三月二四日判時一五四六号六〇頁、判タ八九三号六九頁）

○「公立高校の教師は必要に応じて叱責・訓戒など事実上の懲戒を加える権限を有する」とし、「懲戒を加えるに際してはこれにより予期しうべき教育的効果と生徒の蒙るべき右権利侵害の程度とを常に較量し、いやしくも教師の懲戒権によって来たる趣旨に違背し、教育上必要とされる限界を逸脱して懲戒行為としての正当性の範囲を超えることのないよう十分留意すべきであ（り）」、したがって、「権利侵害を伴うことのあるのに拘らず正当行為としてその違法性が阻却されるのである。そのためには、当該生徒の性格、行動、心身の発達状況、非行の程度等諸般の事情を考慮のうえ、それによる教育効果を期待しうる限りにおいて懲戒権を行使すべきで、体罰ないし報復的行為に亘ることのないよう十分配慮されなければならないことはいうまでもない。」

（福岡地飯塚支判昭和四五年八月一二日判時六一三号三〇頁、判タ二五二号一一四頁）

2　高校教諭の暴行による女子生徒の受傷事故と学校の使用者責任

千葉地判平成一〇年三月二五日判時一六六六号一一〇頁

一　事　実

本件は、私立学校の女子生徒が、学年集会の場において横を向いて話をしていたとの理由で教師から頭部・顔面を殴打される等の暴行を受けて傷害を負い、精神的苦痛をもこうむったとして、学校に対しては民法七一五条一項に基づき、教師に対しては民法七〇九条に基づき損害賠償を請求した。

私立学校の生徒（当時三年生）であったXは、三学期に体育館でおこなわれた学年集会の場において、同高校教員であるY2から、Xが横を向いて話を聴いていたとして前へ呼び出されたうえ、Y2から頭部・顔面などを殴打され、次いで首をわしづかみにされて引きずられ、突き飛ばされ、床に叩きつけられるなどの暴行を受けたことにより、頭部外傷、頸部・両上腕・両手・右膝捻挫、右手関節部捻挫の傷害を負い、かつ精神的苦痛をもこうむったと主張して、学校法人Y1に対しては民法七一五条一項に基づき、教員Y2に対しては民法七〇九条に基づき合計五七五万三五三〇円の損害賠償を請求した。

二　判　旨

請求認容。

1　生徒に対する殴打行為と体罰該当性

私立高校の女子生徒Aが学年集会の場において、横を向いて話を聴いていたとの理由で教師Bから頭部・顔面等を殴打され、傷害を負い、精神的苦痛をこうむったという場合には、右殴打行為は、「暴行というべき違法な加害行為であることは明白であり、これが、たとえ生徒指導の目的をもってなされたとしても、学校教育法一一条は、『校長及び教員は、教育上必要あると認めるときは、監督庁の定めるところにより、学生、生徒及び児童に懲戒を加えることができる。ただし、体罰を加えることはできない。』と規定していて、右ただし書きにより全面的に禁止されている教員の生徒に対する「体罰」に該当することになるから正当化することはでき」ない。

2　殴打行為後の被害の拡大とその防止義務

Bが右殴打行為の後に、ある程度の有形力を行使してAを学年集会の場の外へ連れ出したが、これは興奮していたAを別の場所で落着かせる目的の下に行われたものであって、その態様。程度は「Aの首の後ろを手で押さえ、左手等を引張るような形」のものであったから、「Aの興奮状態がBの違法な加害行為に起因するという事情を考慮しても、右程度の有形力の行使を違法ということはできないし、これは懲戒である体罰とは異なるものである、といえる。」

しかしながら、Aは、「興奮状態に陥って、取り乱し、Bや壁に体当たりしていたものであり、当該廊下の周囲の壁や床は、…コンクリートや石膏ボードなど硬い材質で作られており、そこで転んだり倒れたりすればAが打撲等の負傷をする可能性が高かったもので、このことはBは容易に認識し得たとみられる。」

これに加え、Aが右興奮状態に陥ったのは、Bが学年集会の場でAに対し違法な加害行為（暴行）をしたことが、直接の原因であったといえる。

「そうであれば、Bは、生徒指導をする教員の立場として、かつ、Aが興奮状態に陥った原因を作った者として、興奮して取り乱している生徒であるAに対し、自ら或いは近くに来た担任教員の助力を得て、なだめるとか、取り抑えるとかして、Aが負傷しないよう保護する行動・対応を取るべきであったといえる。

そして、当時の状況下で、Bが取り乱しているAに対し、右保護する行動・対応を取ることはそう困難なこととはみられず、また、これにより、Aがその場で転倒したり壁等に当たったりしたことによるとみられる負傷の多くは防止できたはずである。

それなのに、Bは、取り乱したAを振り払ったり傍観したりして、Aを保護する行動・対応を取らなかったものであり、このことは、Bにおいて、右具体的状況の下で生徒であるAの負傷を防止すべき安全配慮義務を怠った過失があったというべきである。」

そうすると、Bは、右の殴打行為とこの安全配慮義務違反の過失によってAがこうむった損害を賠償すべき責任があるというべきである。

3　私立学校の使用者責任の成否

次に、その当時、Bの使用者であるC学院（学校法人）は、BのAに対する不法行為（右の殴打行為と安全配慮義務違反の過失）は、C学院の教員としての生徒指導の過程において起こったものであって、いずれもC学院の職務をおこなうについてなした行為であるというべきであるから、C学院は、民法七一五条一項に基づき、B教員の右行為によりAのこうむった損害を賠償する責任がある。

三　解　説

一般的に、懲戒行為は、法令で認められる範囲でおこなわれるならば、法令による行為として違法性が阻却される。学校教諭の生徒児童に対する懲戒行為についていえば、学校教育法一一条、同法施行規定一三条がこれを定め、同時に「体罰を加えることはできない」（学校教育法一一条但書）との「体罰」禁止規定がおかれている。

したがって、本件では、懲戒のための頭部・顔面の殴打行為が「体罰」にあたるかどうかがまず問われることになる。そして、もしその行為が「体罰」にあたるのであれば、それは法令による行為として違法性を阻却されるものではないことになるであろう。ただ、「体罰」に該当する行為であっても、一定の範囲のものは、違法性を阻却されるべきかどうか議論の余地があるので、この点に留意すべきであろう（なぜなら、加害行為の態様からして、通常ならば不法行為となるような行為であっても特別の事情があるため、違法性が阻却されると解されることがありうるからである）。次に、当該行為によって生ぜしめられた被害の拡大を防止するための事後措置を欠くならば、不作為不法行為の成否が問題にされうるであろう。

そこで、本判決の内容を見ることにするが、その前に、まず戦後の学校教育法制における「体罰」の取扱いを若干検討し、これを踏まえ、次に「体罰」について不法行為法の観点からの評価を考えてみることにしよう。

ところで、戦前においても現行の学校教育法一一条と同様に「体罰」禁止規定が見受けられたけれど（小学校令（明治三三年）四七条）、実際には多少の肉体的実力行使は体罰に該当しないと解されていたようであるが、戦後は、子供の人権尊重と非権力的教育観の見地からして、体罰は厳格に規制され、法禁される「体罰」は広く、身体への実力行使のほか「肉体的苦痛を与える懲戒」を含むものと解されるに至っている（兼子仁『教育法〔新版〕』（有斐閣、一九七八年）四三五頁）。具体的には、殴打行為はもとより、長時間の起立・端座強制、食事不供与、酷使的作業など、が禁止されているのである（生徒に対する体罰に関する教師の心得〈昭二四・八・二法務府発表〉）。なお、近年の児童・生徒の問題行動に対する学校の指導充実化の観点から、例えば、「児童生徒に対する有形力（目に見える物理的な力）の行使により行われた懲戒は、その一切が体罰として許されないというものではない」など、これまでの懲戒体罰規定の解釈運用に対して、行政の立場からの一定の修正が見られる（「問題行動を起こす児童生徒に対する指導について（通知）」（平一九・二・五　一八文科初一〇一九）。今後は、「体罰の禁止及び児童生徒理解に基づく指導の徹底について（通知）」（平二五・三・一三　二四文科初一二六九）による）。

かくして、学校教諭が学年集会の場において横を向いて話を聴いていたとの理由で女子生徒に対しその頭部・顔面を殴打したような場合、そうした行為は、たとえ生徒指導の目的をもってなされたとしても、学校教育法一一条但書により、禁止されている「体罰」に該当するものというべきであって、これを正当化するなど特別の事情がほかになければ、法令による行為として違法性を阻却されるものではないことになるであろう。

もっとも、本判決のように、教諭の体罰を契機として女子生徒が興奮状態に陥るといった事態が発生することが考えられる。そして、このような興奮状態が原因で、例えば自ら身体を廊下の壁にぶつけるなど自傷行為（自殺を含む）に出るようなときには、教諭は、被害の発生もしくは被害の拡大を防止するために適切な措置をとることを求められるであろう。要するに、校長や教諭など学校関係者において、講じられるべき適切な事後措置を欠いたという不作為による不法行為が問題とされうる余地が生じるということであろう。そして、一般的にこれを論じようとすると、不作為が違法かどうか、及び、これが過失かどうかという観点からの検討を要することになるが、学校事故の場合は、判例上ほとんど過失の問題として議論されている（双方の観点からの判断が実質的に重複することや、過失判断の柔軟性ゆえに妥当な結果を引き出しやすいことなどが、その理由として挙げられる）。したがって、生徒の生命・身体の安全に対して、注意義務を尽くして危険を予見し、予測される危険に応じて結果回避措置をとらなかったことが過失だとされることになる。本件事実についていうと、教諭は、生徒を指導する者の立場として、かつ、生徒が興奮状態に陥った原因を作った者として、興奮して取り乱している生徒に対して、自らもしくは周辺の他の教諭などの協力を求めて、生徒が負傷しないよう保護するための適切な措置（場合によっては保護者へ事故の通知をすることなどの措置）をとるべきであると解されるからである。

いずれにしても、被害生徒は、体罰を加えた私立学校の教諭に対しては、民法七〇九条によって教諭その人の賠償責任を問うことができるであろう。また、学校（学校法人）に対しては、その教諭の使用者として民法七一五条によって、使用者責任を追及することができるが、その際の主要な論点の一つは、問題の「体罰」が使用者（学校）の事業の中の当該被用者（教諭）の「職務」の範囲内にあるか、もしくはこれと関連するかどうかである。職務執行関連性を緩やかに捉える近時の判例（最判昭和四四年一一月一八日家月二二巻五号五四頁等）の傾向からして、右加害行為は学校の教諭としての生徒指導の過程においてなされたものであって、学校（教諭）の「職務」をおこなうについてなされた行為であると解されうるであろう。なお、私立学校の教育関係については、私法上の契約関係と解することには、学説判例上ほとんど異論がなく、学校の契約責任を問うことも十分に考えることができるように思われる（織田博子「在学契約と安全配慮義務」「伊藤進教授還暦記念論文集」編集委員会編『伊藤進教授還暦記念・民法における「責任」の横断的考察』（第一法規出版、一九九七年）。とくに、三七三頁以下参照）。

第五章　学校におけるいじめ事故と学校側の責任

1　中学校での昼食時間中の知的障害をもつ生徒の同級生からの暴行による傷害事故と学校に対する損害賠償請求

奈良地葛城支判平成一一年二月一日（平（ワ）三一八号損害賠償請求事件）判時一七三〇号七七頁

一　事　実

本件では、中学三年生の本件生徒が次のような症状をもっていた。すなわち、先天的頭蓋頸椎移行部奇形（環椎形成不全及び頭蓋底陥入症）の素因をもっており（なお、本件当時は右素因に基づく症状は出現していなかった）、知的障害や交代性斜視のほか二分脊椎症の障害によってうまく排便できないことから、臭気の強いおならが出やすいという症状である。本件生徒が、学校の昼食時間に持参していた弁当の大きさ等について同級生二名からからかわれたため、「うるさい、あっちへ行け」と反発したところ、右同級生の一人から、右側頭部付近を三回蹴られ、これにより外傷性環軸椎亜脱臼等の傷害を負い、軽度の四肢麻痺、頸部痛、頸部の高度運動制限の後遺症を残すに至った。この暴行事件につき、本件生徒X_1並びにその母親X_2が、右同級生二名Y_1・Y_2及びその各両親Y_3・Y_4並びに学校設置者Y市に対して、損害賠償を請求した。

二　判　旨

請求棄却。

1　事故の状況

「被告Y_1・Y_2が本件暴行に至る前において、他人に暴行を加えたり、そのおそれがあるような生活態度を示していたと認めるに足りる証拠はない。」

そうすると、Y_1・Y_2の両親Y_3・Y_4らは、Y_1・Y_2が「それぞれ他人に暴行を加えるおそれがあることを予見できるような状況にあったとは認定できず、結局、被告Y_3ら及び同Y_4らにおいて、本件暴行を振るわないよう監督し、あるいは教育すべきであったのにそれを怠った過失があったとは認定できない。」

「X_1には、脳障害に起因すると思われる知的障害や、交代性斜視（外斜視）のほか、一歳時に発見された軽い二分脊椎症の障害があって、尿や便の排泄をうまく調節することができず、それらを漏らすことがあった。医師からは、……もしその年（一八歳くらい）になっても失敗するようであれば、神経を植える手術をしようと言われていた。X_1は、……中学三年生になってからは、排泄の失敗はほぼなくなったものの、うまく排便できないことから、臭気の強いおならが出やすいという症状が残っていた。X_2は、自力で排泄する力を身につけて欲しいという気持ちもあって、極力灌腸等による強制的な排便をさせないでいた。これらの事情は、B組の担任であるN教諭にも伝え、同教諭も認識していた」。

2　いじめの存在の認否

「しかるに、X_1は、X_2の心配したとおり、教室内で臭気の強い放屁を頻繁に行うことから、B組の生徒の中にはX_1の放屁を嫌悪する者も多く、X_1の自由帳に放屁あるいは排便するX_1の姿を描いたり、同組にあった六つの班毎に班員が毎日順に記入することになっていた班ノートにX_1の放屁を指摘する記載がなされ、Y_1もそのような記載を行ったことがあった。」

「N教諭は、X_1の自由帳は見たことがなかったが、班ノートの記載については認識をしながらも、B組の生徒に対し、X_1の放屁が二分脊椎症という病気の症状であってやむを得ないものであるとの説明は行わず、……X_1が便秘気味であるとか、X_1が排便できたから今日は放屁しないであろうとか、放屁をしそうなら外に行くように、あるいはトイレに行くようにとX_1に対してあたたかく言ってやろうとか、放屁したらX_1に謝らせようなどと付記し、また、実際X_1の放屁に気付いたときは自らX_1に謝罪させたりした。

N教諭は、……班ノートについては目を通し、その記載によってB組の生徒たちがX_1の放屁による臭気に強い不満を持ち、X_1を非難する心情を吐露していることを知っていたのであるから、……X_1には先天性の病気である二分脊椎症があって、X_1の放屁は右病気に基づくものであるとの説明をし、右生徒たちの不満を和らげ、X_1を非難させることのないような措置を取る一方、臭気を和らげるため。教室に換気装置を設置するなどの措置を取るようにしかるべき者に働き掛けることも可能であったように思われる。……

しかるに、同教諭は、右生徒たちのX_1に対する不満ないし非難を誤ったものとは評価せず、むしろ、当然のことであるかのように受け止めた上、右生徒たちに対し、X_1の放屁を我慢するように、辛抱するようにとのみ指導した。右指導は、既にこのことのみで、暗に我慢ないし辛抱させられているものが正しく、それをさせているものを悪いと評価することにも通じ得るものであるが、さらに、……X_1に対して放屁を我慢するよう、放屁しないようにきちんと排便するよう、放屁してしまったときには周囲の者に謝罪するよう指導するなどして、自らの努力ではどうしようもないX_1の病気やその感情に対して思い遣りを示さなかったという問題を含んでいたように思われる。」

3　被告（学校）の過失の有無

「そして、本件暴行は、X_1について、いわば一方的に周囲に迷惑を掛ける者であると認識することも可能であるような雰囲気が、B組の生徒の間にあったからこそ起こった可能性も否定し難い。……

しかしながら、他方、本件全証拠によっても、本件暴行が起こる以前にX_1が本件中学校の他の生徒から暴行を振るわれたことが明るみになったとの事実は認められないし、少なくともB組の生徒からX_1が暴行を振るわれた事実があったとも認め難い。また、少なくともX_1が中学二年生になって以降本件暴行が起こるまでの間において、本件中学校の他の生徒から暴行には至らない継続的な精神的・肉体的苦痛（いわゆる「いじめ」）を受けていたことを認める証拠もない。

そうすると、N教諭において右に摘示したような指導上の問題点があったことや、X_1が障害を有する一般的に弱い立場にあったことを最大限考慮に入れても、なお、同教諭ないしM教諭（学年主任）はじめ本件中学校の他の教員らにおいて、本件暴行に類する事故の発生する危険性を具体的に予見できたとはいえず、本件暴行が発生したことについて、被告Y市に過失（保護・監督・教育義務違反）があったとはいえない。」

三　解　説

未成年の子供が不法に他人に損害を与えた場合に、両親はどのような責任を負うであろうか。民法は、一方で、未成年者が一定の判断能力（責任能力）を有さず、不法行為責任を負わない（民七一二条）ときには、両親が法定監督義務者として上記損害につき賠償すべき責任を負う旨を規定している（民七一四条）。この責任は、監督義務者が「其義務ヲ怠ラサリシ」ことを立証すれば、賠償責任を負わないと定めている（民七一四条但書）。他方、未成年者が責任能力を有し、不法行為責任を負うときには、このような規定の反対解釈として両親は監督責任を免れるのかが議論されたが、今日では、最高裁判例は、監督義務者の義務違反と当該未成年者の不法行為によって生じた結果との間に相当因果関係があるときは、監督義務者につき民法七〇九条に基づく不法行為が成立するとしている（最判昭和四九年三月二二日民集二八巻二号三四七頁）。

本件では、加害をなした子供が中学生ということなので、おそらく後者の場合にあたるものと解されるであろう。責任能力の水準が大体一二歳前後におかれているからである。そこで、X_1の家族は、Y_1・Y_2の両親に対して民法七〇九条に基づく不法行為責任を問うことができるものと考えられる。

そうすると、次に中学校で生じた事故という点に関して、両親と学校との責任競合の問題が出てくる。両親のように子供の生活の全面について監督義務を負う者と学校教師のようにその特定の生活面だけ監督義務を負う者との間に、責任の限度についてかなりの相違が認められるからである。ゆえに、生徒間の事故が教師の監督下で生じたということだけで両親の責任が排斥されると考える（裁判例として、東京地判昭和四〇年九月九日下民集一六巻九号一四〇八頁、高松高判昭和四九年一一月二七日判時七六四号四九頁など）のではなく、双方の責任が競合的に生じ得るとした上で、具体的事情に応じて両親の免責を見定めるべきであろう。そして、①生徒が学校教師の監督下にあること、②いじめの有無などがそのような事情として考慮されるように思う。かくて、同級生Y_1・Y_2からの暴行は、中学校での昼食時間中になされているので、教師の監督義務の及ぶ特定の生活面において加えられたものと解される。したがって、この限りでX_1の家族は、Y_1・Y_2の両親に対して損害賠償を請求することはできないであろう。もっとも、仮に、Y_1・Y_2による暴行がいじめの一環としてなされたものとすれば、かつ、いじめが被害生徒やその家族の訴えなどによりY_1・Y_2の両親の知るところであったならば、当該暴行について予見可能性があったものとして、Y_1・Y_2の両親の民法七〇九条の不法行為が成立する余地があると解すべきであろう。

さらに、被害者が救済を得るためには、国賠法一条の適用要件たる教師（公務員）の過失を立証し、学校（市）の責任を問わなければならない。この際、その過失はどのように認定されるのであろうか。中学校で生徒間に事故が生じたような場合には、既に述べたように両親の監督義務が子供の生活の全面に及ぶのに比べ、教師のそれは生徒の特定の生活面に限定されることからすれば、そこにおいて通常なされることが予測できるような加害行為を前提に生徒が結果を生じさせないように注意する義務というふうに限定的に捉えられるべきであろう。この点、判例によれば、この義務の前提としての予見可能性の判定は、①生徒の年齢、判断能力、②生徒の行為態様（危険度を含む）、③過去における同種の事態発生の有無、④事故の発生時間・場所等の諸事情を吟味し、具体的かつ総合的に行われなくてはならないことになっている。（最判昭和五八年二月一八日民集三七巻一号一〇一頁、最判昭和五八年六月七日判時一〇八四号七〇頁など）。このような見解の立場によれば、教師の監督上の過失では、監督義務の主体と結果

（被害）との間に被監督者たる生徒の加害行為が介在しているのであるから、予見可能性の内容が問われることになるが、生徒の加害行為と結果（被害）との間に因果関係が存する場合であるならば、監督上の過失を肯定しうるためには生徒の加害行為の予見可能性だけで足りるものと解するべきだとする考え方であろう。

そこで、こうした見地から、学校及びその周辺において、生徒間で、障害児差別に基づくいじめとして市（学校）に責任はあるか。という点について考えてみよう。いじめとは、一定の者から特定の者に対し、集中的・継続的に繰り返される心理的、物理的、暴力的な苦痛を与える行為の総称するものと考えられる（東京地八王子支判平成三年九月二六日判時一四〇〇号三九頁）。ここで言っているいじめとは、別に教育学的見地からの判断でもなく、それがいじめにあたるとすれば不法行為としての損害賠償請求が認められるという見地からの用語である（星野英一「民法の学び方（1）――各段階における」法学教室一八七号（一九九六年）八頁）。そうすると、同級生から「頭部を蹴られるなどの暴行」が集中的・継続的に繰り返しなされる行為（いじめ）の一つとしてではなく、けんかなどによる一過性のものであるならば、おそらく上記諸事情のうち③が重視され、そのような事情がなければ、教師の過失は否定的に解されるであろう。というのは、教師の過失の認定にあたって、当該生徒の加害行為の予見可能性が問われるからである。したがって、いじめの存在が認められない限り、学校に責任はないものといえるであろう。なお、障害児という要因は、いじめの認定の際に弱い立場にあったこととして考慮されるべきであると思う。

参考判例

○本件事故は、その態様及び行為者の危険性に関する情報のいずれの面をとっても、通常では予見の困難な類型に属すると判断すべきである。しかしながら、生徒間の事故の第一次的な監督義務者である担任教諭Gの認識のいかんを考えてみると、被害者である原告が以前に他の生徒の暴行を受けたことを知っていたのであるから、その原因を究明し、再発の防止のため適切な措置をとるべきであったし、次に生徒に対するびんたについて、これが本件事故の発生に直接つながったと認めるに足りる証拠はないが、教師のこのような態度は、生徒に対し、他人への思いやりを軽視し、ひいては多少の乱暴は大目に見られるとの意識を助長することになりかねない。Gの暴力容認の態度が本件事故発生の背景であるとの原告らの主張もある程度は理解できる。

以上を総合して、本件事故は一般的には予見困難であるといえるが、Gとしては予見可能であったし、又、生徒に対する態度について適切でない面があり、結局、指導上の義務を尽くしていなかったというべきである。

（長野地判昭和六〇年二月二五日判タ五五四号二六二頁）

○学校側には、学校教育活動及びこれと密接に関連する生活関係において、暴力行為（いじめ）等による生徒の心身に対する違法な侵害が加えられないよう適切な配慮をすべき注意義務があると認められる。すなわち、学校側は、日頃から生徒の動静を観察し、生徒やその家族から暴力行為（いじめ）についての具体的な申告があった場合はもちろん、そのような具体的な申告がない場合であっても、一般に暴力行為（いじめ）等が人目に付かないところで行われ、被害を受けている生徒も仕返しをおそれるあまり、暴力行為（いじめ）等を否定したり、申告しないことも少なくないので、学校側は、あらゆる機会を捉えて暴力行為（いじめ）等が行われているかどうかについて細心の注意を払い、暴力行為（いじめ）等の存在がうかがわれる場合には、関係生徒及び保護者らから事情聴取をするなどして、その実態を調査し、表面的な判定で一過性のものと決めつけずに、実態に応じた適切な防止措置（結果発生回避の措置）をとる義務があるというべきである。

（大阪地判成七年三月二四日判時一五四六号六〇頁、判タ八九三号六九頁）

2　中学校の生徒の同級生からの日常的いじめ被害と担任教諭らの過失

千葉地判平成一三年一月二四日（平成八年（ワ）第五二号・同年（ワ）一七一七号損害賠償請求本訴事件・損害賠償請求反訴事件）

一　事　実

原告Xは、平成三年四月、K町立K中学校に入学したが、中学二年生の一月に事件として発覚するまでの間、同級生であるA、B、C、D、Eから日常的に殴る蹴るなどの暴行（いじめ）を受け続けていたと主張し、同中学校の管理者である被告Y（K町）に対して損害賠償を請求した（本件では、右生徒のFらにも被告として民法七〇九条に基づき損害賠償をしているが、ここでは省く）。

二　判　旨

請求棄却（ちなみにFへの請求も棄却されている）。

1　いじめの定義

「いじめは、論者によって多様な定義がなされ、また、手段及び方法として、冷やかし、からかい、言葉でのおどし、嘲笑・悪口、仲間外れ、集団による無視、物品又は金銭のたかり、持物を隠す、他人の前で羞恥・屈辱を与える、叩く・殴る・蹴るなどの暴力等が挙げられ、程度としても意地悪の域を出ないようなものから、道徳・倫理規範上の非違行為さらには、それ自体が犯罪行為を構成するようなものまで、多種多様にわたるものをその概念中に包摂する余地のあるものであるが、基本的には、強者が弱者に対して精神的・肉体的な苦痛を継続して与える行為をその中核とする余地のあるものであるということができる」。

2　学校の注意義務

「学校には、学校教育活動及びこれと密接に関連する生活関係において、いじめ等による生徒の心身に対する違法な侵害が加えられないよう、適切な配慮をすべき注意義務、すなわち、日頃から生徒の動静を観察し、生徒やその家族から暴力行為やいじめについての具体的な申告があった場合にはもちろん、そのような具体的な申告がない場合であっても、あらゆる機会をとらえて暴力行為やいじめ等が存在しないか否かを注意深く見極め、それが窺われる場合には、関係生徒及び保護者らから事情聴取をするなどして、その実態を調査し、……実態に応じた適切な防止措置を取る義務があるというべきである。なぜなら、学校内における暴力行為やいじめ等は、一般に人目に付かないところで行われたり、教師等の面前ではふざけの体裁を取って行われることがあり、また、被害を受けていな適切な措置をなすべき義務が存するといわなければならない。」

そして、このような義務は、学校長や個々の教員のみが負うものではなく、学校の組織全体としても、右のような適切な措置をなすべき義務が存するといわなければならない。」

3　本件事案へのあてはめ

「そこで、本件についてこれを見るに、……A、B、C及びDによる原告に対する違法な行為は、少なくともA及びBについては一年生の一学期ころから継続的に行われていたこと、その場所も、教室、廊下、体育館など、ほとんどが学校の管理下にある場所において行われ、相当多数が教師の面前あるいは目の届き得る場所で行われていたと推認できること、また、それらの一部が「ふざけ」の体裁を取っていたとしても、……脳天踵落し事件（靴脱ぎ場に座って靴を履き替えていた原告の後方から踵を原告の頭頂部に打ち当ててその場を去った、というもので、一年生の平成三年六月ごろに発生。）のように、教師が原告に対する暴行や嫌がらせなどを現認した事件も存在したことなどからすれば、学校（少なくとも校長、教頭、生徒指導主事及び担任教師）は、遅くとも、Aらの違法ないじめがエスカレートし始め、原告が右ノートを教師に提出した平成四年五月ころにおいては、Aらが以後も原告に対して違法ないじめに及ぶことを予見し得たというべきであって、その時点で適切な防止措置を講じていれば、いじめの継続あるいは更なる拡大を高度の蓋然性をもって回避することができたものと認められる。

そうであるにもかかわらず、学校側は、Aらの暴行を単にふざけや遊びあるいはその延長線上のものととらえ（証拠略）、そこに暴力行為やいじめが存在しないか否かを注意深く見極めることなく、漫然と事態を傍観し、……教員間、教員と生徒間、教員と保護者間における報告、連絡、相談等を密にするとか、校長又は教頭自らがAらやその両親らに厳重な注意を与えたり、教員らが同人らの行動を注意深く見守り、あるいは、原告やその身近な級友から、時間をかけて個別的に事情を聴取するなどの指導監督措置を講じていなかったのであるから、神崎中学校の校長、教頭、生活指導主事及び担任教師らは、Aらの違法ないじめを未然に防止し、結果の発生を回避するための適切な措置を講じていないといわざるを得ず、同人らには右防止措置を怠った過失があるものといわなければならない。」

三　解　説

いじめは、一般に人目に付かないところでおこなわれたり、教師等の面前ではふざけの体裁をとっておこなわれることがいわれている。そして、こうしたいじめを防止すべく生徒を監督する義務として学校側の義務を構成する立場（例えば、最判昭和五八年二月一八日民集三七巻一号一〇一頁等）によれば、監督上の過失では、これが生徒の違法な加害行為を前提に生徒が結果を生じさせないよう監督すべき義務に違反するものとされることから、いじめについての予見可能性があれば足りると解しうる余地があると思われる。そこで、このようないじめの特質を考慮すれば、いじめについての学校側の予見可能性の判定は、（イ）いじめの申告の有無、（ロ）把握された事実（暴行・ふざけの現認等）が重視されるべきではないか、という点が問われる。この点について、言及している下級審裁判例には次のものがある。すなわち、浦和地裁判決（昭和六〇年四月二二日判時一一五九号六八頁）（担任教師としては、「本件事故の約一か月前には、……（母親から）警告ともいえる強い調子の訴えを受けたのであるから……『いじめ』の事態を解消するため……『いじめ』の真因を解明し、原告に対する暴行を止めるよう厳重に説諭すべきであった」としている）、東京地裁判決（平成二年四月一七日判タ七五三号一〇五頁）（入学後の「昭和六〇年四月に席替えをしてから殴打事件までの間、原告本人からもその母親からも、教諭に対し、『いじめ』に関する何の訴えもなかったというのであ（り）……同教諭が原告に対する『いじめ』が行われていることにつき疑いをもって然るべきであったといえるような状況にあったということはできないのであり……本件『いじめ』の有無について積極的な調査をしなかったとしても、そのことが過失であるということができない」としている）、福島地裁いわき支部判決（平成二年一二月二六日判時一三七二号二七頁）（「特にいじめの場合には……たまたま表面に現れたときには質量ともにそれとは比較にならない程の深刻な事実が潜在しているのが常であるから、……生徒やその家族から……訴えがあったときには、……いじめの特質に思いを致して決してこれを軽視することなく、適切な対処をしなければならない」としている）、ほかに東京地裁八王子支部判決（平成三年九月二六日判時一四〇〇号三九頁）等がこれであり、それらは、いじめの予見可能性が（イ）又は（ロ）の要因により確保されるものと考える見解であろう。本判決も、これと同様の見解をとり、次のように述べている。すなわち、「生徒やその家族から……いじめについての具体的な申告があった場合にはもちろん、申告がない場合であっても……それが窺われる場合には……その実態を調査し、……実態に応じた適切な防止措置を取る義務がある」と。いじめの特質（潜在化等）に鑑みれば妥当であろう（奥野久雄「被害者からのいじめの申告と学校側の不法行為責任」法律時報六九巻三号（一九九七年）一一二頁）。

要するに、いじめを受けた生徒若しくはその家族からのいじめの申告が学校側になされているか、あるいはそのような申告がないときでも、同級生からの暴力を学校側が現認しているなどいじめの存在を具体的に窺知しうる事情があるかのいずれかであれば、いじめの予見可能性が認定することができ、学校側にいじめを未然に防止すべく具体的監督義務（いじめ自体の全容を解明すべき事実調査義務とそれが解明されたときの教育的措置義務）が課されるものと考えられる。そして、これに違反すれば、「被害生徒を保護する義務を怠った」として学校に対して損害賠償を請求することができると思われる。なお、「当初進学を希望していた高校にも入学できなかった」という点は、いじめの悪質かつ重大さを表すものとして損害額の算定において斟酌されるべきであろう。

参考判例

○学校側には、学校教育活動及びこれと密接に関連する生活関係において、暴力行為（いじめ）等による生徒の心身に対する違法な侵害が加えられないよう適切な配慮をなすべき注意義務があると認められる。すなわち、学校側は、日頃から生徒の動静を観察し、生徒やその家族から暴力行為（いじめ）についての具体的な申告があった場合はもちろん、そのような具体的な申告がない場合であっても、一般に暴力行為（いじめ）等が人目に付かないところでおこなわれ、被害を受けている生徒も仕返しをおそれるあまり、暴力行為（いじめ）等を否定したり、申告しないことも少なくないので、学校側は、あらゆる機会をとらえて暴力行為（いじめ）等が行われているかどうかについて細心の注意を払い、暴力行為（いじめ）等の存在が窺われる場合には、関係生徒及び保護者らから事情聴取をするなどして、その実態を調査し、表面的な判定で一過性のものと決めつけずに、実態に応じた適切な防止措置（結果回避の措置）をとる義務があるというべきである。

（大阪地判平成七年三月二四日判時一五四六号六〇頁、判タ八九三号六九頁）

○被告Y[3]（野球部の監督：奥野注）は、本件野球部員から上級生による暴行を受けたとの申告を受けて数日後には、二年生と一年生から別々に事情聴取を行って暴行の事実の有無を確認した上、二年生に注意を与えて被害を受けた一年生に謝罪させ、さらに、暴行を加えた二年生にユニフォームを着せず、公式試合の出場も禁止するなど、甲子園を目指して練習に取り組んでいる野球部員にとっては相当厳重な処分を与えて再発防止に努め、原告Xが二年生から昼食の後片づけを強要されているとの報告を受けた際にも、以後そのようなことがないよう二年生を指導し、……種々の機会を捉えて学校内及び本件野球部内の状況の把握に努めていたところ……本件野球部内で一部の生徒に対する集中的な暴力行為の危険性が切迫していた状況にあったとは認められないことをも総合すれば、被告Y[3]としては、原告Xを含む本件野球部員の安全保護のために、当時予見可能な範囲内でなし得る相当な措置を講じたものと評価することができる。

（大阪地判平成一一年九月一三日判時一七六五号八六頁）

3　中学校の女子生徒の非行男子グループからの長期の性的暴力と学校側の責任

旭川地判平成一三年一月三〇日（平成一〇年（ワ）第一〇五号損害賠償請求事件）判時一七四九号一二一頁

一　事　実

本件事案は、Y市立中学校の女子生徒Xが非行グループの男子生徒等から、その在学中に学校内外で数回にわたり強制わいせつ行為を受け、最終には学校内トイレで強姦の被害をこうむったとして、X及びその両親が、この被害は同校の教師が生徒間の性的暴力を未然に防止すべき安全配慮義務を怠った過失によるものであり、また、同教諭はXの性的被害を知った後もそれを被害者Xの両親に対する報告義務を怠ったとして、Y市及び北海道に対して損害賠償を請求した。

二　判　旨

請求認容。

1　学校の安全配慮義務の及ぶ範囲

「本件中学校の教諭らは、学校における教育活動及びこれに密接に関連する生活関係における生徒の安全の確保に配慮すべき義務があり、特に他の生徒の加害行為により生徒の生命、身体、精神、財産等に被害が及ぶような具体的なおそれがある場合には、予見可能性がある範囲内で、そのような被害の発生を防止するため、その事案に応じた適切な措置を講ずべき義務を負う。」

2　学校の具体的な安全配慮義務

「……本件中学校の教諭らは、性的被害がその性質上人目に付かないように行われ、被害生徒も羞恥心や報復への恐怖等から性的被害を申告せず、又は申告しても深刻な性的被害の一部しか話さないことがあると推測されることに鑑みると、生徒から具体的な性的被害の訴えを受けたり、又は生徒から性的被害を少しでも匂わせるような訴えを受けた場合には、事案に応じて、適切な対応をすべき義務がある。」

3　学校の過失の認定

「……（1）A教諭は、平成八年六月のスーパーでの被害に関する相談を受けてから以降も、原告Xに具体的な被害状況を詳しく聴取せず、……原告Xの受けていた性的被害の実態を解明すべき義務を怠った。この点について、……スーパーであってもそれがトイレ内等の人目に付かない場所であれば、深刻な性的被害が潜んでいる可能性もあり、原告Xが一人でわざわざ職員室に相談しに来たことの意味や、性的被害の相談時の女性の笑みは被害の軽微さを示すものではなく、羞恥心の表れにすぎないと理解することもできたことに照らすと、A教諭の右判断は不適切であった。また、（2）A教諭は、原告Xが性的被害を訴えたことを保護者……に連絡せず、保護者への報告義務を怠った。さらに、（3）A教諭は、加害生徒らの保護者に対しても右加害行為を報告せず、加害生徒の保護者への報告・指導要請義務を怠った。また、（4）A教諭は、原告Xの性的被害の相談について、加害生徒は他クラスの生徒であると聞いたのにその担任教諭に何ら連絡せず、職員朝会、学年会又は職員会議などにも報告しなかった。そして、A教諭は、養護教諭に対して女子生徒から身体を触られたという訴えがなかったかどうかを確認してクラスの男子生徒の様子を二、三日見ていたにすぎず、最終的には、クラスの帰りの会において、学級全体に対し、女子生徒の身体を触ることがセクハラになるなどと一般的な注意をしただけで終わらせ、その後は原告Xに新たな被害を受けていないかどうかを確認しなかった。

したがって、A教諭には、安全配慮義務違反の過失がある。」

4　学校の過失と被害との因果関係

「また、A教諭の右過失がなければ、原告Xは、平成八年六月の相談以降、日時を明確にできる分だけでも学校内での口淫強要二回、学校外での口淫強要二回、友人宅での強姦一回、学校内での口淫強要・強姦一回といった悲惨な性的暴力を受けなかったであろうと認められる。

したがって、被告らには、右過失によって生じた原告Xの損害を賠償すべき責任がある。」

三　解　説

国公立の学校において、生徒に人身事故が発生した場合に、この生徒が学校に対して損害の賠償責任を問うには、公務員たる学校教師の過失が要件とされている（国賠一条一項）。そして、この過失認定の前提として、生徒の生命身体の安全に対する注意義務が問題とされる（兼子仁『教育法〔新版〕』（有斐閣、一九七八年）五〇三頁、伊藤進『学校事故の法律問題』（三省堂、一九八三年）一〇九頁）。このような事故は、生徒に対して事故防止のための注意義務が尽されなかったことによって発生する場合が多く、そのような場合には、生徒の生命身体の安全を確保すべく万全の注意を尽くすべき義務が教師に課されているにもかかわらず、この安全確保のための万全の注意を尽くさなかったことが過失だと解されるからである。本件の場合も、このことを前提とされるとみて差障りがないといえる。

そうすると、この注意義務の成立は生徒の行為のいかなる範囲にまで及ぼされうるであろうか。これについて、本判決によれば、学校での教育活動及びこれと密接に関連する生活関係において、学校教師は右のような注意義務を負い、このように、「他の生徒の加害行為により生徒の生命、身体、精神、財産等に被害が及ぶような具体的なおそれがある場合には、予見可能性のある範囲で」上記加害行為を防止すべき監督義務があるものとされる（東京地判昭和四〇年九月九日下民集一六巻九号一四〇八頁等多数）。最高裁判例も、つとに、中学校での課外部活動中に起きた生徒同士の喧嘩による失明事故について、学校側の注意義務を一定の範囲に限定し、「何らかの事故の発生する危険性を具体的に予見することが可能であるような特段の事情のある場合は格別、そうでない限り、顧問の教諭としては、個々の活動に常時立会い、監視指導すべき義務まで負うものではない」と説いている（最判昭和五八年二月一八日民集三七巻一号一〇一頁）。かくて、この見解の立場によれば、教師の注意義務の前提としての予見可能性の判定は、①生徒の年齢・判断能力、②生徒の行為態様（危険度を含む）、③事故発生の時間、場所、④過去における同種の事態発生の有無、⑤事態回避のための教育指導内容等の諸要因を吟味し、十分具体的かつ総合的になされなくてはならない、という考え方である。学校事故の法律問題を考えるうえで、一般に妥当な見解であるといえよう。

そこで、本判決についてもこれを踏まえて検討してみよう。集団暴行の予見可能性が肯定され、学校の責任が問われるためには次のような事情の存在が求められるであろう（奥野久雄「高校生の集団暴行による負傷事故と教諭の注意義務」民商法雑誌九一巻一号（一九八四年）一三二頁、同『学校事故の責任法理』（法律文化社、二〇〇四年）一四一頁）。

一　中学生によって集団暴行が学校の生活領域でなされたこと。もっとも、その領域外でなされた集団暴行であっても、かかる領域内でなされたそれの影響下において、同じ加害生徒らによってなされたというような事情があるときには、学校の生活領域内での暴行と一体となる、とされる。

これは、予見可能性の判定要因①・③にあたる。

二　集団暴行が相当長期間にわたっておこなわれ、しかもその内容が強制わいせつ行為や強姦等を含む悪質なものであったこと。これは、予見可能性判定要因のうち②に該当する。

三　この種の集団暴行はその性質上人目につかない所でおこなわれるのが普通であること。それゆえ、予見困難であって、本人もしくは家族からの申告や相談などがあれば、一応予見可能と見ることができるであろう。なぜなら、このような申告や相談は当該暴行の発生を他人が認識（予見）し得る契機として考え得るものと解されるからである。この点で、このような場合の中学生らの行為の特質は、「いじめ」のそれ（潜在化等）と類似するように思われる。ここでは、予見可能性の要因として②・④・⑤が議論されるであろう。

要するに、本件では、学校側が、強姦のすぐ前のわいせつ行為について本人から申告や相談を受けていてこれを知っていたという意味であるなら、同じ生徒らによる強姦等についての予見可能性があったというべきであって、被害生徒から具体的な被害状況を詳しく聴取し、その被害実態を解明すべき義務があったものといえる。これを怠れば、集団暴行を防止すべく加害生徒らを具体的に監督すべき義務に違反した過失があると解されるべきであろう。

この場合には、Xとその両親は、学校に対し右監督義務違反の過失を理由に損害賠償を請求することができるであろう。なお、Xの両親については、Xの被害の重大さを考えれば、被害者が生命を害された（民法七一一条所定の）場合にも比肩すべき精神上の苦痛を受けたとき（最判昭和三三年八月五日民集一二巻一二号一九〇一頁）にあたるものというべきであると思われる。

参考判例

○「学校には、学校教育活動及びこれと密接に関連する生活関係において、いじめ等による生徒の心身に対する違法な侵害が加えられないよう、適切な配慮をすべき注意義務、すなわち、日頃から生徒の動静を観察し、生徒やその家族から暴力行為やいじめについての具体的な申告があった場合にはもちろん、そのような具体的な申告がない場合であっても、あらゆる機会をとらえて暴力行為やいじめ等が存在しないか否かを注意深く見極め、それが窺われる場合には、関係生徒及び保護者から事情聴取をするなどして、その実態を調査し、……実態に応じた適切な防止措置を取る義務がある。なぜなら、学校内における暴力行為やいじめ等は一般に人目に付かないところで行われたり、教師等の面前ではふざけの体裁を取って行われることがあり、また、被害を受けている生徒も、仕返しを恐れるあまり、暴力行為やいじめ等を否定したり、申告しないことも少なくないからである。」

（千葉地判平成一三年一月二四日判自二一六号六二頁）

第六章　日常生活の場における事故と監督者責任

1　子供の遊戯中の事故と民法七一四条一項の監督義務者の責任

（損害賠償請求事件、最判平成二四年（受）第一九四八号、同二七年四月九日第一小法廷、破棄自判）民集六九巻三号四五五頁、判時二二六一号一四五頁、判タ一四一五号六九頁

一　事　実

未成年者A（当時一一歳一一か月）は、平成一六年二月当時、公立の小学校（本件小学校）に通学していた児童である。本件小学校は、放課後、児童らに対して校庭（本件校庭）を開放していた。本件校庭の南端近くには、ゴールネットが張られたサッカーゴール（本件ゴール）が設置されていた。本件ゴール後方約一〇ｍの場所には門扉の高さ約一・三ｍの南門があり、その左右には本件校庭の南端に沿って高さ約一・二ｍのネットフェンスが設置されていた。また、本件校庭の南側には幅約一・八ｍの側溝を隔てて道路（本件道路）があり、南門と本件道路との間には橋が架けられていた。本件小学校の周辺には田畑も存在し、本件道路の交通量は少なかった。Aは、同月二五日の放課後、本件校庭において、友人らとともにサッカーボールを用いてフリーキックの練習をしていた。Aが、同日午後五時一六分ころ、本件ゴールに向かってボールを蹴ったところ、そのボールは、本件校庭から南門の門扉の上を越えて橋の上を転がり、本件道路上に出た。折から自動二輪車を運転して本件道路を西方向に進行してきたB（当時八五歳）が、そのボールを避けようとして転倒した（本件事故）。Bは、本件事故により左脛骨骨折等の傷害を負い、入院中の平成一七年七月一〇日、誤嚥性肺炎により死亡した。Aは、本件事故当時、満一一歳一一か月の男

子児童であり、責任を弁識する能力がなかった。上告人らは、Aの親権者であり、危険な行為に及ばないよう日ごろからAに通常のしつけを施してきた。

死亡したBの相続人であるXらは、A及びAの両親Y_1・Y_2に対して、民法七〇九条及び民法七一四条一項に基づき、Bの傷害及び死亡についての損害賠償請求権を承継したものとして、約四五〇〇万円の損害賠償請求をした。

原審は、「本件では、校庭と公道（本件道路）の近接状況、ゴールの位置、フェンスや門扉の高さ、本件道路の通行の状況などを総合すると、Aは、校庭からボールが飛び出す危険のある場所で、逸れれば校庭外に飛び出す方向へ、逸れるおそれがある態様でボールを蹴ってはならない注意義務を負っていたというべきである。注意義務の有無・内容は、具体的な状況の下で、予想される危険性との関係において個別具体的に決定されるものであるから、ボールを蹴る者が競技上の定位置からゴールに向かってボールを蹴ったからといって、違法性が阻却されたり、過失が否定されるものではない。

また、本件校庭と本件道路の位置関係からすると、サッカーボールが飛び出すことや、Bの自動二輪車の進行の妨げとなり転倒事故が生じ得ることも、予見可能であったというべきである。」と述べ、Aの両親の監督義務について、次のように説示した。すなわち、「子供が遊ぶ場合でも凋囲に危険を及ぼさないよう注意して遊ぶよう指導する義務があったものであり、校庭で遊ぶ以上どのような遊び方をしてもよいというものではないから、この点を理解させていなかった点で、控訴人らが監督義務を尽さなかったものと評価されるのはやむを得ないところである。」と。

本判決は、上告人らは監督義務者としての義務を怠らなかったというべきであると判示して、上告人らの敗訴部分について、原判決を破棄し、同旨の一審判決を取り消した。

二　判　旨

「満一一歳の男子児童であるAが本件ゴールに向けてサッカーボールを蹴ったことは、ボールが本件道路に転がり出る可能性があり、本件道路を通行する第三者との関係では危険性を有する行為であったということができるものではあるが、Aは、友人らと共に、放課後、児童らのために開放されていた本件校庭において、使用可能な状態で設置されていた本件ゴールに向けてフリーキックの練習をしていたのであり、このようなAの行為自体は、本件ゴールの後方に本件道路があることを考慮に入れても、本件校庭の日常的な使用方法として通常の行為である。また、本件ゴールにはゴールネットが張られ、その後方約一〇ｍの場所には本件校庭の南端に沿って南門及びネットフェンスが設置され、これらと本件道路との間には幅約一・八ｍの側溝があったのであり、本件ゴールに向けてボールを蹴ったとしても、ボールが本件道路上に出ることが常態であったものとはみられない。本件事故は、Aが本件ゴールに向けてサッカーボールを蹴ったところ、ボールが南門の門扉の上を越えて南門の前に架けられた橋の上を転がり、本件道路に出たことにより、折から同所を進行していたBがこれを避けようとして生じたものであって、Aが殊更に本件道路に向けてボールを蹴ったなどの事情もうかがわれない。

責任能力のない未成年者の親権者は、その直接的な監視下にない子の行動について、人身に危険が及ばないよう注意して行動するよう日頃から指導監督する義務があると解されるが、本件ゴールに向けたフリーキックの練習は、上記事実に照らすと、通常は人身に危険が及ぶような行為であるとはいえない。また、親権者の直接的な監視下にない子の行動についての日頃の指導監督は、ある程度一般的なものとならざるを得ないから、通常は人身に危険が及ぶものとはみられない行為によってたまたま人身に損害を生じさせた場合は、当該行為について具体的に予見可能であるなど特別の事情が認められない限り、子に対する監督義務を尽くしていなかったとすべきではない。

Aの父母である上告人らは、危険な行為に及ばないよう日頃からAに通常のしつけをしていたというのであり、Aの本件における行為について具体的に予見可能であったなどの特別の事情があったこともうかがわれない。そういうべきである。」

すると、本件の事実関係に照らせば、上告人らは、民法七一四条一項の監督義務者としての義務を怠らなかったと

三　研　究

１　未成年の子供が他人に対して損害を与えた場合、その両親は、子供を監督する義務を負う者として、どのような責任を負担すべきであろうか。わが民法は、未成年者が責任無能力ゆえに賠償責任を負わない場合（七一二条）には、監督義務者が一定の要件の下に責任を負う、とする立場に立っている（七一四条）。いわゆる補充責任にほかならない。これについてはつとに学説は、次のように説いている。すなわち、未成年者に責任能力があり、問題の不法行為につき責任を負う場合においては、その不法行為を防止するための監督が必要ではなく、未成年者が責任能力を欠く場合において、初めてその監督が必要とされることになり、そして、未成年者に責任能力のある場合においては、この者は、一般原則（七〇九条）に従って賠償義務を負い、一方監督義務者は、監督怠慢の責任を問われることなく、したがって、賠償義務を負担させられることはない、というのがこれである[1]。これによれば、未成年者といえども責任能力を有する以上、近代法の基本原理たる自己責任の原則（各人は他人の行為について責任を負うことなく、自己の行為についてのみ責任を負う、とするもの）が貫かれるべきであって、監督義務者が未成年者の加害行為について責任を負う必然性はない、ということになろう[2]。

しかし、このような考え方については、「被害者に対して—加害者が責任能力がないということについての—無用の立証責任を課すものである。また、未成年者や責任弁識能力を有しない者に対して通常は賠償請求をしない。また、多くの場合にこれらの者には賠償能力がない、というわが国の実情をも考慮する必要がある[3]。」との評価が支配的になっている。これを受け、判例も古くは補充責任説の立場を支持していたけれども[4]、近時は、未成年者の責任能力の有無を問うことなく、未成年者と監督義務者の責任の併存を導く考え方を採用し、次のような規範を設

定している。すなわち、「未成年者が責任能力を有する場合であっても、監督義務者の義務違反と当該未成年者の不法行為によって生じた結果との間に相当因果関係を認めうるときは、監督義務者につき民法七〇九条に基づく不法行為が成立する」[5]というものである。この評価については、二通りの見方が現れている。

一つは、責任能力のある未成年者の不法行為について、監督義務者がどのように関与したかという個別的・具体的な判断をすることなく、一般的・日常的な監督義務者の未成年者に対する態度をもって七〇九条の適用の可否を判定しうると解し、被害者救済の見地から、上記規範の射程範囲を広くとり、とりわけ『監督義務の懈怠』は、……損害ないし損害発生の危険を防止ないし回避すべく行為する義務の違反ではなくて、親権者が日常未成年者を教育し、監督する義務（その根拠を求めるとすれば八二〇条となろう）の違反である（フランス民法一三八四条四項による父母の責任の前提たるフォートにほぼ等しい）。そのかぎりでは、七一四条一項但書にいわゆる監督義務と同じである」[6]という見解である。[7]

もう一つは、このような見解を批判する形で、次のようにいう。すなわち、「民法七〇九条は、本来、近代的個人主義の原理に基づくものであり、親が他者たる未成年者の加害行為について責任を問われうるのは、当該加害行為に関する親の監督義務違反に重大なものがあり、それが結果の発生をもたらしうる特別な事情がある場合に限られるべきであろう」[8]と解されているというものである。[9]最近の最高裁も、このような立場から、責任能力のある未成年者の不法行為について問題の事故に至るまで特段の非行事実は見られず、この事故当時未成年者らがそのような非行をおかすことを予期しうる事情があったとはいえず、未成年者らの生活態度から直ちに少年院への再入院手続をとるべきであったとはいえないとして、この事故に結びつく監督義務違反を否定（両親の監督責任も否定）する。[10]その意味で後者の学説と同様の立場に立って問題を処理しうることを示唆しているのであろう。[12]

このような監督義務をめぐる状況の下において、平成二七年四月九日に、責任能力のない未成年者の加害行為について、その両親の監督義務者としての義務違反を認めなかった、最高裁として初めての判決が登場したのである。[13] そこで、以下では、この判決について若干の検討をしてみよう。

2　本件では、責任能力のない未成年の子供がサッカーボールを蹴って第三者に損害を与える事故（子供の遊戯中の事故）について、その両親が民法七一四条一項の監督義務者としての義務に違反しなかったかどうかが問題となった。子供の遊戯中の事故は、普通、スポーツ事故と類似した関係が遊戯参加者相互間に存在するものといわれているが、[14] 本件は、遊戯に参加していない第三者に対する加害に関する事例であって、基本的には不法行為の一般的な原則が働く点に特色がある。遊戯に参加する子供らは、責任能力がないことが多く、遊戯の過程でいろいろな危険に遭遇しながら成長する面（遊戯の効用）もあって、この意味からすれば、過失や違法性の判定が微妙となることもありうるであろう。一方、過失否定や違法性阻却をたやすく認めてしまうと被害者救済の余地が狭くなり、七一四条の立法趣旨をそこないかねないことになろう。[15] このような問題をどのように考えるべきかについて、子供の遊戯によって第三者に加害が及んだ事案を扱った裁判例を若干検討し考えてみよう。

①子供の遊戯中の事故につき監督義務者の責任が問題にされたものであり、最判昭和三七年二月二七日民集一六巻二号四〇七頁は、小学校の休み時間中、二年生のAが、学校の旧校舎の教室で友達と「鬼ごっこ」をして遊んでいた際、一年生のXが付近に立っていたので、「鬼」（追手）から逃げるためにAを背負って走るように頼んだところ、Xは、Aを背負ったまま転倒して負傷（右手上腕骨顆上骨折〈変形治癒〉）し、Aの監督義務者であるYに対して、民法七一四条による損害賠償請求をしたという事案で、一審・二審と同様にXの請求を次のような理由で棄却した。すなわち、「自己の責任を弁識するに足りる知能を具えない児童が『鬼ごっこ』なる一般に容認される遊戯中に――他人に加えた傷害行動は、特段の事情が認められない限り、該行為の違法性を阻却すべき事由あるものと解するのが相当であるから、Aの原判示行為は客観的にみて条理上是認しうるべきものであって違法性を欠く旨の原判決の判定は、正当である。従って、上告人ら主張の本件不法行為は、その客観的成立要件である違法性を欠くから

成立しない。」と。

本件と同じく、遊戯中に第三者に加害を与え、監督義務者の責任が問われたものとして、次の三つの裁判例がある。

一つ目の②福岡地判昭和四七年三月一六日判タ二七八号三三二頁は、社宅の広場で入居者が遊び場として常用していたところであるが、本件遊び場は、道路に沿って道路側で約一・七八m、広場側で約一・五一mを有するフェンスが入り口を除いて設けられており、少年Aが本件フェンスを背にして立ち、これに相対して八・八mの間隔をおいて少年Bが向い合って立ち、古いソフトボールをもってキャッチボールをしていたところ、Bの投げたボールが高かったためAが受け損じてボールはAのグローブの先端をかすめてフェンスの上部に当たり、そのはずみで道路側にはね付近を歩行中のX（当時四七歳）の後頭部に当たり負傷（後頭部挫傷）させ、XはA・Bそれぞれの両親を被告として民法七一四条の法定監督義務者の責任を負うよう請求したという事案で、次のように判示してその請求を認めた。すなわち、原告Xの受傷は、両少年の不注意に基づく共同の違法行為に原因があり、両少年が年齢わずかに一〇歳の小学生であることから責任能力はないものと解するほかはなく、したがって、被告らは、各共同親権者として民法七一四条の責任は免れない旨を説示し、「如何に遊び場として常用され、フェンスでさえぎられる広場でのキャッチボールであっても、フェンスを越えて通行中の歩行者にボールを当ててよいわけでなく、やはり道路状況にも注意し、子供らにボールが外に飛び出さないよう向きを変えるなどして遊ぶよう注意すべき義務があり、被告らにおいて監督義務を尽した事跡は認められない。」

二つ目の③大阪地判昭和六二年六月三〇日交民集二〇巻三号八八八頁は、子供Aらが歩道を挟んで車道と接し、周囲をごく低い囲いで囲われている児童公園でサッカーボールを蹴り合って遊んでいたところ、Xは、本件公園横の道路を原付自転車で通りかかり、公園から転がり出たサッカーボールに乗り上げて転倒して負傷（鎖骨骨折）し、Aらの親権者であるYらに対し、民法七一四条に基づく監督義務者として損害を賠償すべき義務を負うことを請求したという事案で、次のように判示し、その請求を認めた。すなわち、「Aらが右公園内でサッカーボールを蹴り合うこと自体は許容されるとしても、ボールを車道に転り出させる行為は、通行中の車両の妨害となり、交通事故の原因ともなる危険な行為であって許されないものであることは明らかであるから、Aらの前期認定の行為（児童公園内でサッカーボールを蹴り合って遊ぶ行為：奥野注）に違法性がないという主張は到底認められない。

Aが被告Y1らの子で当時一一歳三か月であり、Bが被告Y2らの子で当時一一歳六か月であり、Aらはその年齢からみて、その行為の責任を弁識するに足る知能を備えていなかったとみるのが相当であり、被告Yらは、親権者としてそれぞれの子を監督すべき義務があるから民法七一四条により、本件事故によりAらが原告Xに与えた損害を賠償すべき責任がある」と。

三つ目の④仙台地判平成一七年二月一七日判時一八九七号五二頁は、本件事故の発生した当時は、A（当時九歳一〇か月）がピッチャーとなり、東方に一七m離れたキャッチャーのB（当時九歳八か月）を目がけて投球していたが、Bの近くにはグローブジャングル、滑り台など遊具があり、Aの妹のほか数名の小学生が滑り台などで遊んでいた。CはBの後方約一・五m地点に立っていたが、Aの投げたボールがそれてCの胸腹部に当たって心臓震盪によりCが死亡した。Cの両親Xらは、A及びBの両親Yらを被告として、監督者責任（民法七一二条・七一四条）に基づいて損害賠償を請求し、これを認めたという事案で、次のように判示した（なお、Aが当時スポーツ少年団の軟式野球チームに所属し、本件事故以前から被告らとキャッチボールをしていたという事実が認定されている）。すなわち、「Aらは本件事故当時の公園の状況でキャッチボールをすれば、ボールがそれてCら他人にあたることが十分予見でき、軟式野球ボール（C球）が他人にあたった場合に、その打撃部位によっては他人に傷害を与え、さらには死亡するに至らせることがあることを予見しえたというべきであるから、Aらは、かかる危険な状況でのキャッチボールを避けるべき注意義務があったのに、漫然とこれを行った過失があるといわざるをえない。

被告らは、心臓震盪等の具体的死亡経過について予見できなかったとしても、ボールがそれて他人にあたること、それによって死亡することもあることの予見可能性があった以上は、死亡の結果に対する責任も免れないというべきである」と。

②は、遊戯（キャッチボール）自体の評価については言及はなく、その遊び場が相当な高さのフェンスで囲われているものの、それを越えて通行中の歩行者にボールを当ててよいわけではなく、Ａ・Ｂの両親は、フェンスの外の道路にまで注意をすべき監督上の義務を負っているし、また、③は、遊戯（サッカーボールを蹴り合うこと）自体は許容されているとしているが、ボールを道路に転がり出させる行為を「危険な行為」と評価し、監督義務を認めている。さらに、④は、遊戯（キャッチボール）の危険性を前提にキャッチボールを止めるべきであったことが遊戯参加者にはいわれており、そして監督者には、その結果に対する責任を負うべきことが説かれている。

これに対して、①は、遊戯（鬼ごっこ）は一般に容認されているものであって、かかる遊戯中の傷害行為は違法性を阻却する事由があり、被害児童Ａに背負われる行為は違法性を欠くといっている。Ｘを遊戯の参加者と見ているようであるが、付近に立っていたというだけで遊戯への参加承認があると見て参加者と判定しうるか微妙であろう。「鬼ごっこ」という遊戯からは想定しえない結果の重大性を考えれば①は、本件事故を偶発的なものと見ているように思われる。[16]

近年、（保険金の支払をした保険会社が原告となった）⑤平成七年一月二四日民集四九巻一号二五頁は、子供二人Ａ・Ｂ（ともに一〇歳前後）がＸ所有の建物に無断で侵入しその中で火遊びをしていてそれを全焼させ、ＸがＡ・Ｂの両親Ｙらに対して民法七一四条に基づいて監督義務者としての責任を負うことを請求した事案で、責任能力のない未成年者の失火についてＡらの行為に重大な過失があるとし、Ｙの責任を認めた、原審判決を次のような理由で破棄し、本件を原審に差し戻した。すなわち、「責任を弁識する能力のない未成年者の行為により火災が発生した場合においては、民法七一四条一項に基づき、未成年者の監督義務者が右火災による損害を賠償すべき義務を負うが、右監督義務者に未成年者の監督につき重大な過失がなかったときは、これを免れるものと解するのが相当というべきであ（る）」。なお、「未成年者の行為の態様のごときは、これを監督義務者の責任の有無の判断に際して斟酌」されるべきである旨を判示した。

本件差戻審では、監督義務違反の点をどのように判定するかが問われることになったが、次のように説いて、親権者に子の監督につき重大な過失がなかったとはいえないとして、監督責任を認めた。すなわち、「極めて容易に建物の無断侵入と危険な火遊びという行為」を考慮し、「適切な指導、注意を行っていれば、容易に本件火災の発生を回避できたものというべきである。」[17]と。

⑤では、遊戯（火遊び）自体は極めて危険なもので許容されるものではないが、監督上の重過失を導くのに、遊び自体の危険性及び遊び場となった建物への無断の侵入の二点が重視されたことが注目される。原審の採用した考え方においても、監督義務者は子供がどのような場所でどのようなことをして遊んでいるかを明確に把握していなかったことに加え、それらの点から、責任無能力の子供の重大な過失に相当する事由を構成しうると考えられるからである。

3　民法七一四条は、監督義務者が「その義務を怠らなかった」こと、及び、「その義務を怠らなくても損害が生ずべきであったこと」を立証すれば、賠償責任を負わない（七一四条一項但書）と規定するが、実際には、監督義務者がこの立証に成功し免責されることはほとんど不可能であるとされている。というのは、親権者のようにその監督義務が責任能力のない子供の生活関係の全般にわたっているときは、個々の加害行為についての監督だけでは十分ではなく、一般的な監督義務をも尽くしていたことの証明が必要であると解されているからである。実質的に無過失責任化していると考えられてきた。[18]

事実、子供の遊戯中に第三者へ加害された事故に関する事例では、②④はキャッチボール、③はサッカーであって、いずれも遊戯の危険な面を強調し、監督義務の怠りを認めている。これに対して、①は、傷害が重大であるにもかかわらず、遊戯行為の違法性を欠くことを認めている。それは、判決も、被害児童Xの「負傷は加害者とされるＡら児童の「鬼ごっこ」なる遊戯行為に関与したうえで発生したもの」であるから、被害児童Ｘが遊戯に加わったという判定は、「経験則、社会通念ないし条理に反するものとは認め難い」といっているように、子供の遊戯を積極的に容認し、監督責任を否定したのであろう。

なお、⑤は、物損に関するもので、失火責任法と民法七一四条との調和という判断が働く点で、他の事例とは異なるものの、責任能力のない未成年者の加害行為の態様を考慮し、監督責任を判定すべきことを説いている。この点は、⑤の原審（とりわけ差戻審）においても、既に述べたように考慮されている。

4　本判決の原審でも、遊戯参加者について、「校庭内でサッカーをする者は、校庭の南側に隣接する道路の交通を妨害しないような注意義務を負っていたというべきであ（り）」、その「注意義務の有無・内容は、具体的な状況下で、予想される危険性との関係において、個別具体的に決定されるものであるから、ボールを蹴る者が競技上の定位置からゴールに向ってボールを蹴ったからといって、違法性が阻却されたり、過失が否定されるものではない。」と述べている。そして、監督義務者について、「子供が遊ぶ場でも、周囲に危険を及ぼさないよう注意して遊ぶよう指導する義務があったものであり、校庭で遊ぶ以上どのような遊び方をしてもよいというものではない」といい、既に見た②ないし④と同様、極めて厳格な監督義務を措定し、実質的に監督義務者責任の無過失責任化を導いている。

これに対して、最高裁は、親権者の監督義務の怠りの存否について柔軟な判断枠組を示している。すなわち、遊戯の参加者の行為態様については、次のようにいっている。「満一一歳の男子児童であるＡが本件ゴールに向けてサッカーボールを蹴ったことは、ボールが本件道路に転がり出る可能性があり、本件道路を通行する第三者との関係では危険性を有する行為であった（が）、……このようなＡの行為自体は、本件ゴールの後方に本件道路があることを考慮に入れても、本件校庭の日常的な使用方法として通常の行為であ（り）、……ボールが本件道路上に出ることが常態であったものとはみられない。」というのがこれである。また、責任能力を欠く子供に対する監督義務については、次のようにいっている。すなわち、日ごろの指導監督は、ある程度一般的なものになり、そうすると、Aが本件道路に向けてボールを蹴ったなどの事情はうかがわれない。危険な行為に及ばないよう日ごろからAに通常のしつけをしていたのであり、そうすると、本件ゴールに向けて蹴ったボールがたまたま本件道路上に出たことによりこれを避けようとして本件事故が生じたということについては、具体的に予見可能であったとはいえない旨を述べて、民法七一四条一項の監督義務者としての義務の怠りを否定している。

幼少年の子供の遊戯参加者の行為態様について、本件ゴールに向けてサッカーボールを蹴る行為は、本判決によれば、「本件道路を通行する第三者との関係では危険性を有する行為」とされる一方、日頃の指導監督は、「ある程度一般的なものとならざるを得（ず）」、そのため、上記危険性は、その評価において、些少化され、不問（例えば、「道路に向けてボールを蹴ったなどの事情はうかがわれない」など）とされるのであろう。そのような子供の生活の多くの部分は遊戯で占められていることを考えると、本判決は、その両親の監督義務の判断枠組を、子供の遊戯に一定の配慮をしてこれを容認する方向で措定しているように思われる(19)。その意味において、妥当であろう。

（1）　横田秀雄『債権各論』（清水書店、一九一三年）八七二―八七三頁、菱谷精吾『不法行為論』（清水書店、一九〇八年）二九二―二九三頁、末弘厳太郎『債権各論』（有斐閣、一九一八年）一〇七五―一〇七八頁、鳩山秀夫『増訂日本債権法各論』（岩波書店、一九二五年）九〇六頁も同旨。

（2）　吉岡幹夫「責任能力のある未成年者の不法行為と監督義務者の不法行為責任」静岡大学法経短期大学部法経論集三五号（一九七五年）九九頁。

（3）　我妻栄・有泉亨・清水誠・田山輝明著『我妻・有泉コンメンタール民法　総則・物権・債権〔第三版〕』（日本評論社、二〇一三年）一三八一頁。

（4）　大阪地判大正五年一〇月二七日法律新聞一一九一号一八九四頁、大判明治三四年一二月二七日刑録七輯一三九―一四一頁。

（5）　最判昭和四九年三月二二日民集二八巻二号三四七頁。

（6）　平井宜雄『債権各論Ⅱ不法行為』（弘文堂、一九九二年）二一五―二一六頁。

（7）松坂佐一「責任無能力者を監督する者の責任」川島武宜代表編集『我妻榮先生還暦記念・損害賠償責任の研究（上）』（有斐閣、一九五七年）一六五頁、加藤一郎『不法行為〔増補版〕』（有斐閣、一九七四年）一六二頁、山本進一『注釈民法（19）』（有斐閣、一九六五年）二五八頁等。
（8）小野義美「親の監護教育義務と子の加害行為」有地亨編『現代家族法の諸問題』（弘文堂、一九九〇年）三一九―三三〇頁。
（9）森島昭夫「責任能力」法学教室二三号（一九八二年）四九頁。
（10）奥野久雄「責任能力ある未成年者の不法行為責任」森泉章ほか編『内山尚三・黒木三郎・石川利夫先生還暦記念・現代民法学の基本問題（中）』（第一法規出版、一九八三年）四三四頁。
（11）最判平成一八年二月二四日家月五八巻八号八八頁、判タ一二〇六号一七七頁、判時一九二七号六三頁。
（12）奥野久雄「未成年者が強盗傷人事件を犯した場合において親権者に同事件に結びつく監督義務違反があったとはいえないとされた事例」CHUKYO LAWYER 五号（二〇〇六年）六八頁等。
（13）本件に関して論じるものとして、菊地絵理「責任を弁護する能力のない未成年者の親権者の監督義務者としての責任――サッカーボール事件最高裁判決」法律のひろば六八巻七号（二〇一五年）五七頁。久保野恵美子「責任能力のない未成年者が他人に損害を加えた場合におけるその親権者の民法七一四条一項に基づく責任」法学教室四二〇号（二〇一五年）五二頁、久須本かおり「責任能力を欠く未成年者の不法行為と民法七一四条の監督者責任」法経論集（愛知大学）二〇四号（二〇一五年）一二九頁、吉村良一「「サッカーボールによる責任能力なき未成年者による加害と親権者の監督義務責任」私法判例リマークス五三号（二〇一六年）五一頁等。
（14）楠本安雄「遊戯・スポーツ中の事故と違法性」林良平・中務俊昌編『判例不法行為法』（有信堂、一九六六年）一四九頁。
（15）楠本前掲一四九頁。
（16）坂井芳雄「『鬼ごっこ』中の傷害行為に違法性がないとされた事例」最高裁判所判例解説（一九六二年）七二頁は「本件傷害事故は、何か偶発的な事故のような感じのする事案であ（る）」とされる。谷口知平「『鬼ごっこ』中の傷害行為に違法性がないとされた事例」民商法雑誌四七巻四号（一九六三年）六〇六頁は、「ここに責任を認めようとするのは全く衡平の観念に基くものである。」とされ、「監督義務者の責任」を衡平責任だとされる。楠本前掲一四九頁も同旨。
（17）東京高判平成八年四月三〇日判時一五九九号八二頁。
（18）幾代通『不法行為法』（有斐閣、一九九三年）一九二頁は、「監督義務者責任の無過失の立証は容易に認められないのが実際である。」とされる（補訂徳本伸一）。また、加藤前掲一六〇頁も同旨を説かれるが、「これは、親権者について広い監督義務を考えているからであるが、これをさらに進めて無過失責任を認めることは、必ずしも妥当でなく、また、その必要も少ないと思われる。」

とされる。

(19)　久保野前掲五六頁は、監督義務違反の判断基準についての評価に関して、「未成年者によって惹起される潜在的な危険の内容と蓋然性及び未成年者の活動の自由の過度の制限の回避を考慮しつつ、その外縁を画そうとするものとして、適切である」と述べている。なお、林誠司「監督者責任の再構成」私法六九号（二〇〇七年）一七六頁は、「一般的監督義務は、子の活動自由の保障という有責性原理の機能の故に、常に高度の義務となるわけではない。加害行為が子の行為としてありふれたものであるとき、子の活動の自由の過度の制限を回避すべく、監督義務に対する過度の要請も否定され（る）」、とつとに指摘している。

2　子供同士のキャッチボール中の死亡事故と親の不法行為責任

大阪地判昭和五五年七月一四日（昭和五三（ワ）六九五号損害賠償請求事件）判時九九九号八七頁・判夕四二六号一七八頁

責任能力のある未成年者の不法行為に対する監督義務者としての親の責任については、最高裁判所が、殺人に関する事案において「未成年者が責任能力を有する場合であっても監督義務者の義務違反と当該未成年者の不法行為によって生じた結果との間に相当因果関係を認めうるときは、監督義務者につき民法七〇九条に基づく不法行為が成立する」（最判昭和四九年三月二二日民集二八巻二号三四七頁）という見解（親の責任・肯定）を打ち出し、注目された。そして、この判例の見解が、どのような事案にまで適用されうるかは興味ある問題である。そこで、このような意味から、本判決は、子供同士のキャッチボール中の過失による死亡事故に関する事案で、右の最高裁判例の見解を支持する態度をとったものとして検討に値するものであろう。

一　事　実

本件仮設グランド（面積約三五〇〇平方m）は、その設置者たる被告Y_3の市営住宅建設用地であったのを、市立A小学校の体育授業用仮グランドとして使用されていたもので、それは金網フェンス及びトタン波板で周囲を囲まれ、三か所に立入禁止の立札が立てられていた。そして、本件仮設グランド内に、被告Y_1（当時中学三年生）とB（当時高校二年生）が入り込み投球練習を始め、Bが全力で投げた硬球がY_1の左約二m付近をそれて通過し、ちょうどソフトボールの試合を終え、自転車に乗って帰ろうとしたC（当時小学四年生）の後頭部を直撃し、左小脳挫傷等の傷害を負わせ、Cは二日後死亡した。そこで、Cの両親原告X_1X_2は、Y_1に対しては、民法七〇九条により、本件グランド内で小学生らに危険な行為をしないよう注意すべき義務を怠ったこと等を理由に、また、Y_1の父親被告Y_2に対しては、七〇九条により、監督義務者としての注意義務懈怠及びそれと本件事故発生との間に相当因果関係があることを理由に、さらに、Y_3に対しては、国賠法二条により、本件グランドの設置・管理に瑕疵があったことを理由に、逸失利益、慰籍料等一〇五九万円余の損害賠償を請求した。これに対して、Y_1は、Cに当たった硬球がY_1の左側約二mをかなりの球速で通過したからこれを捕球することは不可能であったことを、またY_2は、常日頃からY_1に対し危険な遊びをしないよう注意を与えてきたことを理由に、ともに過失がない旨を主張し、そしてY_3は、本件グランドの設置・管理の瑕疵不存在を主張し、それぞれX_1X_2の損害賠償請求を争った。

二　判　旨

一部認容、一部棄却。

1　裁判所は、まず、被告Y_1の民法七〇九条に基づく賠償責任を認めた。「Y_1は、Bが速い球を投げるうえに制球力を欠くときには暴投すること、Y_1の後方には小学生らの自転車が置かれており、本件事故当時小学生らが試合を終えて帰ろうとしていることを知っていたのであるから、もしBとの投球練習を続ければ、過って暴投となった硬球がY_1の後方にいる小学生に当たる可能性のあることを充分予見することができたというべきであり、しかも、既に一四歳で中学三年生であったから、人に硬球が当たったときの危険性について認識する能力を有していた……したがって、……直ちに投球練習を中止するか、……少なくとも後方に小学生がいないことを確認して続行するなど事故を防止すべき義務があった……ところが、……漫然とBとの投球練習を続け、そのため、本件事故が発生したのであるから、Y_1の右投球練習の続行は、本件事故発生と相当因果関係のある違法・有過失な行為と認めることができる。」

2　次に、父親Y_2の民法七〇九条に基づく賠償責任を認めた。Y_2としては、「Y_1の日常の行動を適確に把握し、Y_1が野球を好み友人と野球をして遊ぶためよく外出し、Y_1が当時一四歳で軽卒な行動にでるおそれが当然予想されるのであるから、周囲の状況をよく見きわめたうえ危険性のない方法、ボールを使用して野球をするように十分な注意を与えるとともに、特にY_1らとは体力・敏捷性・注意力において格段の差のある小学生がいる付近では格別気を配って野球をするよう指導して監督すべき義務があるというべきである。ところが……Y_2はY_1に対し野球をするなら人のいない所でやるよう指導していたことは認められるものの、それ以上真摯な指導・監督が行われたとは到底認められない。そうすると、Y_2にはY_1に対する監督上の義務違背があり、これと本件事故発生との間には相当因果関係があると認められるから、Y_2は原告らに対し、C死亡に伴う損害を賠償すべき責任があるといわなければならない。」

3　しかし、Y_3の国賠法二条の責任については、本件仮設グランドの設置または管理に瑕疵があったものとは認められないとして、これを否定した。国賠法二条一項の規定の趣旨は、「公の営造物そのものに固有の危険が内包し、営造物が通常有すべき安全性を欠いたためその危険の発現により生じた事故によって他人に損害を与えた場合、国又は公共団体が賠償責任を負うという一種の危険責任を定めたものと解するのが相当である。」そして、本件グランドには、本件事故発生と因果関係のある危険はないこと、立入禁止の立札、金網フェンス・トタン板の囲いの存在、施錠、教職員らによる充分な管理・監督の事実が認められることから、Y_3の責任を否定した。さらに、「同グランドの管理担当者が、立入禁止の立札を無視し、金網フェンスや出入口の錠を破壊し、あるいは、破損された状態を利用して同グランド内に侵入する者について、その間に発生する本件のような事故の発生を防止する監督責任を負うと解すべき根拠はない。」

【参照条文】民法七〇九条、七一四条、国賠法二条一項

本判決は、責任能力のある未成年者の不法行為に対する監督義務者としての親の責任を民法七〇九条に依って認めようとする判例・通説の見解を支持したものであり、学説上とくに問題にされている因果関係の認定につき判示したものとして意義がある。

三　研　究

１　民法七一二条は、未成年者が他人に損害を与えた場合に、「其行為ノ責任ヲ弁識スルニ足ルヘキ知能」（責任能力）を具えないときは、賠償責任を負わないと規定しているが、他方、民法七一四条は、「（民法七一二条）ノ規定ニ依リ無能力者ニ責任ナキ場合ニ於テ」監督義務者はその無能力者が第三者に加えた損害を賠償する責任を負うと定めており、但書において「監督義務者カ其義務を怠ラサリシトキハ」免責されると規定している。したがって、この七一四条責任は、補充責任にほかならない。この点、比較法的に見ても、フランス法やドイツ法においては、親の責任につき、未成年者が責任を負わないことを要件としていない結果、親と未成年者が広く併存的に責任を負担する場合のあることが認められる。一方、旧民法においても、時に、併存的に責任の生ずることが認められていた（奥野久雄「未成年者の加害行為と両親の責任――フランス法（一）」関法二七巻四号（一九七七年）一二二頁）。そこで、現行民法の解釈論としても、未成年者が不法行為時に責任能力を有していた場合に、監督義務者は未成年者と並んで賠償責任を負うかということが問題となってくる。

ところで、学説は、この問題について、監督義務者の責任を否定する補充責任説、監督義務者の責任を肯定する、家団説、七〇九条説の立場に分かれている。そして、学説は、当初、補充責任説の立場を採用していたが（岡村玄治『債権法各論』（巌松堂書店、一九〇七年）七〇八―七〇九頁、横田秀雄『債権各論』（清水書店、一九一三年）八七二―

八七三頁、菱谷精吾『不法行為論』（清水書店、一九〇八年）二九二―二九三頁、末弘厳太郎『債権各論』（有斐閣、一九一八年）一〇七五―一〇七六頁、鳩山秀夫『増訂日本債権法各論（下）』（岩波書店、一九二五年）九〇六頁）、しかし、最近になって、むしろ七〇九条説の立場を支持する学説が通説的地位を占めるに至っている（松坂佐一「責任無能力者を監督する者の責任」川島武宜代表編集『我妻榮先生還暦記念・損害賠償責任の研究（上）』（有斐閣、一九五七年）一六五頁、加藤一郎『不法行為』（有斐閣、一九五六年）一六二頁、山本進一『注釈民法（19）』（有斐閣、一九六五年）二五八頁、山口純夫「未成年者の不法行為と親の責任」法時四五巻五号（一九七三年）一九六頁、広中俊雄『債権各論講義〔第四版〕』（有斐閣、一九七二年）五五―四五六頁、幾代通『不法行為』（筑摩書房、一九七七年）一八一貝、前田達明『民法Ⅵ$_2$（不法行為法）』（青林書院、一九八〇年）一三九頁）。

まず、補充責任説の立場によれば、例えば、「被監督者カ現ニ意思能力ヲ具ヘ不法行為ノ責任ヲ負フヘキ場合ニ於テハ被監督者ハ不法行為ニ関シテハ能力者ト同一ノ地位ニ在ルモノナレハ少クモ不法行為ヲ防止スルカ為メノ監督ハ其必要ナキモノト云フヘク此監督ハ被監督者ニ責任能力ヲ缺ク場合ニ於テ其必要ヲ感スルモノナレハ民法ハ被監督者ニ責任能力アル場合ハ一般ノ原則ニ従ヒ之ヲシテ賠償ノ義務ヲ負ハシメ監督者ニハ怠慢ノ責ナキモノトシ之ヲシテ賠償ノ義務ヲ負ハシメサルモノナリ」とする見解である（横田前掲八七二―八七三頁）。この見解は、未成年者といえども責任能力を有する以上、近代法の基礎原理たる自己責任の原則が貫徹されるべきであり、監督義務者が未成年者の不法行為に対して責任を負う必然性はないという考え方に立脚したものであるといえよう（吉岡幹夫「最判昭和四九・三・二二研究」静岡大法経短期大学部法経論集三五号（一九七五年）一〇四頁）。

しかし、家団説の立場によれば、家団が現に社会に存在する以上、これに関連して他人に加えたる損害を賠償する責任を負担すべきはむしろ当然であり、家団に人格なきの故をもってその責任を否定すべき理由はなく、家団構成員の行為については、家団の行為として家団自らの責任を生ずるものとする見解である（末弘厳太郎「私注関係の当事者としての家団」同『民法雑考』（日本評論社、一九三二年）七〇―八四頁、戒能通孝『債権各論下巻』（巖松堂書店、一九四三年）四九五頁も、家団構成員の第三者に対する加害行為は、家長自身の行為に準ぜられるべきものであるとする）。この見解は、民法七一四条の規定とは別個に、いわゆる団体法の見地から被害者の保護をはかろうとした点に特色を有している（吉岡前掲一〇五頁）。

次に、七〇九条説の立場は、とりわけ補充責任説を批判する形で主張された見解である。この見解は、責任能力のある未成年者の監督義務者について七一四条の適用がない場合にも、監督義務者は、七一四条の反対解釈の結果として、全く責任を免れるのではなく、監督上の不注意と損害の発生との間に因果関係があるならば、一般の不法行為の原則に基づいて、損害賠償責任を負うと解すべきだとする見解である（加藤前掲一六二頁）。この見解は、七一四条の反対解釈としては、挙証責任の転換が認められなくなるだけであるとするもので、もとより可能かつ巧妙な解釈論だとされている（川井健「責任能力」柚木馨ほか編『判例演習債権法2〔増補版〕』（有斐閣、一九七三年）二二六頁）。そして、それは未成年者の責任能力の有無を要件とせず、未成年者と監督義務者、双方の責任の併存を導くことによって、損害分担の公平な配分あるいは被害者の保護という法政策上の要請に応じようとした考え方であるといえよう。

2　判例も、古くは、「未成年者が不法行為を加えたる当時其責任を弁識する能力を有したるときは自ら其責に任すべきものなるを以て親権者に賠償の義務なし」と説示し（大阪地判大正五年一〇月二七日新聞一一九一号一八九四頁、事案は、自転車で進行中五歳の少女に衝突し、左大腿骨挫折の傷害を負わせたというもの、同旨、東京地判明治三九年一一月一二日新聞三九五号一四八頁、事案は、満一六歳以上の未成年者が惹起した殴打創傷事件に関するもの）、いわゆる補充責任説の立場を支持していたが、その後、未成年者の責任能力の有無の判断に柔軟性をもたせることにより、七一四条の監督義務者の賠償責任を認める傾向にあった（後述の**4**（一）参照）。もっとも、一三歳四か月の未成年者について責任能力が肯定され、監督義務者の賠償責任が否定されたケースも存在した（名古屋地判昭和三八年八月九日判時三四五号四八頁、事案は、拾得キーを用いた無断・無免許運転による交通事故に関するもの）。

そして、近時の最高裁判例は、未成年者の責任能力の有無を要件とすることなく未成年者と監督義務者との責任の併存を導く、通説の立場を採用するに至っている。すなわち、事案は、一五歳の中学三年生Aが新聞配達をしていた遊び友達Bを小遣銭欲しさに殺害し、Bの所持していた集金の一部を強奪し、逃走したというものであり、最判昭和四九年三月二二日（民集二八巻二号三四七頁）は、「未成年者が責任能力を有する場合であっても監督義務者の義務違反と当該未成年者の不法行為によって生じた結果との間に相当因果関係を認めうるときは、監督義務者につき民法七〇九条に基づく不法行為が成立する」と判示している。

もちろん、既に、下級審段階において、通説の立場を全面的に支持する判例が現れていた。例えば、①大阪地判昭和四二年五月一五日（判タ二〇五号一七五頁、事案は、一八歳の高校三年生Aが原付自転車を運転していてBに衝突し、頭部外傷・左耳聴力喪失等の傷害を負わせたというもの）。②岡山地笠岡支判昭和四四年八月二五日（判タ二四一号一三八頁、事案は、一八歳の少年Aが母親Bを荷台に乗せて原付自転車で通行人をはねて左側頭部頭蓋骨折等全治五〇日間の安静加療を要する傷害を負わせたというもの）、③宇都宮地判昭和四五年三月三日（判時六一二号七三頁、事案は、下校途中一三歳四か月の中学一年生Aが遊んでいて投げた牛乳ビンの破片で近くにいた少女が左眼を負傷し、その視力が著しく低下したというもの）がある。

しかも、最近、この最高裁判例の見解を支持するものとして、本件のほかに次のような下級審判例が現れ始めている。すなわち、④東京地判昭和五二年三月二四日（判時八六八号五七頁、事案は、幼少のころから伯父に引き取られ養育監護をうけていた一八歳の少年Aが惹起した自動車による死亡事故に関するもの）、⑤金沢地輪島支判昭和五三年三月二三日（判時九〇七号九四頁、事案は、一七歳の少年Aが飲酒酩酊したうえBを殴って死亡させたというもの）、⑥大阪地判昭和五四年四月二六日（判時九四六号八六頁、事案は、一七歳の少年Aと一八歳の女子Bとが一緒にAの祖父Cのもとへ魚釣りに出掛けたとき、Aの操縦する伝馬船からBが転落死したというもの）、⑦東京地判昭和五六年七月二六日（判タ四四四号七一頁、事案は、中学生の番長グループAらが通行人に対して殴る蹴るの暴行を加えて顔面等に六週間余りの安静治療を要する傷害を負わせたというもの）等であり、①～⑦いずれも監督義務者の責任を肯定している。

3　次に、右の学説・判例を検討することにしよう。学説は、補充責任説の立場から家団説の立場を経て七〇九条説の採用へ、そして判例も補充責任説の立場から、責任能力の有無を柔軟に判断して監督義務者に七一四条責任を認めるという立場を経て、七〇九条説の採用へと移行してきたといえる。

ところで、家団説の立場に対しては、それが七一四条と別個に家団ないし家長の責任を認めた点は解釈論として困難であること、またそれによれば成年者の不法行為についてまで家族共同体の長の絶対責任を認めなければならず不合理であることなどの批判が寄せられている（松坂前掲一六五頁、加藤前掲一六〇頁、谷口知平＝植林弘『損害賠償法概説』（有斐閣、一九六四年）一四四頁〔植林執筆〕）。

また、一方、補充責任説の立場に対しては、それ自身不都合な点が少なくないということがつとに指摘されている。第一に、責任能力の有無が必ずしも明白ではない場合に、被害者としては、未成年者本人と監督義務者のいずれを相手に賠償を請求すべきかに迷うことになり（鳩山前掲九〇六頁、山本前掲二五七頁）、監督義務者を相手にして責任能力が肯定されれば敗訴し、反対に未成年者本人を相手にして責任能力が否定されればこれまた敗訴を免れないからである。第二に、自己固有の財産をもたない場合の多い未成年者に対する賠償請求は実効性を欠くおそれがあるだけに、被害者としては、実際上監督義務者を相手に賠償を請求することになるが、その際、責任能力は一般人に通常具っているものであることから、未成年者本人に責任能力がないことの立証責任を当然に負うことになるからである（鳩山前掲八九六頁）。これは、被害者にとってははなはだ不利益である（我妻栄『事務管理・不当利得・不法行為』（日本評論社、一九三七年）一五八頁、山本前掲二五七頁、山口前掲一八七頁）。第三に、責任能力のある未成年者が不法行為をおかした場合において、監督義務者は、その監督義務に違反していたとしても、なんら責任を負わないことになるからである（川井健＝飯塚和之「責任能力のある未成年者の不法行為と監督義務者の不法行為責任」判例評論一八八号（一九七四年）一四八頁）。

そこで、七一四条責任の補充性に帰因するこれらの不都合を解決するために、立法論上併存責任の採用が提唱される（鳩山前掲九〇六頁、我妻前掲一五八頁）とともに、解釈論上も、未成年者の責任能力の有無を問題とすることなく、監督義務者の責任を民法七〇九条で認めてゆこうとする見解が抬頭し、これが今日の通説・判例になっているわけである。

もっとも、この通説・判例の立場に立って監督義務者の責任を民法七〇九条で把握した場合、監督義務者の過失と損害発生との間に因果関係が要件とされるが、この場合、右因果関係を肯定しうるかということが問題である。そこで、この問題に対する学説・判例の処理の仕方を眺めてみよう。

（一）　学説：まず、加藤前掲一六三頁は、責任能力のある未成年者や精神薄弱者の行為については、監督義務者の不注意と損害の発生との間に因果関係が認められることを前提とするという形で、一般不法行為の成立をゆるめる操作をおこなっている。また、松坂前掲一六五頁も、監督義務者と「無能力者との法律関係および監督義務の範囲の広狭から客観的に過失が認められる場合が多いであろう」（傍点：奥野）と解している。次に、山本進一・判例評論一五〇号（一九七一年）二六頁は、「監督をせずに放任しておけば当該加害行為が発生するとの蓋然性が一般的にも強い場合であったこと」を因果関係の判断基準の一つに加えることを主張している（吉岡前掲一〇九頁にもほぼ同旨の主張が見られる）。その基準はかなり厳格なものであるといえる。これによれば、本件についておそらく因果関係の存在は否定されることになるであろう。もっとも、これらの見解に対して、前田達明・別冊ジュリスト七八号（民法判例百選Ⅱ）（一九八二年）一六九頁は、相当因果関係という不明確な概念では、損害発生について間接的な過失を前提とするとき、責任限定が十分におこなわれえない、という批判を加えており、そして次のように述べている。すなわち、過失の前提たる行為義務がどの範囲の人のどのような権利を保護しようとしているかという検討をおこない、その範囲の権利侵害について賠償を認めるという立場に立てば、最判昭和四九年三月二二日の場合、他人の生命身体に危害を加えることなきよう日頃養育することも監督義務の内容であると考えれば、相当因果関係を肯定するのにそれほど困難はない、と。

（二）　判例：まず①は、注意力を著しく欠いた未成年者に原付自転車の運転を放任した点に、②は、免許取得後日が浅く、運動経験の少ない未成年者に慎重運転、減速、除行など適切かつ具体的指示をすべき義務を怠った点に、③は、未成年者が過去二、三回ビンを投げて割るという危険な遊びをしていたのにこれに気付かず放置したこと、また危険な遊びをしないようにとの一般的な生活指導を怠った点に、前掲最高裁の支持する原審判決は、（イ）未成年者が親の養育監護をうけてその影響下にあったこと、（ロ）未成年者の非行性の増大について適切な教化・指導を怠ったこと、（ハ）無理とはいえない物質的欲望をかなえてやらなかった点に、④は、（イ）伯父が未成年者の窃盗につき家庭裁判所より監督上の注意を受けていたこと、（ロ）免許停止の処分をうけているのを知って自動車を買い与え飲酒・喫煙・外泊など放任し甘やかしていたこと、（ハ）窃取した本件自動車を伯父名義で借用していた駐車場に駐車させていた点に、⑤は、中学校在学時から非行化し、とくに飲酒時粗暴な挙動に出る傾向が顕著に見られた未成年者を放任していた点に、⑥は、操縦技量の習熟していない未成年者AをB女とともに本件小船に乗せたまま放置し、本件事故現場を去った点に、⑦は、一般的な生活指導を怠り、未成年者が中学三年生のころから飲酒・喧嘩をして相手に傷害を負わさせていたのを放置していた点に、それぞれ監督義務懈怠及びそれと損害発生との間に相当因果関係がある旨を説示している。本判決でも、小学生が付近に居る中で硬球を使用してキャッチボールをするという軽率かつ危険な未成年者の行為を放置し、右未成年者の日常の行動を適確に把握することを怠った点に、監督義務懈怠及びそれと本件事故発生との間に相当因果関係ありと判示し、親の責任を認容している。

要するに、判例は、当該未成年者の不法行為に対して監督義務者がどのように関与したかという個別的・具体的な判断を示しておらず、一般的・日常的な監督義務者の未成年者に対する態度をもって相当因果関係の有無を判定している。けだし、せっかく七〇九条を使っても、そこでの因果関係の認定をあまり厳格にしたのでは監督義務者の責任を肯定できる場が限定されてしまい、結果的に、損害分担の公平な配分あるいは被害者の保護という通説の所期の目的を達しえなくなると考えられたからであろう（石黒一憲「最判昭和四九・三・二二評釈」法学協会雑誌九二巻一〇号（一九七五年）一四一九頁、岩垂肇「責任能力ある未成年者の不法行為と親の不法行為責任――最高裁判例に関連して」吉川大二郎＝谷口知平＝山木戸克己編『末川博先生追悼論集・法と権利1』（有斐閣、一九七八年）三四四―三四六頁、寺田正春「監督義務者の責任について」法律時報四八巻一二号（一九七六年）六八頁）。

もっとも、七一四条責任の補充性に帰因する不都合を七〇九条で解消しようとする実際上の必要性を考えれば、監督義務者の責任を右のように容易に認める学説・判例の方向は一応理解することができるであろうが、やはり論理的には、監督義務者の一般的・日常的な監督義務の懈怠があることから、直ちにそれが未成年者の不法行為を生じさせるとは考えられないであろう（森島昭夫「責任能力」法学教室二二号（一九八二年）四九頁）。したがって、このような意味から、以上の最判昭和四九年三月二二日、①～⑦及び本件においては、監督義務者の監督義務懈怠と未成年者の不法行為との間に因果関係ありと認めるべきかは疑問であるといえるであろう。そこで、判例は、未成年者本人に責任能力がある場合でも、実質的に見れば、未成年者の危険な行為を放置し、あるいは非行歴のある未成年者の家庭外での行状を放任するなど監督義務の懈怠が著しく、かつ、ことが死亡事故または死亡事故に至らないまでも失明・聴力喪失等の重度の後遺障害を残す傷害事故の如く結果が重大なものである場合に、監督義務者もまた賠償責任を負わされることもありうる旨を説示したものであると解することができないであろうか（同旨、鈴木禄弥『債権法講義〔四訂版〕』（創文社、二〇〇一年）四三頁）。

4　最後に、本件に関して残された問題について若干の検討を加えておきたい。

（一）　まず本判決が、加害未成年者Y_1につき責任能力を肯定している点について述べることにしよう。

通説によれば、過失責任の原則をとる以上、故意・過失が不法行為の要件となるが、過失とは、ある行為の結果を予見できたにもかかわらず、結果の発生を回避しなかったというものであるから、過失責任を追及する論理的前提として、行為者に行為の結果を予見しうるだけの最低限一定の判断能力が要求される（四宮和夫『事務管理・不当利得・不法行為（判例コンメンタール）』（日本評論社、一九六三年）一一一頁、加藤前掲一四〇頁、幾代前掲四九頁）。この判断能力のことを責任能力という。既に見たように、民法は、未成年者が他人に損害を与えた場合に、かような判断能力を具えないときは、その加害行為につき賠償責任を負わないと規定しており（七一二条）、他方、未成年者が責任無能力ゆえに賠償責任を負わない場合には、監督義務者が一定の要件の下に責任を負う旨を定めている（七一四条）。本判決は、右未成年者の責任能力について、一つの具体例を提供したものである点に特色を有している。

ところで、民法は、この責任能力の水準を「行為ノ責任ヲ弁識スルニ足ルヘキ知能」と規定したのであるが、その知能とは、いかなる内容のものをいうのであろうか。この点、判例は、古くは、遊戯中に銃で他人の眼を失明させたという事案につき、監督義務者の七一四条責任を肯定する前提として一二歳二か月の加害少年の責任能力を否認するにあたって「道徳上ノ不正有為タルコトヲ弁識スル知能ノ意ニアラス。加害行為ノ法律上ノ責任ヲ弁識スルニ足ルベキ知能ヲ指スモノト解スルヲ相当トス」（大判大正六年四月三〇日民録二三輯七一五頁）と判示している。また、学説も、その行為の結果何らかの法的な責任を生ずることを認識しうる知能を意味すると解して、この判例を支持している（我妻前掲一一九頁、加藤前掲一四二頁）。

さらに、同じく監督義務者に対して七一四条責任を追及したケースについて、大審院では、一二歳七か月・（大判大正一〇年二月三日民録二七輯一九三頁、事案は空気銃で他人を負傷させたというもの）、一一歳七か月（大判昭和一六年九月四日新聞四七二八号七頁、事案は戦争遊戯により他人の眼を負傷させたというもの）、また、近時の下級審では、一二歳一一か月（大阪地判昭和三〇年二月八日下民集六巻二号二四〇頁、事案は、キャッチボール中に他人を失明させたというもの）、一四歳一一か月（東京地判昭和三七年一一月二日判時三二四号二六頁、事案は、自転車で他人を負傷させたというもの）の未成年者につき責任能力を否定している。もっとも、本件は、キャッチボール中の死亡事故につき未成年者本人の責任が追及されたケースであるが、一四歳の加害少年について責任能力を認めている。

したがって、判例は、責任能力の水準をある程度高い年齢層、すなわち、通常、概ね一二歳前後におくという姿勢をとってきたものといえる。もちろん、その背後には、できるだけ未成年者の責任能力の水準を引き上げて、賠償能力のある監督義務者に七一四条責任を認めてゆこうとするポリシーが働いたことが指摘されているが（加藤前掲一四五頁、幾代前掲五一頁）、この点は、既に見たように、学説・判例の変更によって、加害未成年者が責任能力を有する場合でも、監督義務者の責任を追及することが可能となってきたため、あまり考慮に入れる必要がなくなってきているものと考えられる（加藤一郎「過失判断の基準としての『通常人』――アメリカ法における『合理人』をめぐって」星野英一（代表）編『我妻榮先生追悼論集・私法学の新たな展開』（有斐閣、一九七五年）四四一―四四二頁）。

（二）　次に、原告$X_1$$X_2$が被告大阪市$Y_3$に対し国賠法二条に基づいて損害賠償をしたことについても付言しておこう。本判決では、本件仮設グランドは、もともとY_3の市営住宅建設用地であったのを、市立A小学校が体育授業用仮グランドとして使用していたものであり、国賠法二条にいう「公の営造物」にあたるとすることに異論はない。そして、この判決は、同法二条の規定の趣旨について、これは一種の危険責任を定めたものであり、営造物そのものに固有の危険が内包し、営造物が通常有すべき安全性を欠いていたために、その危険の発現により生じた事故について国または公共団体が賠償責任を負う旨を説示している。これは、これまでの判例・通説の一般的な見解に従ったものである（最判昭和四五年八月二〇日民集二四巻九号一二六八頁、事案は、国道への落石事故に関するもの）。ただ、本件では、立入禁止の立札を無視し、金網フェンスや出入口の錠を破壊し、あるいは破損された状態を利用して本件グランド内に侵入する者について、教職員に本件のような事故の発生を防止する監督責任がないとした点は留意しておくべきであろう。本件のようないわゆる無断侵入者の惹起した事故について教職員の監督責任が問われるならば、学校施設・設備の不備を教職員の責任において補完することになりかねないと考えられるからである（ちなみに、プールにおける事故について、橋本恭宏「学校プールの設置管理と安全配慮義務」季刊教育法四三号（一九八二年）一〇九頁参照）。

なお、本件の控訴審において、$X_1$$X_2$は、$Y_3$市を相手にして、国賠法一条に基づきA小学校の教職員の児童に対する安全確保義務違反を主張したが、その主張は退けられている（大阪高判昭和五六年四月八日判時一〇二七号七二頁参照）。

3　未成年者が強盗傷人事件をおかした場合において親権者に同事件に結びつく監督義務違反があったとはいえないとされた事例

損害賠償請求事件、最判平一七（受）第八八二号平成一八年二月二四日第二小法廷、上告棄却、札幌高判平一六（ネ）第二五三号、平成一七年一月二八日、札幌地判平一四（ワ）第一二七一号、平一六年五月一三日、集民二一九号登載予定、判時一九二七号六三頁、判タ一二〇六号一七七頁

一　事　実

本件は、少年院を仮退院して保護観察に付されていたA、B、Cが集団で上告人（原告・控訴人）Xに暴行した。まず、Aは被上告人（被告・被控訴人）Y_1及び同Y_2の長男として昭和五六年一二月に出生したが、平成八年には深夜徘徊で補導されるようになった。その後、Aは、中学校卒業後、塗装工の職に就いたが、三か月ほどで退職し、平成九年には暴行やシンナー吸引等の非行事実により保護観察に付され、保護司の紹介でとび職に就いたが、一か月ほどで退職し、平成一〇年二月（一六歳二か月）には恐喝の非行事実により医療少年院送致の処分を受けてK医療少年院に収容され、次いでH少年院に収容され、平成一一年一〇月（一七歳一〇か月）には被上告人Y_1に対する傷害等の非行事実により特別少年院送致の処分を受けてO少年院に収容された。Aは、平成一三年四月（一九歳四か月）、O少年院を仮退院して保護観察に付され、一般遵守事項に加え、特別遵守事項が定められていた。Aは、被上告人Y_1宅に戻って、とび職、次いで飲食店勤務の職に就いたが、とび職の仕事振りは、無遅刻、無欠勤でまじめなものであり、家族との関係も良好であった。しかし、Aは、同年六月、被上告人Y_1ら（同Y_2を併せていう。以下、同じ）の了解を得ることなく、上京して新宿のクラブに就職した。被上告人Y_1らは、電話で再三にわたり、札幌市の被上

告人Y_1宅に戻るよう説得したが、Aは応じなかった。やがて、O少年院等でAと顔見知りとなっていたBも、Aの誘いを受け上京して同人と同じクラブに就職した。Aは、同年八月一六日、新宿のクラブを退職して、札幌市の被上告人Y_1宅に戻ったが、被上告人Y_1らは出勤しており、鍵を持っていなかったので、被上告人Y_1宅に入ることができなかった。そこで、Aは、北海道N郡a町の被上告人Y_2の実家に宿泊した後に、同月一九日以降は、Bが戻っていた釧路市の被上告人Y_3宅に寝泊まりして、Bと遊び歩くようになったが、犯罪に結びつくような特段の問題行動は見られなかった。

次に、Bは、被上告人（被告・被控訴人）Y_3及びY_4（被上告人Y_3らという。以下、同じ）の三男として昭和五七年四月に出生したが、平成四年には深夜徘徊で補導されるようになった。その後、Bは平成八年には中学校の教師に対する傷害等の非行事実により教護院送致の処分を受け、平成一〇年一月（一五歳九か月）には窃盗等の非行事実により初等少年院送致の処分を受け、中学校卒業後、鉄筋工の職に就いたが、平成一一年六月（一七歳一〇か月）にも窃盗、道路交通法違反等の非行事実により中等少年院送致の処分を受けてO少年院に収容された。Bは、平成一三年五月（一九歳一か月）、O少年院を仮退院して保護観察に付され、一般遵守事項に加え、Aと同様の特別遵守事項が定められた。Bは、被上告人Y_3宅に戻り、被上告人Y_3の勧めで、同年七月ころ、普通、大型特殊及びけん引の各自動車運転免許を取得した。

しかし、Bは、上記の各免許を活用できる職には就かず、同年八月一日、O少年院等で知り合ったAの誘いを受け、被上告人Y_3らに相談することなく、上京して新宿のクラブに就職した。Bから上京や就職の報告を受けた被上告人Y_3は、まじめに働くなら仕方がないと思い戻って来るよう説得をしなかったが、保護司に連絡するよう指示したところ、同人はこれに応じた。なお、Bは、上京するまでは、決められた日に保護司の下に出頭していた。

Bは、二週間ほどで新宿のクラブを退職し、長野県に住んでいる兄が、同人を迎えに行き、同月一九日、釧路市の被上告人Y_3宅に戻らせた。そこに前記のとおりAが遊びに来て、同日以降被上告人Y_3宅に寝泊まりするようになった。

さらに、Cは、Dと被上告人（被告・被控訴人）Y_5の長男として昭和五七年一月に出生したが、同被上告人Y_3がDと離婚してEと再婚したことから、同人の養子となった。しかし、CとEの関係は円満ではなく、Eが勉強を強制したり、体罰を加えたり、友人宅へ遊びに行くことも許さなかったことから、Cは、窓から外出して深夜徘徊するようになった。その後、Cは、平成六年には深夜徘徊で補導されるようになり、平成七年には占有離脱物横領、窃盗の非行事実により児童相談所に通告され、中学校卒業後、塗装工、サイディング工の職に就いたが、平成九年には窃盗、同未遂の非行事実により家庭裁判所に送致されて審判を受け保護処分に付さない旨の決定を受け、平成一二年には詐欺未遂の非行事実により保護観察に付され、同年一一月（一八歳一〇か月）には強盗致傷の非行事実により中等少年院送致の処分を受けてT少年院に収容された。Cは、平成一三年四月（一九歳三か月）、T少年院から仮退院して保護観察に付され、一般遵守事項に加え、Aと同様に特別遵守事項が定められた。Cは、いったん被上告人Y_5宅に戻ったが、Eが正座させて長時間説教したりすることを嫌い同年五月ころ、保護司の紹介で、ホテルの住み込みの配ぜん係の職に就いた。Cは、同年六月にはホテルを退職したが、Eとの同居を嫌って、被上告人Y_5宅には戻らず、交際していたFとその父親の家で同居し、Fの父親の漁業を手伝うようになった。そして、同年五月ころには、構成員ではないものの、暴力団事務所に出入りするようになっていたが、被上告人Y_5は、このことを知らなかった。

ところで、CとFは、平成一三年八月二二日、テレホンクラブを利用して呼び出した男性から金品を強取することを企て、中学校の一年後輩であるBに共同して実行することをもちかけたところ、同人は、これを承諾し、Aも誘った。そして、Aらは、共謀の上、同日午後一一時ころ、金品を強取する目的で、Fに、上告人Xを釧路市の海岸付近に誘い出させ、上告人Xに対し、こん棒のようなもので殴打する暴行を働き（以下、本件事件という）、約一二万七〇〇〇円を強取した。上告人Xは、本件事件によって、脳ざ傷、急性硬膜外血しゅ等の傷害を受け、入院を余儀なくされ、右手指機能障害の後遺障害を負った。

そこで、本件強盗傷害事件の被害者であるXが、Aらの親権者Y_1～Y_5には、未成年者らに保護観察の遵守事項を守らせ、また、守らせることができない場合には、未成年者らを少年院に再入院させるための手続等をとるべき監督義務があったのに、これらを怠って未成年者らを放任したものであると主張して、Y_1～Y_5に対し、不法行為に基づく損害賠償を請求するものである。

原審は、未成年者らがいずれも少年院を仮退院中で、保護観察の遵守事項の遵守状況は良くなかったものの、Yらにおいて、未成年者らの保護者としての対応を一応はしていたし、強盗傷人事件の発生を具体的に差し迫ったものとして予測させるような特段の事情に接していなかったものであるから、Yらが未成年者らを少年院に再入院させるために手続等をとるべきであったとはいえないなどとして、Xの請求を棄却した。Xは上告した。

二　判　旨

上告棄却。

「Aらは、いずれも一九歳を超えてから少年院を仮退院し、以降本件事件に至るまで特段の非行事実は見られず、AとBは、本件事件の約一週間前まで新宿のクラブで働き、本件事件当時は被上告人Y_3宅に居住していたというのであり、Cは、本件事件当時、Fの父親の家に居住し、漁業の手伝いをしていたというのであるから、被上告人らにおいて、本件事件当時、Aらが本件事件のような犯罪を犯すことを予期し得る事情があったということはできない（Cが暴力団事務所に出入りするようになっていたことを被上告人Y_5が知らなかったことは前記のとおりである。）し、Aらの生活状態自体が直ちに再入院手続を執るべき状態にあったということもできない。

以上によれば、本件事件当時、被上告人らに本件事件に結びつく監督義務違反があったとはいえず、本件事件によって上告人が被った損害について、被上告人らに民法七〇九条に基づく損害賠償責任を認めることはできない。」

三　研　究

1　本判決は、責任能力のある未成年者が犯した強盗目的の暴行傷害事件において、親権者に本件事件に結びつく監督義務違反があったとはいえないとし、民法七〇九条の適用を否定したものである。これに対して、本判決の理由において引用されている最判昭和四九年三月二二日（民集二八巻二号三四七頁、以下では、昭和四九年最高裁判決という）は、責任能力のある未成年者がおかした強盗目的の殺人事件において、民法七〇九条を適用し、親権者に監督義務者としての責任を認めたものである。そして、後者の判決によって確立された準則は、多くの学説の支持を得て現在に至っている。したがって、本判決は、この判決とどのような関係に立つのかという問題が検討されなくてはならない。そこで、本節では、こうした問題の検討を踏まえ、本判決の意義についても少し考えてみようと思う。

2　わが民法は、七一四条において、未成年者が責任無能力のゆえに賠償責任を負わない場合（七一二条）には、監督義務者は、その責任無能力者が第三者に加えた損害を賠償する責任を負う。ただし、監督義務者がその義務を怠らなかったとき、又は、その義務を怠らなくても損害が生ずべきであったときは、この限りでない、と規定する。これによれば、未成年者が加害行為時に責任能力を有していた場合に未成年者自身が賠償責任を負うが、その際に、監督義務者としての親の責任は、どうなるのかということが議論されることになる。そこで学説・判例上におけるその議論の状況を簡潔に見ておこう。

当初は、学説も判例も問題を補充責任の枠内で考えてきたのであった(1)。すなわち、未成年者に責任能力があり、問題の不法行為について未成年者自らが責任を負う場合においては、未成年者は一般原則（七〇九条）によって賠償責任を負い、一方、監督義務者は、監督怠慢の責任を問われることがなく、したがって、賠償責任を課されないのである。

しかし、このような考え方に対しては、次のような不都合が指摘されたのである(2)。すなわち、未成年者の責任能力の有無が必ずしも明白でない場合に、被害者としては、監督義務者を相手にしてその責任能力が肯定されれば敗訴し、反対に未成年者を相手にしてその責任能力が否定されれば敗訴を免れないこと等がこれである。

そこで、民法七一四条責任の補充性に帰因するこうした難点を解消するために、学説上、未成年者と監督義務者との責任の併存を導く見解が抬頭し、現在、これが通説になっている。(3)この通説の立場は、民法七一四条の反対解釈としては、立証責任の転換が認められなくなるだけであるとする考え方であって、可能かつ巧妙な解釈論だとされた。(4)

そして、近時の最高裁も、一五歳の中学三年になる少年Aが新聞配達をしていた遊び友達Bを小遣銭欲しさに殺害し、Bの所持していた集金の一部を強奪し、逃走したという事案において、「未成年者が責任能力を有する場合であっても監督義務者の義務違反と当該未成年者の不法行為によって生じた結果との間に相当因果関係を認めうるときは、監督義務者につき民法七〇九条に基づく不法行為が成立する」と判示し、通説の立場を採用するに至っている〈昭和四九年最高裁判決、なお、原審判決〈広島高松江支判昭和四七年七月一九日〉はAが両親C・Eの下で養育監護をうけ、その影響下にあったこと、Aの非行性に気付きながら適切な教化・指導を怠っていたこと、Aに小遣銭を与えずAのさほど無理とはいえない物理的欲望をかなえてやらなかったことなど、一審判決〈鳥取地米子支判昭和四五年一二月二二日〉が認定したのとほぼ同様の事実を認定し、C・EのAに対する監督義務の懈怠とBの死亡の結果との間における因果関係はこれを否定できない、と判示している〉。

3　そして、この昭和四九年最高裁判決が出されて以降、下級審判決が多数言い渡されている。例えば、①東京地判昭和五二年三月二四日〈判時八六八号五七頁、事案は、幼少のころから伯父に引き取られ養育監護をうけていた一八歳の少年Aが惹起した自動車による死亡事故に関するもの〉②金沢地輪島支判昭和五三年三月二三日〈判時九〇七号九四頁、事案は、一七歳の少年Aが飲酒酩酊したうえBを殴って死亡させたというもの〉③大阪地判昭和五四年四月二六日〈判時九四六号八六頁、事案は、一七歳の少年Aと一八歳の女子Bとが一緒にAの祖父のもとへ魚釣りに出掛けたとき、Aの操縦する伝馬船からBが転落死したというもの）、④大阪地判昭和五五年七月一四日（判時九九九号八七頁、事案は、中学三年（一四歳）のAと高校二年のBとが投球練習を始め、Bが全力で投げた硬球が付近を逸れて通過し、小学四年のCの後頭部を直撃してCを二日後に死亡させたというもの）、⑤東京地判昭和五六年七月一六日（判時一〇一〇号三頁、判タ四四四号七頁、事案は、中学生らが通行人に対して殴る蹴るの暴行を加え顔面等に六週間余りの安静治療を要する傷害を負わせたというもの）、⑥大阪地判昭和五八年一〇月六日（判時一一〇二号九〇頁、事案は、中学二年生（一三歳一〇か月）Aの投げたルアーの釣鉤で、隣で釣りを始める準備にかかっていた中学二年の友人Bが、その右眼を直撃されて右眼完全失明の傷害を負ったというもの）、⑦盛岡地花巻支判昭和六〇年一〇月一八日（判タ五七一号八〇頁、事案は、高校一年（一五歳）の少年Aが下校途中に顔見知りの小学一年（六歳）のBと出会って遊んでいるうち、Bに自転車のライトカバーを壊されて立腹し、Bを殺害したというもの）、⑧長野地判昭和六一年九月九日（判時一二〇八号一二一頁、事案は、無許可バイク運転による停学処分等の前歴のある高校中退（一七歳一〇か月）の少年Aが普通乗用車を運転中に交通事故を起こし、相手方運転の自動二輪車に同乗していたB女を死亡させたというもの）、⑨仙台地判昭和六二年七月二八日（判時一二四八号一〇三頁、事案は、中学のつっぱりグループのリーダー格である少年A（一五歳三か月）とB（一四歳一〇か月）が、学校の通用門付近で呼びとめた同級生のCに対し、口の利き方が悪いなどと因縁をつけ、殴る蹴るの暴行を加え、肋骨骨折等の重傷（要入・通院四四日・四二日）を負わせたというもの）、⑩東京地判平成四年七月二〇日（判時一四三六号六〇頁、事案は、一七歳の少年が深夜、バイクを走行中に歩行者からその騒音を注意されたため、その歩行者に暴行を加え死亡させたというもの）、⑪東京地判平成一三年一一月二日（判タ一一一六号二一六頁、事案は、中学一年の少年A（一三歳）は、中学一年の少年B（一二歳）に自己のエアーガンを貸して遊んでいたところ、引き金を引いても弾が出なくなったので、BがAにそのエアーガンを手渡して銃口を覗いたとき、Aがエアーガンの引き金を引いたため、Bの右目にbb弾が命中、角膜びらん等の診断を受けた（二日間入院）というもの）、⑫横浜地判平成一五年八月二八日（判時一八五〇号九一頁、事案は、帰宅途中の会社員が路上で少年ら（一六歳）に金員強取の目的で襲われて暴行を受け、植物状態となったというもの）、⑬大阪高判平成一六年三月一八日（判時一八八九号四八頁、事案は、中学三年生や中学卒業後間もない少年らが集団暴行によって高校生（一五歳）を死亡させたというもの）、⑭東京地判平成一六年五月一八日（判時一八七一号八二頁、事案は、少年ら（三名は一六歳一名は一三歳）が小・中学校の同級生であった高校二年生（一六歳）を集団で暴行して死亡させたというもの）等々である。⑥⑨を除いた諸判決は、いずれも監督義務者の責任を認容している。⑥では、当該事故の偶発性が重視されるとともに釣り自体の加害リスクの少なさも考慮され監督義務者の責任が否定されており、また⑨では、問題の少年間の諸事情（暴力行為発生の切迫性や対立状態の欠如等）が考慮され、本件事件の予見可能性が否定されているのである。

4　いずれにしても、監督義務者の責任を民法七〇九条で捉えた場合には、監督義務者の過失及びこれと損害発生との間に因果関係のあることが要件とされるけれども、これを肯定しうるかが問われよう。この点、最高裁昭和四九年判決は、前述の一審・二審での認定事実からすれば、責任能力のある未成年者の不法行為について監督義務者がどのように関与したかという個別的・具体的な判断をすることなく、一般的・日常的な監督義務者の未成年者に対する態度をもって七〇九条の適用の可否を判定している、といえるであろう。そして、上記に挙げえた諸判決を通覧しても、大体監督義務者は未成年者の非行や不適切な行動を放任・放置していたことについて問責されている、といえる。すなわち、それらの諸判決は、昭和四九年最高裁判決の確立した準則・法理の線上にあって、一般的・日常的な監督義務の懈怠があれば、七〇九条の過失及び因果関係の存在を認定しうるものと解されている[5]（なお、ここに「一般的な」というのは、おそらく当該未成年者の不法行為そのものに対して監督義務者の関与の程度について個別的・具体的な判断がなされていないというふうな意味に解されうるのであろう。したがって、例えば②判決がいっているような「周囲の状況をよく見きわめたうえ危難のない方法、ボールを使用して野球をするよう十分な注意を与える…」ような監督義務などは、上記準則との関連でいえば「一般的な」義務を指すものと解されるように思われる[6]）。この点につき、一方、学説の多くは、被害者救済の見地から、昭和四九年最高裁判決の射程範囲を広くとっており、とりわけ、「『監督義務者の懈怠』は、……損害ないし損害発生の危険を防止ないし回避すべく行為する義務の違反ではなくて、親権者が日常未成年者を教育し監督する義務（その根拠を求めるとすれば八〇二条となろう）の違反である（フランス民法一三八四条四項による父母の責任の前提たるフォートにほぼ等しい）。そのかぎりでは七一四条一項但書にいわゆる監督義務と同じである」との見解が有力に主張されている[7]。もっとも、これと同旨の解釈論がつとにいわれていた[8]。

そして、他方ではこれらの見解の立場を批判する形で、「民法七〇九条責任は、本来、近代的個人主義の原理に基づくものであり、親が他者たる未成年者の加害行為について責任を問われうるのは、当該加害行為に関する親の監督義務違反に重大なものがあり、それが結果の発生をもたらしたといいうる特別の事情がある場合に限られるべきであろう[9]。」との見解が主張されている。また、これによれば、昭和四九年最高裁判決に対する次の指摘、すなわち「論理的には、監督義務者の一般的・日常的な監督義務の懈怠があるからといって、直ちにそれが未成年者の不法行為を生じさせるとはいえない」とのそれは正当であるとされる[10]。もっとも学説の中には、早くから、「監督をせずに放任しておけば当該加害行為が発生するとの蓋然性が一般的にも強い場合であったこと」を因果関係の判断基準の一つに加える、という考え方[11]、あるいは、昭和四九年最高裁判決の射程範囲を限定的に捉え、「未成年者本人に責任能力がある場合でも、実質的にみれば、未成年者の危険な行為を放置し、あるいは非行歴のある未成年者の家庭外での行状を放任するなど監督義務の懈怠が著しく、かつ、ことが死亡事故または死亡事故にいたらないまでも失明・聴力喪失等の重度の後遺障害を残す傷害事故の如く結果が重大なものである場合に、監督者もまた賠償責任を負わされることもありうる旨を説示したものである」という見解[12]が提示されていた。

こうした中で、本判決は、極めて詳細に認定された事実に基づき・未成年者ら（A・B・C）の不法行為自体についての過失を根拠とした親権者ら（Y_1〜Y_5）の民法七〇九条責任の有無を判定しており[13]、その意味では、後者の学説の立場と同様の立場に立って問題を処理しうることを示唆しているように思われる[14]。

（1）　大判明治三四年一二月二七日刑録七輯一三九―一四一頁（過失致死附帯私訴）。岡村玄治『債権法各論』（巌松堂書店、一九〇七年）七〇八―七〇九頁、横田秀雄『債権各論』（清水書店、一九一三年）八七二―八七三頁。

（2）鳩山秀夫『増訂日本債権法各論（下）』（岩波書店、一九二五年）九〇六頁、我妻栄『事務管理・不当利得・不法行為』（新法学全集）（日本評論社、一九三七年）一五八頁、加藤一郎編『注釈民法（一九）』（有斐閣、一九六五年）二五七頁（山本進一執筆）。

（3）松坂佐一「責任無能力者を監督する者の責任」川島武宜編集代表『我妻榮先生還暦記念・損害賠償責任の研究（上）』（有斐閣、一九五七年）一六五頁。

（4）川井健「責任能力」柚木馨ほか編『判例演習債権法2〔増補版〕』（有斐閣、一九七三年）二二六頁。

（5）石黒一憲「評釈」法学協会雑誌九二巻一〇号（一九七五年）一四一九頁、岩垂肇「責任能力ある未成年者の不法行為と監督義務者の責任――最高裁判例に関連して」末川先生追悼論集・法と権利Ⅰ』（有斐閣、一九七八年）三四四―三四六頁、寺田正春「監督義務者の責任について」法律時報四八巻一二号（一九七六年）六八頁。

（6）この点、林誠司「監督者責任の再構成（三）」北大法学論集五六巻三号（二〇〇五年）一六三頁は、「あくまで危険な状況で野球をしていることの認識を獲得するものと見られているから、具体的監督義務が問題とされている」と述べられている。因みにこの④判決は、平井宜雄『債権各論Ⅱ不法行為』（弘文堂、一九九二年）二一五頁では、昭和四九年最高裁判決が権立した準則に従う下級審判決の例として明示されている。

（7）平井前掲二一五―二一六頁、同旨四宮和夫『事務管理・不当利得・不法行為（下）』（青林書院、一九八五年）六七一頁。

（8）石黒前掲一四一三頁、岩垂前掲三三七頁、山口純夫「評釈」民商法雑誌七二巻一号（一九七五年）一六一頁、前田達明「評釈」別冊ジュリスト一七六号・民法判例百選Ⅱ〔六版〕（二〇〇五年）一六八頁、等々。

（9）小野義美「親の監護教育義務と未成年の子の加害行為」有地亨編『現代家族法の諸問題』（一九九〇年）三二九―三三〇頁。

（10）森島昭夫「責任能力」法学教室二三号（一九八二年）四九頁、川井健＝飯塚和之「評釈」判例評論一八八号（一九七四年）二八頁は、民法八二〇条の一般的監督義務違反を理由に不法行為責任を負わせるのは、無理な解釈である、といっている。

（11）小野前掲三三〇頁。大村敦志「責任能力と監督者の責任――子どもの責任・親の責任」法学教室二九二号（二〇〇五年）六四頁は、前者の多数説の見解から一定の距離をおくことをいわれている。

（12）山本進一「評釈」判例評論一五〇号（一九七一年）二六頁、吉岡幹夫「評釈」静岡大学法経短期大学部法経論集三五号（一九七五年）一〇九頁も同旨。

（13）奥野久雄「評釈」法律時報五五巻六号（一九八三年）一六一頁、奥野久雄「責任能力のある未成年者と監督義務者の不法行為責任」森泉章（代表）編『内山尚三・黒木三郎・石川利夫先生還暦記念・現代民法学の基本問題（中）』（第一法規、一九八三年）四三四頁（奥野久雄『学校事故の責任法理』（法律文化社、二〇〇四年）五〇頁）鈴木禄弥『債権法講義〔四訂版〕』（創文社、

二〇〇一年）四四頁も同旨（最高裁判例の射程範囲を殺人という重大事故に限定されるようである）。なお、川井＝飯塚前掲二八頁は、監督義務違反の類型化を試みる。

(14) 伊藤昌司「評釈」NBL八三五号（二〇〇六年）四―五頁は、本判決の「親権者らの七〇九条責任」の判断過程を適確に分析されている。また、未成年の子と親との「同居」に言及されている点は興味深い。これについては、フランス法でも、親の監督責任の成否に絡めて、議論があり、注目される（A. Ponseille, Le sort de la cohabitation dans la responsabilité civile des père et mère du fait dommageable de leur enfant mineur, RTD civ. 2003, p. 645 ets.）。

(15) なお、判時一九二七号六三頁、並びに判タ一二〇六号一七七頁のコメント欄でも、大旨そのような問題解決の指針が、本判決によって与えられたことが述べられている。

4　成人の責任無能力者の加害行為と同居する両親の民法七一四条の責任の成否

（損害賠償請求事件、名古屋地判平二一（ワ）七七〇四号、平成二三年二月八日民四部、棄却（控訴））

一　事　案

訴外B（以下、Bという）は、昭和三年三月一三日生まれの女性であり、平成二一年五月二一日に死亡した。訴外A（以下、Aという）は、昭和四五年四月一〇日生まれの女性であり、幼少時より難聴（一〇〇デシベル）で、重度の知的障害を伴う自閉症である。またAは、聾学校の小学校から専攻科まで進学し、卒業後、平成一七年四月から特定非営利活動法人甲（本件作業所という）に通っている。

Aは、出生後、問題の事故に至るまで、両親である被告Yらと自宅において同居していた。Aは、パターン化された行動をとっており、身支度を自分で行い、一人でバスや電車を乗り継いで本件作業所に通い、本件作業所での作業の後は、一人で買い物をするなどした後、帰宅していた。また、炊事等を自らすることはないが、出された食事をとったり、洗濯物をたたむなどの手伝いをすることはできた。

Aは、耳がほとんど聞こえず、口話法と手話を用いるが、家族とも一方的なコミュニケーションに留まり、家族以外の他者とは、一般的な交流は限られ、プレゼントを贈るなどの特定のこだわり行動が見られるにすぎず、対人関係に障害が見られるなど自閉症の障害も有していた。

Aは、通っていた本件作業所において、年に一、二回、対面している際に、突然職員らを手で押すことがあり、同じく本件作業所で装飾品をプレゼントとして贈ったのに翌日それを着けてこなかった人を手でどんと突いたことがあった。なお、Aは、幼少時いらいらすると、自分で壁に頭をぶつける自傷行為をすることもあったが、それ以外に自宅において、粗暴な言動は見られなかった。

ところで、平成一八年二月七日の午後五時ころ、Aは、N市所在のMストア乙店二階にある一〇〇円ショップのレジ付近において、Bがレジ精算の列に並んだところ、前に並んでいたAがおつりを取り忘れたままレジを離れて歩き始め、店員の呼び止めにも気付いていなかった。そこで、BがAを追いかけてその背後から声をかけるとともに、手をのばしてAの肩に手を触れようとしたところ、Aは振り向きざまにBの両肩付近を押してBを突き飛ばし、レジに戻っておつりを受け取り、その場を立ち去った。Bは、Aの上記行為により、右半身を床にたたきつけられた（以下、本件事故という）。

Bは、本件事故により、右上腕骨頸部骨折、右大腿骨頸部骨折の傷害を負い、入院して人工骨頭置換術を受けた。その後、Bは、平成二一年五月二一日、自宅付近で転倒して頭部を打撲し、外傷性硬膜下血腫により死亡した。そこでその前に、Bは、Aを被告として不法行為に基づく損害賠償を請求する訴訟を提起した。平成二〇年三月二五日、名古屋地方裁判所は、Aには責任能力があるとして、Aに対し損害賠償を命じる判決を言い渡した。しかし、平成二一年五月二七日、名古屋高等裁判所は、Aが責任無能力であるとして、原判決を取り消し、Bの請求を棄却する判決を言い渡し、同判決は確定した。

そこで、Bの相続人であるXらは、責任無能力者であるAの同居の実父母であるYらに対し、民法七一四条二項の責任があるとして、損害賠償を請求した。

二　判　旨

「本件において、Aは成年後見に付されておらず、家庭裁判所による精神保健福祉法上の保護者選任手続も行われていなかったことから、被告Yらが、民法七一四条一項の『責任無能力者を監督する法定の義務を負う者』に該当しないことに争いはなく、責任無能力者の生活の面倒を見ている事実上の保護者として、法定の監督義務者に準じて民法七一四条二項の責任を負うかが問題となる。

民法七一四条の趣旨は、責任能力のない者が不法行為を行った場合、当該行為者自身は損害賠償責任を負わないが、公平な損害の分担を図るため、当該責任無能力者に法定の監督義務者又は代理監督者が存在する場合には、監督義務があることを考慮して、これらの監督者が監督義務を怠らなかったことを証明できない限り、当該監督者に責任を負わせるものである。

そして、被告Yらは、Aと同居して、Aの面倒を見ていたが、上記の趣旨からすれば、このような事実上の監督者であったことのみで、直ちに民法七一四条の重い責任を負わせるのは妥当ではなく、Bの状況が他人に害を与える危険性があること等のため、Aを保護監督すべき具体的必要性があった場合に限り、責任無能力者の監督義務者に準じて、民法七一四条の責任を負うものと解するのが相当である。

これを本件についてみると、……Aは、幼少時より難聴（一〇〇デシベル）で、重度の知的障害を伴う自閉症であるところ、Aは、出生後本件事故当時に至るまで、両親である被告Yらと同居し、被告YらがAの生活の世話をしていたことが認められ、社会通念上、法定の保護者と同視しうる程度の立場にあることが認められる。

しかしながら、Aは、パターン化された行動を一人でとることができ、一人でバスや電車を乗り継いで本件作業所に通うことや、一人で買い物をすることもできた上、通っていた本件作業所においても、年に一、二回、対面している際に、職員らを手でどんと押すことがあったこと、同じく本件作業所で装飾品をプレゼントとして贈ったのに翌日それを着けてこなかった人を手でどんと突いたというエピソードがあるのみで、無関係の第三者に対して粗暴な言動をとったことなどは一度もなかった。また、Aは聴力がほとんどないところ、本件事故は、背後からBに手をかけられ、反射的に突いたもので、自分が突いたことによってBが倒れたということを理解できなかった可能性が高いことからすると、粗暴な言動の現れといえる行為でないことに照らせば、Aは、本件事故当時、他人に害を与える危険性があったとはいえない。

確かに、Aが一人で外出している際に、普段と異なる状況に遭遇することはあり得ることであるが、上記の事情からすれば、その場合にAが第三者に危害を加える可能性があることを予想することは困難である。

そうすると、被告Yらにおいて、外出の際にはAに付添をする等して、Aを保護監督すべき具体的必要性があった場合とは認められず、原告（X）らは、被告Yらに対し、監督義務者に準じて民法七一四条一項又は二項に基づく損害賠償を請求することはできないと認められる。」

三　研　究

1　民法は、七一四条において、行為者が責任無能力のゆえに不法行為責任を負わない場合には、その責任無能力者を監督する法定の義務を負う者は、その責任無能力者が第三者に加えた損害を賠償する責任を負い、また、法定の監督義務者に代わって責任無能力者を監督する者も、これと同様に責任を負う旨を定めている。その責任は、責任無能力者が特定の行為をすること自体の予防についての過失ではなくて、責任無能力者の行為に対する一般的監督を怠ったという過失を、その根拠とし、そうした過失の立証責任を転換しているのである。(1)

一方、精神保健及び精神障害者福祉に関する法律（以下、精神保健福祉法という）上の精神障害者について選任される「保護者」は、法定の監督義務者であるとされていた。というのは、保護者に精神障害者に治療を受けさせるとともに、精神障害者が自身を傷つけ又は他人に害を及ぼさないように監督し、かつ、精神障害者の財産上の利益を保護しなければならないという自傷他害防止監督義務が課されており、そこから保護者の法定の監督義務が承認されていたが、一九九九年（平成一一年）の改正[2]によって、自傷他害防止監督義務が削除され、保護者は精神障害者に「治療を受けさせ、及び精神障害者の財産上の利益を保護」する義務を負うこととされた[3]（精神保健福祉法二二条一項）。そこで、これまでと同じく、同法所定の保護者を、民法七一四条にいう法定の監督義務者にあたるか否かが問題になっており、また、その選任の手続がとられることなく、精神障害者の生活の世話をしている者が、事実上の監督者として法定の監督義務者に準じる責任を負うかが問われている[4]。

2　この問題について、本判決は、「Aは成年後見に付されておらず、家庭裁判所による精神保健福祉法上の保護者選任手続も行われていなかったことから、被告Yらが、民法七一四条一項の『責任無能力者を監督する法定の義務を負う者』に該当しないことに争いはなく、責任無能力者の生活の面倒を見ている事実上の保護者として、法定の監督義務者に準じて民法七一四条二項の責任を負うかが問題となる。」として、被告Yらに民法七一四条責任の主体性を次のように認めている。すなわち、「責任能力のない者が不法行為を行った場合、当該行為者自身は損害賠償責任を負わないが、公平な損害の分担をはかるため、当該責任無能力者に法定の監督義務者又は代理監督者が存在する場合には、監督義務があることを考慮して、これらの監督者が監督義務を怠らなかったことを証明できない限り、当該監督者責任を負わせる」と。そして、この規範を本件事案にあてはめ、次のように述べている。すなわち、「被告Yらは、Aと同居し、Aの面倒を見ていたが…このような事実上の監督者であったことのみで、直ちに民法の重い責任を負わせるのは妥当ではなく、Aの状況が他人に害を与える危険性があること等のため、Aを保護監督すべき具体的必要性があった場合に限り、責任無能力者の監督義務者に準じて民法七一四条の責任を負うものと解す」べきであるとし、「被告Yらにおいて、外出の際には付添をする等して、Aを保護監督すべき具体的必要性があった場合とは認められ（ず）」ないとし、民法七一四条の責任を否定している。このような判旨をどのように評価すべきであろうか。

3　まず、一九九九年（平成一一年）の精神保健福祉法改正以降に言い渡された判例を見てみよう。その際精神障害者と保護者との同居がうかがえることが少なくない。そこで、その同居の有無を考慮して若干の検討をすることにしよう。そこでは、精神障害者への何らかの影響力が確保され、監督可能性を考えることができるからである。

①心神喪失者が起こした殺人事件につき父親が監督義務を尽くしたとはいえないとされた事例である。福岡高判平成一八年一〇月一九日判タ一二四一号一三一頁であり、事案は、統合失調症に罹っているA（男性、二〇歳）は、昭和五六年生まれで、平成一三年三月ころまで父Yと同居しており、その後本件事件当時独立生活をしていたが、事件はYが自宅にAを引き取って四日目に発生した。すなわち、Aは、二九歳の女性Bを殺害し、Bの夫X_1、父母$X_2$$X_3$が、Aの父Yに対し、民法七一四条一項の監督義務者の責任又は民法七〇九条の不法行為に基づいて損害賠償を請求したというものである。原審判決（長崎地佐世保支判平成一八年三月二九日判タ一二四一号一三三頁）は、次の三つの理由からYが他害防止のためAを保護監督することが不可欠の状況にあったことが予見できたとし、Yが民法七一四条一項の監督義務者又は代理監督者に準ずる地位にあるものとして、監督義務を認めている。すなわち、（イ）Aが他室のドアを叩くなど異常行動により一度警察に保護され、二度目は自宅に連れ帰ったこと、（ロ）Aが住んでいたマンションの自室はガラスが割られて荒れ放題であったこと、（ハ）自室に戻ってから独り言をいったり、無音のテレビを見て笑う場面でないのに突然笑い出すなど精神障害が強く疑われる言動が少なからず見られたことがそれである。判決も原審判決を正当なものとし、Aが警察に保護されたいきさつや自室の荒れ具合や警察から精神科での受診を勧められたことから、Aが第三者に対する加害行為をおこなう危険があることを予見することができたはずであると判断し、民法七一四条の責任を負うものとした。

この判決は、責任無能力者（心神喪失者）の加害行為について監督者の七一四条責任が問われている。父Yは、Aのマンションを直接訪問しその状況を見ており、事件当時もAと同居し、Aの監督可能性があり、第三者への加害行為の予見可能性を有していたものとされている。監督者の民法七一四条責任を問う構成をとっている点からすれば、妥当な判定であろう。

②精神分裂病に罹患し心神耗弱の状態にあった者が隣人を殺害した事案について、その加害者と同居していた母親は殺害された被害者の遺族に対して監督義務違反を理由とする損害賠償責任を負わないとされた事例がある。東京高判平成一五年一〇月二九日判時一八四四号六六頁であり、事案は、Y_1は、昭和四五年四月から会社に勤務していたところ、昭和五一年三月に精神分裂病を発病し、その後精神病院に入院・通院して治療を受けていたが、平成一一年四月一二日、近所に住むB（当時六八歳）に盆栽のいたずらをされたものと思い込み、B方に押し入ったうえ、テレビを見ていたBに鉈で切り付け、Bを殺害した。そこで、Bの遺族であるXらは、Y_1とその同居していたY_2に対し、民法七〇九条に基づいて損害賠償を請求したというものである。原審（千葉地館山支判平成一五年四月二二日）は、Yらの不法行為責任を認め、Xらの本訴請求を認容した。Yらは控訴した。

判決は、（イ）Y_1の病歴等、（ロ）関係機関の対応（ハ）Bを殺害するに至る経緯、（ニ）精神障害者に関する法制度の変遷などを検討したうえ、精神障害者と同居して生活の面倒を見ている扶養義務者であっても当該精神障害者に対して、その身分上又は生活上の影響力を及ぼし得ることからすると、監督義務違反としての民法七〇九条の不法行為が成立する余地がある、としたが、本件では、「Y_2が、Y_1がBに対して何らかの危害を加えるのではないかとの漠然とした不安を抱いていたとしても、本件事件の発生を事前に具体的に予見することはできなかったというべきである」から、「本件事件の発生前に、警察や病院に通報するなどしてY_1を入院させる措置をとるべき注意義務があったものとはいえ（ず）…独り扶養義務者にのみ加重な義務を負わせることは相当でない」とし、したがって、Y_2に監督義務違反を理由とする損害賠償責任はない、とした。

この判決は、責任能力のある精神障害者と同居して生活の世話をしていた者（本件では母親Y_2）が民法七〇九条に基づく不法行為責任を負わない、としたものである。この法律構成は、責任能力のある未成年者の不法行為についての監督者の民法七〇九条責任を認める判例のそれと同じである。[5] しかも、いずれにおいても、当該行為者の特定の行為についての監督者の過失が要請されているからである。本件ではY_2は、同居することによって精神障害者に対し、一定の影響力をもちうることから監督可能性を認めている点に注目される。それにもかかわらず、監督者Y_2の責任が否定されたのは、高齢化や平成一一年の精神保健福祉法の改正により、保護者自身の監督義務が削除されることなど政策判断が働いたためであろう。

4　次に、いわゆる精神保健福祉法の改正（平成一一年）前に言い渡された判例は、民法七一四条の責任主体性をどんなふうに解しているかを見てみよう。

③責任能力のない精神分裂病患者による殺人事件についてその患者の精神保健法（後に精神保健福祉法に改正）上の保護者に損害賠償責任を認めた事例がある。仙台地判平成一〇年一一月三〇日判タ九九八号二一一頁であり(6)、事案は、父との同居を拒み別居していたAは、Bが代表取締役を務めていた会社Cの元従業員であって、平成八年七月二日Bを刺殺したところ、Aの父Y（精神保健法二〇条にいう保護者）に対し、民法七一四条の法定監督義務（同法二二条の自傷他害防止監督義務）に違反する過失があったとして損害賠償を請求したというものである。

判決は、医療保護入院の同意権を有し、診療の申請で措置入院を促すことができるなど精神障害者の自傷他害行為を防止するための実質的手段が与えられており、個々の事案における結果の妥当性は民法七一四条但書の免責事由の判断において、保護者と精神障害者の実際の関係や、保護者が実際にどの程度の監督が可能であったかを考慮することではかりうるから、保護者は民法七一四条の監督義務者にあたるとした。そうすると、民法七一四条の監督義務については、Yには、本件殺人事件の一年前、遅くともAの症状が悪化し、異常行動を重ねた本件殺人事件の七か月ないし四か月前には、その時期に応じ、Aの治療や再入院につき関係機関との相談・折衝すべき義務が生じていたところ、Aが既に一度Bを殴打し、医療保護入院していたなどの事情から、Yらが関係機関に相談してれば、適切な対応を得られた可能性が大きいので、Yらが関係機関に相談すらしなかったことに正当事由があるとはいえないなど、本件ではYが監督義務を尽したとは認められないとしてYの責任を認め、損賠賠償を命じた。

この判決は、精神保健法上の保護者が民法七一四条の監督義務者にあたるとしたが、直ちにそうなるわけではなく、各事案における結果の妥当性を確保しうることが求められている。監督義務違反としての過失の判定においては、損害の予見可能性を前提に、損害回避に尽くしたかどうかが問われているのであろう。Ｙが関係機関に相談していれば適切な対応を得られた可能性が大きいとして監督義務を尽くしたものとはいえないとしているからである。

④責任無能力の状態で第三者を殺害した精神分裂病者の両親について民法七一四条の責任が否定された事例である。東京地判昭和六一年九月一〇日判決判時一二四二号六三頁であり[7]、事案は、被害者Ｂの隣室に住み、当時破瓜型精神分裂病に罹患して責任無能力の状態にあった、当時二五歳のＡ（男性）が、ＢをＢの家において殺害し、Ｂの両親X_1X_2らは、Ａと同居しＡを扶養していた両親Y_1Y_2に対し、精神障害のあるＡの保護義務者として民法七一四条の責任を負うべきであるとして損害賠償の請求をしたものである。

この判決は、まず精神障害者であるかどうかは専門医学的な判断を経てはじめて判明することから、保護者としての義務も医師によるその判定以前に発生するものではなく、Y_1Y_2を民法七一四条一項の法定監督義務者ではないとした。次に被告Y_1Y_2が、「同居の実父母として精神障害者であるＡを事実上保護監督すべき地位にあることにより、社会的にみて右保護義務者に準ずる者として民法七一四条二項の責任を負うべきかどうか問題となる。そして、この場合、……扶養義務者であることから直ちに監督義務が認められるのではなく、少なくとも被告両名が、Ａが精神分裂病に罹患していることを知りながら、病院に入院させる等の適切な措置をしたという事情、あるいは罹患の事実及びＡの行動に本件犯行を犯すようなさし迫った危険があることをきわめて容易に認識しえたという事情が存することが必要であると解する」と判示し、そのような事情につき、Y_1Y_2は、Ａが精神分裂病に罹患していることを認識しておらず、また罹患の事実及びＡの行動にさし迫った危険があることを容易に認識しえたという事情はないから、Y_1Y_2に事実上の監督者として民法七一四条二項の責任を問うことはできないというべきであるとした。

この判決は、精神保健法上の保護義務者は民法七一四条の監督義務者となり、事実上の監督者については現実に監督が可能であったかどうかで判定しているが、ただ、この判定は、精神障害者と同居する父母であるということから監督可能性を認めるけれど、実質的に監督を尽くしていたかどうか（例えば、精神障害者を病院に入院させる等の適切な措置をとらず放置したことなどの事情や精神障害者が犯行を犯すようなさし迫った危険を認識しえたという事情の有無）が決め手となっているように思う。

⑤精神保健福祉法の改正（平成一一年）前後を問わず、唯一の最高裁判決である。[8] 最判昭和五八年二月二四日判時一〇七六号五八頁であり、事案は、心神喪失の状況にあった精神障害者A（当時三七歳、男性）によってX宅前路上で、突然にXが襲われ、約四〇分間にわたって殴る蹴るの暴行が加えられXに対し頸部損傷、上顎門歯骨折、左眼狭窄等の傷害を負わせ、Xは、Aの両親$Y_1$$Y_2$に対し、民法七一四条に基づく損害賠償を請求したというものである。

この判決は、次の原審（大阪高判昭和五六年八月二八日）の判断を是認し、$Y_1$$Y_2$の上告を棄却した。すなわち、原審は、$Y_1$らはAの最も身近な同居の扶養義務者であってAの異常な行動に配慮していたが、（イ）精神障害者の処遇は未成年者の処遇とは異なる困難が伴うこと、（ロ）Aはフォークリフト運転手の経歴を有し三七歳の壮年であったのに対し、Y_1らは老齢で一級の身体障害者であるが、日雇仕事に出ている状況であったこと、（ハ）Aの行動にさし迫った危険があったわけではないが、Y_1らは食事のことでAから暴行されたりして娘らとともに警察や保健所にAの処置について相談に行っており、精神衛生法上の保護義務者になるべくして、これを避けて選任を免れたものとはいえないことを考慮して、$Y_1$$Y_2$について民法七一四条の法定監督義務者及びこれに準ずべき者（事実上の監督者）としての責任を問うことはできないとして、Xの請求を棄却した。

この判決は、民法七一四条の法定の監督義務者だけでなく、これに準ずべき者にも同条の責任があるとし、精神障害者を事実上監督するものであって、実質的にみて監督義務があると考えられる者も民法七一四条の責任を負うものと解すべき立場に立っているのであろう。$Y_1$$Y_2$が精神障害者Aと同居していることからも、この者を監督しうる可能性を認め、監督を尽くしている（警察や保健所にAの処置について相談に行っていることなど）と判断しているのであろう。

⑥精神障害者の殺人事件につき、この者の父に対する監督義務違反を理由とする損害賠償請求を認容した事例がある。福岡地判昭和五七年三月一二日判時一〇六一号八五頁であり[9]、事案は、Aは、所携の出刃包丁でBを、昭和五二年七月九日、Bの実父母Xら方において、顔面、頭部等を滅多うちにし、死亡させるに至った。Aは、昭和二一年生まれで事件当時三二歳であり、都会で就職していた期間（二年間）を除き、Yと同居していた。Xらは、Aの父YについてはAの事実上の監督者として民法七一四条二項の代理監督者責任ないし一般不法行為上Aにつき適切な処置を仰ぐ義務違反があるとして、損害賠償を請求したという事案である。

判決は、Yについて「責任無能力者を事実上世話している者が、選任手続を経ていない等形式的要件を欠くため法定の監督義務者に該当しない場合、民法第七一四条の適用が全面的に排斥されるとすれば、同法第七〇九条の成否のみを問題とせざるを得ない関係上、誠実に右選任手続を履践した者が、これを不当に怠った者よりも過失及び因果関係の存否について重い立証責任を課されるという不公平が生じることになるから、……社会通念上法定の監督義務者と同視し得る程度の実質を備え、従って、もし右選任手続が履践されれば当然……保護義務者として選任されるであろう事実上の監督者は、民法第七一四条二項により、責任無能力者の代理監督者として、同法第一項の法定監督義務者と同一の責任を負うものと解す」べきである、とした。

そこで、まず当該事件発生の予見可能性について、Yは医師からAの精神分裂病を指摘され、その服薬管理を指導されていたのにもかかわらず、当初のそれをノイローゼと思い込んでいたものの、Aの性格及びその行動を熟知していたことなどからして、Aが再入院後発病して凶暴な行為に出るおそれがあり、かつ、Yにおいてこれを容易に予想することができたというべきである。次に、当該事件の発生の防止可能性について、Yにおいて、Aが常軌を逸した行動を示した時点において、Aを入院させるか、そうでなければ、精神的衛生法第二三条所定の保護申請の手続を履践して町の適切な保護措置の発動を求めさえすれば、本件事件の発生を未然に防止しえたものである。

この判決は、「事実上の監督者」について、社会通念上法定の監督義務者と同視しうる程度の実質を備え、もしその選任手続がとられれば当然（精神衛生法）第二〇条第二項第四号の保護義務者として選任されるであろう者であることを明らかにし、事実上の監督者が民法七一四条の代理監督者にあたることを説示したものである。本件では、一定の期間（Aの就職の二年間）を除き、AとYは同居しており、YにはAの監督可能性を前提に、その監督（Aを入院させるか適切な保護措置の発動を求めるか）を尽していない過失を認め、Yの責任を認容しているのであろう。

5　以上、精神障害者の加害行為について精神保健福祉法上の保護者もしくは選任手続を経ていなくて実質的にその地位にあるとされる者につき、民法七一四条責任の主体性を検討し、併せて監督義務違反の有無をも見てきた。②を除き、すべて保護者及び実質的に保護者の地位にある者も、民法七一四条の監督義務者にあたると捉えられている。もっとも直ちにそれにあたるとされているわけではなく、事案における結果の妥当性や損害の公平な分担等民法七一四条の立法趣旨などを考慮して判定されている[10]。②は、既に指摘したように精神障害者に責任能力が認められるため、保護者の責任は民法七〇九条を通して問われている。

そして、また、本節は精神障害者の同居の有無という視点から、①から⑥での判例を見てきたが、これも既に指摘したように精神障害者と同居することでこの者に何らかの影響力を保護者や実質的にその地位にある者が有し、精神障害者の加害行為防止のための監督可能性がこれらの者に生まれてくるのであろう。その場合、一定の措置をとるなど監督を尽くしたかどうかが責任判定の決め手になるように思う。このような意味から、本判決を見ると、本件事故は日常生活の一環として生じているが、Aは、パターン化した行動をとることが許されているので、Aをその中におくこと自体は問題はないが、とりわけデパートやスーパーマーケット等多様な目的のため人の出入の多いことが予想される場所へ出向く際には、監督者もしくはそれに準ずる者の同伴など一定の配慮が監督義務の一つとして要請されるべきではないだろうか。同居する実質的保護者の地位にある者（両親）を民法七一四条の監督義務者とする判定において「精神障害者を保護すべき具体的必要性」を基準にする点は、判断枠組としてやや狭いのではないだろうか。その意味において、本判決には、若干疑問の余地が残るように思う。

（1）加藤一郎『不法行為〔増補版〕』（有斐閣、一九七四年）一六三頁、幾代通『不法行為法〔補訂版〕』（有斐閣、一九九三年）一九二頁。

（2）精神障害についての法は、一九〇〇年（明治三三年）の精神病者監護法がその最初である。そして、一九一九年（大正八年）に精神病院法が制定された。戦前においては、これら二つの法律が精神障害を取扱ってきた。戦後、一九五〇年（昭和二五年）に精神衛生法（上記の二法は廃止された）が制定された。一九八七年（昭和六二年）に精神衛生法は精神保健法に改められた。一九九三年（平成五年）に精神保健法の改正がなされ、「保護義務者」を「保護者」に名称変更された。一九九五年（平成七年）に精神保健法の改正がなされ、法の名称を「精神保健及び精神障害者福祉に関する法律」（精神保健福祉法）と改められ、福祉法的側面が強化された。一九九九年（平成一一年）に精神保健福祉法が改正され、本稿に関係する点は保護者規定についての改正であり、いわゆる自傷他害防止監督義務が削除されたことである。

（3）辻伸行「自傷他害防止監督義務の廃止と保護者の損害賠償責任」町野朔・中谷陽二・山本輝之編『触法精神障害者の処遇〔増補版〕』（信山社、二〇〇六年）六二頁は、「保護者の自傷他害防止監督義務がなくなった今日、この義務の廃止が保護者の損害賠償責任にどのような影響を与えるかが問題になる」として、「精神障害者の他害事故について保護者は被害者に対して損害賠償を負うことは一切なくなったのか、それとも損害賠償責任を負うことはあるのか、負うとすれば、どのような場合、どのような論拠により損害賠償責任を負うことになるのか」という問題を提起されている。

（4）この点は、飯塚和之「精神障害者の加害行為に対する監督義務者の責任に関する一考察――監督義務者概念を中心に」小林三衛先生退官記念論文集刊行委員会編『小林三衛先生退官記念論文集・現代財産権論の課題』（敬文堂、一九八八年）一六五頁は、法定監督義務者から保護義務者をはずし、事実上の監督をしている者に限って第七〇九条の責任を負うべきである、と主張されている。

（5）最判昭和四九年三月二二日民集二八巻二号三四七頁。

（6）山口純夫「精神保健法上の保護者と民法七一四条の法定監督義務者」私法判例リマークス二一号（二〇〇〇年）六六頁。

（7）飯塚和之「精神障害者の加害行為と監督義務者の責任」判例タイムズ六五六号（一九八八年）一三六頁。

（8）山口純夫「精神障害者の加害行為と父母の損害賠償責任の成否」民商法雑誌（一九八四年）八九巻五号一〇二頁、新関輝夫「他人に傷害を負わせた精神障害者の両親について民法七一四条の責任が否定された事例」判例評論二九七号（一九八三年）四三頁、山川一陽「精神障害者の行為と両親の責任」ジュリスト八一〇号（一九八四年）八六頁。

(9) 山口純夫「精神障害者の殺人事件につき国・県・町に対する精神衛生行政上の作為義務違反を理由とする損害賠償請求、及び、町長に対する保護監督義務違反を理由とする損害賠償請求はいずれも棄却したが、右障害者の父に対する監督義務違反を理由とする損害賠償請求を認容した事例」判例評論二九三号（一九八三年）四〇頁。

(10) 潮見佳男『不法行為法Ⅰ〔第二版〕』（信山社、二〇〇九年）四二一―四二二頁。なお、判例学説の整理については、山田知司「精神障害者の第三者に対する殺傷行為――責任能力」山口和男『現代民事裁判の課題⑦損害賠償』（新日本法規、一九八九年）四七九頁、吉本俊雄「保護義務者の精神障害者に対する監督責任」判例タイムズ五九九号（一九八六年）六頁も参照。

5　精神障害者と同居する配偶者と責任無能力者を監督する法定監督義務者の不法行為責任

（損害賠償請求事件　最高裁平成二六年（受）第一四三四号、第一四三五号　同二八年三月一日第三小法廷・判決）民集七〇巻三号六八一頁

一　事　実

A（大正五年生まれ）と第一審被告Y1（大正一一年生まれ）は、昭和二〇年に婚姻し、以後同居していた。両者の間には四人の子がいるが、このうち、長男である第一審被告Y2及びその妻であるBは、昭和五七年にAの自宅（以下、A宅という）から横浜に転居し、他の子らもいずれも独立している。Aは、平成一〇年ころまで不動産仲介業を営んでいた。

A宅は、愛知県a市にあるJRの駅前に位置し、自宅部分と事務所部分からなり、自宅玄関と事務所出入口を備えていた。

Aは、平成一二年一二月ごろ、食事をした後に「食事はまだか」と言い出したり、昼夜の区別がつかなくなったりした。そこで、第一審被告ら及び第一審被告Y2の妹であるCは、Aが認知症に罹患したと考えるようになった。

Aは、平成一四年になると、晩酌をしたことを忘れて何度も飲酒したり、寝る前に戸締まりをしたのに夜中に何度も戸締まりを確認したりするようになった。

第一審被告ら、B及びCは、平成一四年三月ごろ、A宅で顔を合わせた際などに触れて、今後のAの介護をどうするかを話し合い、第一審被告Y_1は既に八〇歳であって一人でAの介護をすることが困難になっているとの共通認識に基づき、介護の実務に精通しているCの意見を踏まえ、Bが単身で、横浜市からA宅の近隣に転居し、第一審被告Y_1によるAの介護を補助することを決めた。その後、Bは、A宅に毎日通ってAの介護をするようになり、A宅に宿泊することもあった。第一審被告Y_2は、横浜市に居住して東京都内で勤務していたが、上記の話合いの後には一か月に一、二回程度a市で過ごすようになり、本件事故の直前の時期には一か月に三回程度週末にA宅を訪ねるとともに、BからAの状況について頻繁に報告を受けていた。

その後、Aについて介護保険制度を利用すべきであるとの意見を受けて、Bらは、かかりつけのD医師に意見書を作成してもらい、平成一四年七月、Aの要介護認定の申請をした。Aは、同年八月、要介護状態区分のうち要介護1の認定を受け、同年一一月、同区分が要介護2に変更された。

Aは、平成一四年八月頃の入院を機に認知症の悪化をうかがわせる症状を示すようになった。Aは、同年一〇月、国立療養所中部病院（以下、中部病院という）のE医師の診察を受け、その後、おおむね月一回程度中部病院に通院するようになった。E医師は、平成一五年三月、Aが平成一四年一〇月にはアルツハイマー型認知症に罹患していたと診断した。また、Aは、同月ごろ以降、a市内の福祉施設「b」（以下、本件福祉施設という）に通うようになり、当初は週一回の頻度であったが、本件事故当時は週六回となっていた。Aが本件福祉施設に行かない日には、Bが朝からAの就寝までA宅においてAの介護等をおこなっていた。Aの就寝後は、第一審被告Y_1がAの様子を見守るようにしていた。

Aは、平成一五年ごろには、第一審被告Y_1を自分の母親であると認識したり、自分の子の顔も分からなくなったりするなど人物の見当障害も見られるようになった。Bは、Aに外出しないように説得しても聞き入れられないため、説得するのをやめて、Aの外出に付き添うようになった。

E医師は、平成一六年二月、Aの認知症については、場所及び人物に関する見当識障害や記憶障害が認められ、おおむね中等度から重度に進んでいる旨診断した。中部病院は、患者の診療について、一定期間の通院後は開業医に引き継ぐ方針をとっていたため、Aは、同月ごろ以降、再びD医師の診療を受けるようになった。

Aは、平成一七年八月三日早朝、一人で外出して行方不明になり、午前五時ごろ、A宅から徒歩二〇分程度の距離にあるコンビニエンス・ストアの店長からの連絡で発見された。

第一審被告Y_1は、平成一八年一月ごろまでに、左右下肢に麻痺拘縮があり、起き上がり・歩行・立ち上がりはつかまれば可能であるなどの調査結果に基づき、要介護1の認定を受けた。

Aは、平成一八年一二月二六日深夜、一人で外出してタクシーに乗車し、認知症に気付いた運転手によりコンビニエンス・ストアで降ろされ、その店長の通報により警察に保護されて、午前三時ごろに帰宅した。

Bは、かような出来事の後、家族が気付かないうちにAが外出した場合に備えて、警察にあらかじめ連絡先等を伝えておくとともに、Aの氏名やBの携帯電話の電話番号等を記載した布をAの上着等に縫い付けた。

また、第一審被告Y_2は、上記の出来事の後、自宅付近にセンサー付きチャイムを設置し、Aがその付近を通ると第一被告Y_1の枕元でチャイムが鳴ることで、第一被告Y_1が就寝中でもAが自宅玄関に近づいたことを把握することができるようにした。第一審被告ら及びBは、Aが外出できないように門扉に施錠するなどしたこともあったが、Aがいらだって門扉を激しく揺するなど危険があったため、施錠は中止した。他方、事務所出入口については、夜間は施錠されシャッターが下ろされていたが、日中は開放されており、以前から事務所出入口にセンサー付きチャイムが取り付けられていたものの、上記出来事の後も、本件事故当日までその電源は切られたままであった。

Aは、トイレの場所を把握できずに所構わず排尿してしまうことがあり、Bらに何も告げずに事務所出入口から外に出て公道を経て自宅玄関前の駐車スペースに入って同所の排水溝に排尿することもしばしばあった。

Aは、平成一九年二月、日常生活に支障を来すような症状・行動や意思疎通の困難さが頻繁に見られ、常に介護を必要とする状態で、場所の理解もできないなど調査結果に基づき、要介護4の認定を受けた。そこで、第一審被告ら、B及びCは、同月、A宅で顔を合わせた際など折に触れて、今後のAの介護をどうするかを話し合い、Aを特別養護老人ホームに入所させることも検討したが、Cが「特別養護老人ホームに入所させるとAの混乱は更に悪化する……入居希望者が非常に多いため入居まで少なくとも二、三年はかかる」旨の意見を述べたこともあって、Aをひきつづきa宅で介護することに決めた。

Aは、認知症の進行に伴って金銭に興味を示さなくなり、本件事故当時、財布や金銭を身に付けていなかった。本件事故当時、Aの生活に必要な日常の買物はもっぱら第一審被告Y_1とBが行い、また、預金管理等のAの財産管理全般は専ら第一被告Y_1がおこなっていた。

本件事故当時、Bは、午前七時ごろにA宅に行き、Aを起こして着替えと食事をさせた後、本件福祉施設に通わせ、Aが本件福祉施設からA宅に戻った後に二〇分程度の話を聞いた後、Aが居眠りを始めると、Aのいる部屋から離れて台所で家事をすることを日課としていた。Aは、居眠りをした後は、Bの声かけによって三日に一回くらい散歩し、その後、夕食をとり入浴をして就寝するという生活を送っており、Bは、Aが眠ったことを確認してから帰るようにしていた。

Aは、本件事故日である平成一九年一二月七日の午後四時三〇分ごろ、本件福祉施設の送迎車で帰宅し、その後、事務所部分の椅子に腰掛け、B及び第一審被告Y_1と一緒に過ごしていた。その後、Bが自宅玄関先でAが排尿した段ボール箱を片付けていたため、Aと第一審被告Y_1が事務所部分に二人きりになっていたところ、Bが事務所部分に戻った午後五時ごろまでの間に、第一審被告Y_1がまどろんで目を閉じている隙に、Aは、事務所部分から一人で外出した。Aは、a駅から列車に乗り、a駅の北隣の駅であるＪＲのc駅で降り、排尿のためホーム先端のフェンス扉を開けてホーム下に下りた。そして、同日午後五時四七分頃、c駅構内において本件事故が発生した。

Aは、本件事故当時、認知症が進行しており、責任を弁識する能力がなかった。

原審は、次の通り判断して、第一審原告Xの第一審被告Y_1に対する損害賠償請求を一部認容し、第一審被告Y_2に対する損害賠償請求を棄却した。

すなわち、一方の配偶者が精神上の障害により精神保健及び精神障害者福祉に関する法律五条に規定する精神障害者となった場合には、同法上の保護者制度の趣旨に照らしても、その者と現に同居して生活している他方の配偶者は、夫婦の協力及び扶助の義務（民法七五二条）の履行が法的に期待できないような特段の事情のない限り、夫婦の同居、協力及び扶助の義務に基づき、精神障害者となった配偶者に対する監督義務を負うのであって、民法七一四条一項所定の法定の監督義務者に該当するものというべきである。そして、Aと同居していた妻である第一審被告Y_1は、Aの法定の監督義務者であったといえる。

そして、第一審被告Y_1は、Aが重度の認知症を患い場所等に関する見当識障害がありながら外出願望を有していることを認識していたのに、A宅の事務所出入口のセンサー付きチャイムの電源を入れておくという容易な措置をとらなかった。このこと等に照らせば、第一審被告Y_1が、監督義務者として監督義務を怠らなかったとはいえず、また、その義務を怠らなくても損害が生ずべきであったともいえない、と。

しかし、本判決は、原審の上記前段の判断は是認することができない、とした。

二　判　旨

その理由の一つは、「民法七一四条一項の規定は、責任無能力者が他人に損害を加えた場合にはその責任無能力者を監督する法定の義務を負う者が損害賠償責任を負うべきものとしているところ、このうち精神上の障害による責任無能力者について監督義務が法定されていたものとしては、平成一一年法律六五号による改正前の精神保健及び精神障害者福祉に関する法律二二条一項により精神障害者に対する自傷他害防止監督義務が定められていた保護者や、平成一一年法律第一四九号による改正前の民法八五八条一項により禁治産者に対する療養看護義務が定められていた後見人が挙げられる。しかし、保護者の精神障害者に対する自傷他害防止監督義務は、上記平成一一年法律第六五号により廃止された（なお、保護者制度そのものが平成二五年法律第四七号により廃止された）。また、後見人の禁治産者に対する療養看護義務は、上記平成一一年法律第一四九号による改正後の民法八五八条において成年後見人がその事務を行うに当たっては成年被後見人の心身の状態及び生活の状況に配慮しなければならない旨のいわゆる身上配慮義務に改められた。この身上配慮義務は、成年後見人の権限等に照らすと、成年後見人が契約等の法律行為を行う際に成年被後見人の身上について配慮すべきことを求めるものであって、成年後見人に対し事実行為として成年被後見人の現実の介護を行うことや成年被後見人の行動を監督することを求めるものと解することはできない。そうすると、平成一九年当時において、保護者や成年後見人であることだけでは直ちに法定の監督義務者に該当するということはできない。」

もう一つの理由は、「民法七五二条は、夫婦の同居、協力及び扶助の義務について規定しているが、これらは夫婦間において相互に相手方に対して負う義務であって、第三者との関係で夫婦の一方に何らかの作為義務を課するものではなく、しかも、同居の義務についてはその性質上履行を強制することができないものであり、協力の義務についてはそれ自体抽象的なものである。また、扶助の義務はこれを相手方の生活を自分自身の生活として保障する義務であると解したとしても、そのことから直ちに第三者との関係で相手方を監督する義務を基礎付けることはできない。そうすると、同条の規定をもって同法七一四条一項にいう責任無能力者を監督する義務を定めたものということはできず、他に夫婦の一方が相手方の法定の監督義務者であるとする実定法上の根拠は見当たらない、というものである。

したがって、精神障害者と同居する配偶者であるからといって、その者が民法七一四条一項にいう『責任無能力者を監督する法定の義務を負う者』に当たるとすることはできないというべきである。」

「第一審被告Y_1はAの妻であるが、……第一審被告Y_1を『監督する法定の義務を負う者』に当たるとすることはできないというべきである。

また、第一審被告Y_2はAの長男であるが、第一審被告Y_2を『監督する法定の義務を負う者』に当たるとする法令上の根拠はないというべきである。

もっとも、法定の監督義務者に該当しない者であっても、責任無能力者との身分関係や日常生活における接触状況に照らし、第三者に対する加害行為の防止に向けてその者が当該責任無能力者の監督を現に行いその態様が単なる事実上の監督を超えているなどその監督義務を引き受けたとみるべき特段の事情が認められる場合には、衡平の見地から法定の監督義務を負う者と同視してその者に対し民法七一四条に基づく損害賠償責任を問うことができるとするのが相当であり、このような者については、法定の監督義務者に準ずべき者として、同条一項が類推適用されると解すべきである（最高裁昭和五六年（オ）第一一五四号同五八年二月二四日第一小法廷判決・裁判集民事一三八号二一七頁参照）。その上で、ある者が、精神障害者に関し、このような法定の監督義務者に準ずべき者に当たるか否かは、その者自身の生活状況や心身の状況などとともに、精神障害者との親族関係の有無・濃淡、同居の有無その他の日常的な接触の程度、精神障害者の財産管理への関与の状況などその者と精神障害者との関わりの実情、精神障害者の心身の状況や日常生活における問題行動の有無・内容、これらに対応して行われている監護や介護の実態など諸般の事情を総合考慮して、その者が精神障害者を現に監督しているかあるいは監督することが可能かつ容易であるなど衡平の見地からその者に対し精神障害者の行為に係る責任を問うのが相当といえる客観的状況が認められるか否かという観点から判断すべきである。

これを本件についてみると、……第一審被告Y_1は、長年Aと同居していた妻であり、第一審被告Y_2、B及びCの了解を得てAの介護に当たっていたものの、本件事故当時八五歳で左右下肢に麻ひ拘縮があり要介護1の認定を受けており、Aの介護もBの補助を受けて行っていたというのである。そうすると、第一審被告Y_1は、Aの第三者に対する加害行為を防止するためにAを監督することが現実的に可能な状況にあったということはできず、その監督義務を引き受けていたとみるべき特段の事情があったとはいえない。したがって、第一審被告Y_1は、精神障害者であるAの法定の監督義務者に準ずべき者に当たるということはできない。

また、……第一審被告Y_2自身は、……本件事故まで二〇年以上もAと同居しておらず、本件事故直前の時期においても一箇月に三回程度週末にA宅を訪ねていたにすぎないというものである。そうすると、第一審被告Y_2は、Aの第三者に対する加害行為を防止するためにAを監督することが可能な状況にあったということはできず、その監督を引き受けていたとみるべき特段の事情があったとはいえない。したがって、第一審被告Y_2も、精神障害者であるAの法定の監督義務者に準ずべき者に当たるということはできない。」

（裁判官全員一致、なお、補足意見、意見がある。）

三　研　究

1　民法は、未成年者が責任無能力ゆえに不法行為責任を負わない場合（七一二条）及び、精神的な障害により責任の弁識能力を欠く者が賠償責任を負わない場合（七一三条）には、法定監督義務者が一定の要件の下に責任を負う、という立場をとっている（七一四条一項）。いわゆる補充責任である(1)。民法七一四条一項の趣旨は、責任無能力者の身上の監督をしている家族に責任無能力者の不法行為についての責任を負わせたもので、この責任の根拠は、家族関係の特殊性に求めることができる、とされている(2)。

2　そして、重度の認知症による精神疾患を有する者の配偶者は、法定監督義務者として、上記責任を負うか、といった点が実質的に主たる争点になったのが本判決である(3)。そこでは、（イ）精神障害者と同居する配偶者であるからといって、民法七一四条一項の法定監督義務者にあたるとすることはできない、とされた。ほかに、（ロ）

法定監督義務者にあたらない者でも、責任無能力者との身分関係や日常生活における接触状況に照らし、第三者に対する加害行為の防止に向けて、監督を現に行いその態様が単なる事実上の監督を超えている等、監督義務を引き受けたと見るべき特段の事情が認められる場合は、衡平の見地から、法定監督義務者に準ずべき者（準監督義務者）として、民法七一四条一項が類推適用される、とされ、（ハ）本件精神障害者Aの配偶者Y_1及び子Y_2には、監督義務を引き受けたと見るべき特段の事情は認められず、準監督義務者にあたらない、とされた。

3　しかし、原審では、一方の配偶者が精神上の障害により精神保健及び精神障害者福祉に関する法律（以下、精神保健福祉法という）五条に規定する精神障害者となった場合には、同法上の保護者制度（同法二〇条〔平成二五年法律第四七条による改正前のもの〕参照）の趣旨に照らしても、その者と現に同居して生活している他方の配偶者は、夫婦の協力及び扶助の義務（民法七五二条）の履行が法的に期待できないような特段の事情のない限り、夫婦の同居、協力及び扶助の義務に基づき、精神障害者となった配偶者に対する監督義務を負うのであって、民法七一四条第一項の法定の監督義務者にあたり、Y_1に対する損害賠償請求が認容された（Y_2に対する責任は否定された）のである。

要するに、原審判決[4]によると、一方の配偶者が精神障害者となった場合には、他方配偶者が原則として夫婦の協力及び扶助の義務（民法七五二条）に基づき、精神障害者となった配偶者に対する監督義務を負うことになり、民法七一四条一項の法定監督義務者該当性が肯認され、その者の監督責任の成否が吟味されることになるが、この点、本判決によれば、保護者の精神障害者に対する自傷他害防止監督義務が平成一一年の法律改正により廃止されたことや、同年の法律改正により成年後見人の禁治産者に対する療養看護義務がいわゆる身上配慮義務に改められたこと等を理由に、本件事故のあった平成一九年当時において、保護者や成年後見人であることだけでは直ちに法定の監督義務者に該当するということはできないのであり、そして、また親族間の扶養義務を民法七一四条所定の法定監督義務者と結びつけた議論は従来ほとんど見られないことや夫婦の同居、協力及び扶助の義務の内容からしても、民法七五二条の規定を根拠にして法定監督義務者該当性を配偶者に肯認することはできないことになり、その結果、監督責任成否を検討する余地はないこととなり、それ自体が否定されることになってくるのである。

4　このような本判決の見解の立場をどのように見るべきであろうか。かつて、筆者は、原審判決を批評した際に、「婚姻中配偶者の一方が重度の認知症による精神疾患を有することになり、徘徊等により他害事故発生の危険性を生じさせるようになった場合には、他方配偶者は、特段の事情が認められない限り、婚姻中の協力扶助義務として他の配偶者に対しその生活全般について配慮し、監督すべき義務を負うものと解すべきであ（り）、したがって、民法七五二条は、重度の認知症による精神疾患を有する者の配偶者の民法七一四条の責任主体性を認めうる法的な根拠になりうる。」と解し、原審判決を支持したのであった。(5) この判決については、「配偶者につき法定監督義務者該当性を肯定する判断は合理的である一方、免責事由をごく簡単な判示により否定する判断は適切でなく、Y_1の地位や能力等を踏まえた実質的な義務違反性の認定判断がされるべきであった」との批評が寄せられている。(6)

5　本判決でも、民法七一四条一項の「法定監督義務者該当性」が問われているが、問題を否定することで処理をおこなっている（もちろん、そこでは免責事由を判定する余地はない）。確かに、上記批評が指摘する通り、原審判決は、配偶者の一方に対する「一般的監督」として充分かどうかを判示しているが、ただそれのみであり、監督責任の成否の判断枠組といえるようなものは提供していなかった。(7) そこで、以前に重度の知的障害者の惹起した人身事故を処理する際に、裁判所によって提示されていたものを参考にして、監督責任の成否を判断する規準として「精神障害者に配慮すべき具体的必要性」を考慮すべきではないか、と考える。そうすると、本件の事案では、その判断は、（イ）いわゆる特養・有料老人ホームへの入所、（ロ）家族の介護負担の軽減措置（ホームヘルパーの依頼など）、（ハ）建物についての事故防止措置（出入口になされたセンサーの取付け・作動）、（ニ）問題の事故現場やその周辺への事前の逸速い探索等の諸要因を吟味して具体的になされなくてはならない、と解され、（イ）ないし（ニ）のいずれかの要因が肯認されるならば、上記規準が充足されたものと見て、監督が尽くされた（精神障害者への配慮が尽くされた）ものと評価すべきである、と解しうるものと考えられる。(8)

6　本判決は、既に述べたように民法七一四条一項の責任主体性を、配偶者や子について否定し、監督責任の成否の要因を明らかにしていない。このため、一方では、認知症の人の関係者は、免責要件に注目していたが、本判決は、責任の主体性を否定することで、監督責任自体を否定したため、その要件は明らかにならなかったし、また、監督義務者に賠償責任を負わせる民法七一四条一項の規定が被害者救済を目的とするが、本判決のように監督義務者が存在しないものとされるならば、どのようなときなら被害の救済がなされるかとの疑念が残る[9]、と批判されることになり、他方、本判決の判断によれば献身的に介護すればするほど重い責任を負うことになりかねないといった批評[10]も寄せられることとなった。そこで、上記のように監督責任の判定規準を構成するならば、（イ）ないし（二）の諸要因の検討を通して、実質的な監督責任の有無を判定すべきであるといえよう。そうすると、本件事案では、（イ）ないし（二）のいずれも見受けられないと考えられるので、監督責任は積極的に解さざるをえないであろう。

7　なお、本判決は、法定の監督義務者に該当しない場合であっても、最判昭和五八年二月二四日判時一〇七六号五八頁[11]を引用し、ある者が、精神障害者に関し、法定の監督義務者に準ずべき者（準監督義務者）にあたるか否かを見定めるべきであると解している。その「準監督義務者の該当性」判断の要因として、（a）自身の生活状況や心身の状況、（b）精神障害者との親族関係の有無・濃淡、（c）同居の有無その他日常的な接触の程度、（d）精神障害者の財産管理への関与の状況などその者と精神障害者との関わりの実情、（e）精神障害者の心身の状況、（f）日常生活における問題行動の有無・内容、（g）監護や介護の実態等を挙げているが、これらの中に、監督を可能にする機能をもつ同居や日常的接触あるいは日常生活における問題行動など監督責任の成否を判定する要因が含まれており、釈然としないものが感じられるように思う。

（1）　これについては、「被害者に対して—加害者が責任能力がないということについての—無用の立証責任を課すものである。また、未成年者や責任能力を有しない者に対して通常は賠償請求をしない。また、多くの場合にこれらの者には賠償能力がない、というわが国の実情をも考慮する必要がある」との評価が支配的である（我妻栄・有泉亨・清水誠・田山輝明『我妻・有泉コンメンタール民法　総則・物権・債権〔第三版〕』（日本評論社、二〇一三年）一三八一頁）一方、「全体として、一定の合理性を有する制度だ」とする評価も有力である（窪田充見「責任能力と監督義務者の責任1現行法制度の抱える問題と制度設計のあり方」現代不法行為法研究会編別冊NBL No.155『不法行為法の立法的課題』（二〇一五年）七一頁）。

（2）加藤一郎『不法行為〔増補版〕』（有斐閣、一九六九年）一五九頁、平井宜雄『債権各論Ⅱ不法行為』（弘文堂、一九九二年）二一四頁。

（3）本判決についての研究として、青野博之「判批」新・判例解説Watch・民法（財産法）No.108（二〇一六年）、窪田充見「時論・最新平成二八年三月一日――ＪＲ東海事件上告審判決が投げかけるわが国制度の問題」ジュリスト一四九一号（二〇一六年）六二頁、加賀山茂「判批」旬刊速報税理三五巻一四号（二〇一六年）五〇頁、米村滋人「法律判断の『作法』と法律家の役割――認知症鉄道事故の最高裁判決に寄せて」法律時報八八巻五号（二〇一六年）三頁、同「判批」法学教室No.429（二〇一六年）五〇頁、久須本かおり「判批」法経論集（愛知大学）二〇八号（二〇一六年）一八九頁、廣峰正子「判批」金融・商事判例No.1493（二〇一六年）二頁、山地修「判批」ジュリスト一四九五号（二〇一六年）九九頁、柴田龍「判批」法学論集（立正大学）五〇巻一号（二〇一六年）二四七頁、金川めぐみ「判批」賃金と社会保障一六六六号（二〇一六年）四頁。

（4）前田太郎「判批」新・判例解説Watch（法学セミナー増刊）一五号（二〇一四年）八三頁、奥野久雄「判批」CHUKYO LAWYER（中京大学法科大学院）二二号（二〇一五年）一七頁、窪田前掲（1）、前田陽一「判批」現代不法行為法研究会編別冊NBL No.155『不法行為法の立法的課題』（二〇一五年）三四頁、廣峰正子「判批」金融・商事判例No.1486（二〇一六年）九二頁。私法判例リマークス五〇号（二〇一五年）、米村滋人「判批」判例評論六七七号（二〇一五年）二頁、犬伏由子「判批」

（5）奥野前掲二七頁、本判決が、指摘するように「協力の義務についてはそれ自体抽象的なものであるが、扶助の義務はこれを相手の生活を自分自身の生活として保障する義務であると解し」、これらの義務を根拠に、第三者との関係で損害を回避すべき作為義務を条理上基礎付けることはできなくはないであろう。それゆえに、そこにおいて夫婦の一方が相手方の民法七一四条一項所定の監督義務者であるとする理由を見出しうるのではないだろうか。なお、古くなるが、岡村玄治『債権法各論』（巖松堂書店、一九二九年）七〇九頁は、民法七一四条所定の法定監督義務者として配偶者をあげている。

（6）米村前掲（3）一二一頁。

（7）名古屋地判平成二三年二月八日判時二一〇九号九三頁。奥野久雄「判批」CHUKYO LAWYER一六号三七頁。

（8）奥野前掲（4）二七―二八頁。

（9）讀賣新聞二〇一六年三月二日（水）三頁社説。

(10)　米村前掲（3）二頁、同じく廣峰前掲（3）四頁。
(11)　この判決は、民法七一四条の法定の監督義務者だけでなく、これに準ずべき者にも同条の責任があるとし、加害の精神障害者を事実上監督する者であって、実質的に見て監督義務があると考えられる者も民法七一四条の責任を負うものと解すべきであると説示をしたものである（事案等は、詳細は前掲奥野（7）四三頁参照）。

第二編　外国法

第一部　フランス法

第一章　学校事故の賠償法制

1　はじめに

わが国では、学校事故による被害者救済制度が極めて不十分であり、わずかに学校事故の被害者に対する公的救済制度として日本体育・学校健康センターの災害共済給付制度[1]が存在するだけであり、しかもそれは見舞金を主としたものにとどまっている。したがって、被害者がより一層実質的賠償を得ようとする限り、損害賠償制度を利用せざるをえないのが実情であろう。

しかし、現在のわが国の損害賠償制度は、学校事故の救済をおこなうにあたって、学校・教師と生徒・親という特殊な状況を考慮したものではないことから、被害生徒の救済をおこなう場合、とくに教育理念の見地からして問題が少なくない。とりわけ、民法や国家賠償法は過失責任の原則をとっているので、被害生徒が損害賠償を請求するには、学校の校長や教師等に過失があったことを証明しなければならないとされ、このため被害者救済の立場から、教師の過失をゆるやかに認定する傾向が推し進められると、いきおい教育活動の萎縮化が強まるといわれているからである[2]。

そこで、そのような不都合を斥けるために、解釈論上、教師の注意義務の限界を明らかにするなどして教師の教育の活動を安定化させるための努力がなされてきている[3]。また、立法論上、国・公共団体あるいは学校経営者の無過失責任を定める「学校事故損害賠償法」（学賠法）を、さらには無過失責任原則を踏まえつつ上記の学賠法を超えて、国の完全補償義務を定める「学校災害補償法」（学災法）を制定することの必要が提唱されてきている。[4]

もっとも、このような制度は欧米諸外国においても実現されているわけではなく、そこにおいては、過失責任の原則を柱とする学校側への賠償責任の追及が学校事故の被害者救済においてなお相当な比重を占めており[5]、それゆえ賠償訴訟にあっては教師の過失の証明責任が原告に課されるなどの、わが国の場合と同様の問題状況が存在し、そして、そこでも立法及び判例・学説がかような問題を解決するための努力をおこなってきている。したがって、今後、わが国における学校事故救済法制のあり方を考えるうえで、これらの欧米諸外国における立法及び判例・学説の動向に注目していく必要があろう。

そこで、本章は、フランスの学校事故賠償法制を取り上げるものである。[6] フランスでは、学校事故（accidents scolaires）[7]については順次三つの法律が規定してきているが、以下では、その制定に至る過程を検討してみたいと思う。

2　一八〇四年の民法典一三八四条四項の定める教師の民事責任の成立過程

1　民法典草案は、第三編第四章、合意なくして成立する義務という表題の下に、第一五条として、民法典一三八四条に相当する規定をおいていた。これについて、ベルトラン・ドゥ・グルイュが、一八〇四年一月三〇日に立法院で、「父、教師の責任は、損害賠償に関する一つの保証であ（る）」旨の提案理由を述べた。

2　この草案と提案理由は、翌日に護民院へ送付された。そこで、ベルトラン・ドゥ・グルイュが、草案の趣旨は、教師が生徒の親に代位することにある、という旨の報告をおこなった。

3　護民院は、草案を同年二月八日の開期に可決した。その直後、これが立法院で可決され、法律として採択された。そして、同月一九日に公布されるに至った。

4　民法典起草者は、教師の責任を親の責任と同じ性質をもつものであると捉えていた。この態度は、教師を親の代位者と見る一九世紀の私教育法制に由来するものであったといえよう。

3　一八〇四年の民法典から国の民事責任をもって教師のそれに代置する旨を定める一八九九年七月二〇日法へ

1　教師に対して親の責任と類似の責任を課す民法典一三八四条四項の存在は、一九世紀の経過の中で教師の地位が大きく変更を受けるにつれて、次第に教師の側に強い不満を生じさせてくる。その結果、同条の改正を狙ったフランス全土に及ぶ国会請願運動が、教師によって引き起こされるに至り、そして、これが一八九九年七月二〇日法誕生の推進力となっていく。このことは、一九世紀の経過の中で生じてくる、教育立法の発展、及び、教師の民事責任に関する判例の展開と深い係り合いをもっているように思われる。

2　一九世紀になると、教育の改革立法が続々と登場するようになり、次第に教育は公役務の性格を帯びるようになってきた(8)。例えば、一八三三年六月二八日法以降、県に師範学校、市町村に小学校を設置する義務が課されたが、一方、初等教育の無償性が一八八一年六月一六日法により確立され、さらに、小学校への就学義務が一八八二年三月二八日法により法制化された。そのうえ、学校の定員増のため、教師の仕務が一層重くなり(9)、教師間に大きな不安が生じてきた。

3　しかし、現実には、裁判所は、教師に対して厳格な態度をとり、一三八四条責任を認める判決を言い渡したのである(10)。課された責任によって正気を失った教師が自殺する、という著名な悲しい事件が新聞の時評欄やラジオ番組で取り上げられ、世論が高まり、教員組合も判決の違法性の有無を問題にした(11)。かくて、そのような判決を目前にした教師は、一三八四条の規定がいかなる範囲まで適用されうるのかというごく自然な不安に駆られ、全フランスにその改正を目指す国会請願運動を広めていったのである。

4　このような世論と組合運動の高揚を背景として、一八九六年に議員提出法案が代議院に上程された。まず、マルザクの法案は、一三八四条の適用範囲の制限を意図したものであった。次に、ユーバールの法案は、フォート推定の削除を明規したものであった。さらに、ラビィの法案は、国の民事責任の代置とフォート推定の削除を明記し、公立学校教師の一三八四条責任の排斥を目論むものであった。

これらの法案を一括審議した代議院立法委員会は、国の民事責任をもって公立学校教師のそれに代置することが最も妥当であるとの結論を出し、次の法案を代議院に上程した。この法案の内容は、「次の規定が民法典一三八四条の末尾の項に追加される。但し、国の民事責任は、公教育職員のそれに代置される」というものであった。同委員会が右の結論を出すのに顧慮したのは、①判例の厳格な態度から、教師を守ること、②公教育法制の確立に伴って、公立と私立の学校教師を区別する必要が生じてきたこと、③学校での体育についての教師の不安を取り除くこと、④教師に、公役務と関係しない個人フォートについてのみ責任を負担させること、という四点であった。そして、右法案は、代議院で一八九八年三月二一日に異議なく可決され、元老院に送付された。

5　元老院では、立法委員会がこの法案をそのまま上程したが、その際に同委員会の報告者から、問題は、教師を一三八四条責任から保護することであり、一三八二条責任から免れさせることではない旨が強調された。代議院においてその点が明確にされていなかったからである。それから、被害者が教師を訴えることを禁止する旨の条項が、議員提出案として追加上程された。しかし、同委員会は、教師の個人フォートが問題になる場合には一般原則（一三八二条）による責任が存続し、国の責任の代置適用を必要としない、と主張した。結局、この追加案は撤回された。そして、同委員会の法案が、一八九九年六月三〇日に異議なく可決され、即刻、代議院に回付され、そこで同日異議なく可決された。そして、これは、一八九九年七月二〇日に公布されたのである。法文の内容はこうである。

「第一条：次の条項が、民法典一三八四条の末尾の項に追加される。

但し、国の民事責任は、公教育職員のそれに代置される。

第二条：国に対する責任訴訟は、本法によって定められた場合において、損害が惹起された土地の民事裁判所、あるいは、治安判事の前に提起され、かつ、県知事を相手におこなわれる。」

6　このような過程を経て成立した一八九九年七月二〇日法は、どのような法的効果を生じさせたのであろうか。同法の創設した制度を知るうえで、この点の検討は必要であろう。まず第一に、国の民事責任をもって公教育職員の一三八四条四項責任に代置されるためには、教師が同条項の責任を負う必要がある、ということ。これは、生徒によって他人に損害が惹起されたことを、同条の適用条件の一つに加えられているため、国の代置適用が、それ以外の損害の場合についておこなわれない、ということを意味している。もちろん、右の場合には、被害者は、一三八二条・一三八三条に基づいて教師を訴えることができるのである。第二に、国のみが訴えられ、かつ、賠償金の支払いを命じられたときには、国は、教師に対して求償権を行使しうる、ということである。さらに第三に、被害者は、国に対して一三八四条四項を活用しうる結果、同条によるフォート推定の利益を享受しうる地位を確保できた、ということである。

4　一八九九年法からフォート推定の削除並びに国の代置を定める一九三七年四月五日法へ

1　ところが、一八九九年七月二〇日法は、制定直後、公立学校教師の側に最も強い不満を生じさせた。同法が、生徒によって他人に惹起された損害についてのみ適用され、その必要があっても教師の個人的フォートをカバーしなかったり、またそれは公務時間中にのみ適用され、放課後のあらゆる活動をその適用範囲から排除したりするなどの限定的な仕方でのみ、判例上において運用されるにとどまっていたからである(12)。

2　かくて、一八九九年七月二〇日法に対するそのような批判を考慮する多数の法案が、同法の改正を狙って上程された。そこで、以下においては、一九三七年四月五日法の成立について多大の影響を与えたものと思われる、ピエール・デュヒュイの法案を簡潔に紹介しよう。まず、一九〇五年の法案には、フォート推定の削除と国の責任代置、並びに被害者の教師に対する訴訟提起の禁止についての規定が組み入れられていた。この法案は採択されなかったけれど、上記の三点は一九三七年法に継承されることとなるのである。次に、一九〇六年の法案は、フォート推定を堅持し、国の代置を、「生徒が自己自身に損害を偶発的に惹起した場合」に拡大したものの、「学友以外の第三者によって生徒に対し惹起された損害」を等閑に付していた。その後これに関する報告書や各種法案が上程されたが、これらは、既にデュヒュイの法案において立言されている諸原則を確認したものにとどまっていた。そして、一九二五年には、ボカノウスキーが、デュヒュイのものを殆どそのまま再生した法案を上程したが、ただそれは、民法典一三八四条のフォート推定に全く言及していなかった。結局、代議院では、ボカノウスキーの法案が、文章を簡明にするための手直しを受け、一九二七年七月一三日に可決され、元老院へ送付された。

3　元老院においては、立法委員会は、一九二八年に教師が国に対する訴訟において証人として召喚されないことにするための修正を法案に施すことで満足していたが、一九三二年になって、フォート推定を削除する旨を主張するモランの対案を採択した。その経緯はこうである。モランが、フォート推定は当時の教職員の担っている役割と均衡を失するようになっているから、教職員にとって極めて重い負担となっているということを理由に、その削除を提案したのに対して、委員会は、それと全く別の次のような理由から上記の対案を採択したというわけである。すなわち、一三八四条の解釈において、異なる取扱いを受ける二つの事例が存在した。つまり、同条の推定は、学友以外の第三者によって生徒に対して惹起された損害のケースにではなく、生徒によって生ぜしめられた損害のケースにのみ適用されていた。そこで、これらのケースを一三八二条の一般原則の下に統合して処理しようというのがそれである。

4　元老院において、同委員会の採択した法案は、一九三三年四月五日に可決され、代議院に回付された。そこにおいて、それは形式的な若干の修正を受け、一九三七年三月二五日に可決され、そして同年四月五日に公布された。法文は、下記の通りである。

「一九三七年四月五日法は、教師の民事責任に関する証明規定、および、公教育職員の責任に対する国の責任の代置に関する民法典一三八四条五項を修正する。

第一条：民法典一三八四条五項は、下記のように修正された。

上記の責任は、父母および職人がその責任を発生させた行為を防止できなかったことを証明しない限り、発生する。

教師に関しては、加害行為を発生させたものとして、主張されたフォート、無思慮または不注意は、原告がこれを一般法に従って証明しなければならない。

第二条：一八九九年七月二〇日法は、廃止され、下記の規定に代えられた。

公教育職員に職務上ゆだねられた児童もしくは青年によって、または同様の児童もしくは青年に対して、もたらされた加害行為に基づいて公教育職員に損害賠償責任が生ずるすべての場合において、国の責任がかかる教育職員の責任に代置され、かかる教育職員は被害者もしくはその代理人によって民事裁判所に訴えられないものとする。

授業時間の内外を問わず、法令により禁止されない生活指導または体育の目的で前記の児童もしくは青年が公教育職員の監督下にあるときも、同様とする。

求償の訴えは、国により、教師または第三者に対し、一般法に従って提起されうるものとする。

本来的賠償の訴えにおいては、国が求償の訴えを提起することあるべき公教育職員は、証人として尋問されえない。

被害者、その両親または権利承継人によって行使され、損害について責任ある国に対して提起される責任の訴えは、損害が発生した地の大審裁判所又は小審裁判所に提起され、県知事を被告としなければならない。

本法に定められた損害賠償に関する時効は、加害行為がおこなわれた日から三年で取得される。」

5　一九三七年四月五日法は、二か条を含んでいる。民法典一三八四条に組み込まれた第一条は、公立・私立を問わずすべての教師をフォート推定から免れさせる。今後、問題になるのは、生徒によって又は生徒に対して惹起されたすべての損害であろう(13)。第二条は、公教育職員にだけ適用される。公教育職員に関しては、国の責任が、公教育職員のそれに代置される。生徒に対して又は生徒によって惹起された損害の被害者は、教師のフォートを証明することによって、国を被告にして責任の訴えを提起することができるであろう(14)。

5　まとめ

以上は、フランスにおける学校事故賠償法制の沿革に関する素描的考察にとどまる。そこでは、国の民事責任をもって公教育職員のそれに代えつつ、教師に対するフォート推定を削除する、といった措置がとられていた。そして、前者については、賠償能力ある国を責任主体に据えた点で、被害生徒と親の保護という見地から、一定の評価が与えられるべきであろう。これに対して、後者は、被害者の利益を犠牲にして教師の保護を図ったものといえようが、今日のフランスの法的発展は、この措置の正当性を疑うに足りるものであると見るべきであろう。というのは、判例は、フォート概念を拡張し、あるいはフォートの証明を緩和する、というふうな方法で教師の責任をできるだけ容易に認め、国の責任の代置を積極的に活用するという態度をとっているからである。

さらに、一九三七年以降の、立法の動きにも注目すべきものが見られる。まず、第一に、一九四三年八月一〇日法が、公立学校の生徒のために強制保険の制度を設けたこと、第二に、一九四六年一〇月三〇日法が、学校生活に新しい危険を付加する専門教育固有の危険を考慮して、労働災害制度を技術教育に拡大したこと[15]、第三に、私立学校によっておこなわれている公教育についての協同契約（contrat d'assosiation）に関する、一九六〇年四月二二日六〇―三八九号政令第一〇条が[16]、学校事故について、「国の責任は、一九三七年四月五日法の諸規定の枠内において認容される」と規定したことなどがそうである。なお、このように一九三七年法をめぐって活発な動きを見せている判例及び立法の検討は、今後の課題としたいと思う。

（1）学校事故に際しての被害者救済制度は「独立行政法人日本スポーツ振興センター法」（平成一四年一六二号）が定める。
（2）伊藤進「学校事故補償救済制度の課題と展望」法律のひろば三一巻三号（一九七八年）五頁。
（3）野村好弘『学校事故の民事判例』（有斐閣、一九七三年）一頁、上井長久「学校事故における教師の責任」学校事故研究会編『学校事故全書①』（総合労働研究所、一九七七年）一八七頁。
（4）兼子仁「学災法・学賠法にかんする教育法学会・事故研報告」学校事故研究会編『学校事故全書①』（総合労働研究所、一九七七年）三九八頁。
（5）兼子仁「諸外国における学校事故賠償の法制」ジュリスト五九八号（一九七五年）四六頁。
（6）本章の執筆にあたって次の文献を参照した。兼子前掲「諸外国における学校事故賠償の法制」四六頁、中村睦男「フランスにおける学校事故判例の動向」『学校事故全書②』（総合労働研究所、一九七七年）四二五頁、奥野久雄「学校事故賠償法史――フランスにおける教師の民事責任法制の変遷」関西大学法学論集二九巻五号（一九八〇年）三五頁（奥野久雄『学校事故の責任法理』（法律文化社、二〇〇四年）一八一頁、滝沢正「フランスにおける行政上の不法行為責任」山口俊夫編集代表『野田良之先生古稀記念・東西法文化の比較と交流』（有斐閣、一九八三年）四三〇頁、後藤巻則「フランスにおける学校事故賠償法制」季刊教育法四九号（一九八三年）一四三頁、H. et L. Mazeaud et A. Tunc, Traité théorique et pratique de la responsabilité civile délictuelle et contractuelle, 6e éd., t. I. 1965, n° 784; R. Pierot, Le statut de l'instituteur public, 1972, p. 145; P. Dabezies, Loi de 1937 et orientations nouvelles en matiére de responsabilité des membres de l'enseignement public, A. J. D. A., 1969, p. 391; G.Viney, Traité de droit civil, IV. les obligations, la responsabilité: conditions, 1982, n° 897; P. Malaurie et L. Aynès, Cours de droit civil les obligations, 1er éd., 1985, n° 68; A. Weill et F. Terré, Droit civil les obligaions, 1986, n° 674.
（7）ここでは、学校で発生した事故のすべてではなく教師の不法行為責任に限定されるが、最近、民法の体系書等でaccidents

scolairesとされており（Malaurie et Aynès, op. cit., n° 68など）、本章でもこう呼んでおくことにする。

（8）Pierot, op. cit., p. 30 et 148.

（9）Viney, op. cit., n° 897.

（10）Seine, 23 janvier 1892, S.1899 II. 138: D. 1893 II. 492.

（11）Dabezies, op. cit., p. 391.

（12）Dabezies, op. cit., p. 392.

（13）Malaurie et Aynès, op. cit., n° 68.

（14）Malaurie et Aynès, op. cit., n° 68; Viney, op. cit., n° 897.

（15）Dabezies, op. cit., pp. 405-407.

（16）Weill et Terré, op. cit., n° 679 note 2：ただ、実際にはこの協同契約の締結は、あまりおこなわれていないといわれている（Malaurie et Aynès, op. cit., n° 68）。

第二章　教師の責任の展開

1　問題の所在

1　フランスにおける教師の不法行為責任法制には、変遷史がある。これを確認しておこう。一八〇四年の民法典によれば、生徒の行為による教師の責任は、未成年の子供の行為による両親の責任と同じ制度の下に規律されていた。ある生徒が他の生徒又は第三者に損害を加えた場合に、その生徒を監督する教師に対してその賠償をする責任を負わせていた。その際、教師には、監督義務を正しくおこなったという証明によって覆されうるフォート推定が課されていた。

2　この教師の責任法制は、判例によって一定の厳格さをもって運用され、民法典一二四二条（旧一三八四条）責任を認める判決が言い渡され、課された責任の重さによって正気を失った教師が自殺するという著名な事件に際し[1]、その改正に向けて世論が高まる中、ついに国の責任を公教育職員の責任に代置する、一八八九年七月二〇日法が可決されるに至った。

3　しかし、この改革は、フォート推定の削除及び国の責任の強化を求める教師にとってなお不十分であると考えられた。そこで、新しい改革が実施に移され、一九三七年四月五日法の成立を見るに至った。

4　この法律は、二か条から構成されている。一つは、民法典一二四二条（旧一三八四条）に第八項として、「教師に関しては、加害行為を発生させたものとして、主張されたフォート、無思慮又は不注意は、原告がこれを一般法に従って証明しなければならない。」との規定を挿入したが、今後は、私立・公立を問わず、すべての教育職員からフォート推定を逸れさせるものである。もう一つは、公教育職員に関するものである。

5 新法は、教師の監督下におかれている、生徒によって加えられ、あるいは、こうむられたすべての損害について、教師に代置される国を相手にする責任訴訟を提起することを被害者に強く求めることになるのである。したがって、教師に課されたフォート推定が廃止されることによって、一九三七年四月五日法に由来する民法典一二四二条八項（旧一三八四条八項）の規定は、以降、生徒の行為によるすべての損害についての責任要件を、不法行為の一般法の下に統一するものであろう(2)。

6 以上、教師の責任法制の改革は、一見すると明白なように見えるが、民法典一二四二条一項（旧一三八四条一項）について、同条八項との関連でその適用の可否が問題となる。事例を通して、具体的に見てみよう。

2　問題点

1 一方において、生徒が教師の監督下にあって、教育活動やスポーツ活動及び遊戯の過程において、物を使用することにより、同級生や第三者に対して損害を与えることが考えられよう。そのような場合に、被害者は、民法典一二四二条一項（旧一三八四条一項）によって損害の賠償を請求するには、教師が物の保管者であることを証明しなければならないであろう。そこでは、問題の保管が誰に帰属するかが問われるからである。教師の指示と無関係に生徒が個人的な目的のために物を使用するならば、その生徒が物の保管者となりうるであろう。

2 問題は、組織・編成された活動中に、物が生徒によって使用されたり、あるいは、教師の指示の下に物が生徒によって用いられたりする場合である。このような場合には、教師が生徒に対し権限を行使しうる期間中、物の保管者であることに異論はなかろう。もっとも、このことを前提として、その際に、民法典一二四二条八項（旧一三八四条八項）の規定との関連で、上記問題の場合に民法典一二四二条一項（旧一三八四条一項）の規定を適用することができるかという点が問われるのである。(3)

3　他方において、民法典一二四二条一項（旧一三八四条一項）の規定の適用をめぐって、近年、極めて重要な判決が破毀院によって言い渡されている。(4)この判決が、今後、監督義務を課されている者としての教師の責任にどのような影響を与えるか、という点が問題とされるであろう。

4　そこで、本章は、フランス不法行為法のしくみを簡潔に見たうえで、このような民法典一二四二条一項（旧一三八四条一項）をめぐる若干の問題を紹介するものである。

3　フランス不法行為法のしくみ

1　フランスの不法行為責任は、次の三つの型に区分されるのが通常である。すなわち、（一）自己の行為による責任（民法典一二四〇条（旧一三八二条）・一二四一条（旧一三八三条））、（二）他人の行為による責任（民法典一二四二条（旧一三八四条））、（三）物の行為による責任（民法典一二四二条一項（旧一三八四条一項）・一二四三条（旧一三八五条）・一二四四条（旧一三八六条））がこれである。要するに、人は、自己が直接に生じさせた損害だけでなく、自己が責任を負わなければならない人々、あるいは、自己が所有する又は保管する物の行為から生じた損害を賠償する責任がある、とされる。

2　民法典一二四〇条（旧一三八二条）・一二四一条（旧一三八三条）は、損害惹起者の行為から生じる責任を定めている。そこでは、他人に損害を発生させた者は、原則として、（イ）損害、（ロ）加害者のフォート、（ハ）このフォートと損害との間の因果関係の証明がおこなわれることを条件に賠償責任を負う、とされる。そして、フォートというのは、客観的要素、「違法性（illicéité）」ということばで指示される、義務違反、並びに主観的要素、「帰責性（imputabilité）」ということばで示される、損害惹起者に対し非難を加える必要性、という二つの要素を包含するものとされている。[5] これをフォートの主観説という。もっとも、不法行為責任の本質的機能が損害の填補にあるということから、フォートの内容として帰責性を不要とする見解も有力である。[6] これをフォートの客観説という。このようなフォートの理論状況を背景に、成年の無能力者に関する法改正がおこなわれ、一九六八年一月三日法によって、民法典の中に、四一四条ノ三（旧四八九条ノ二）として「他人に損害を惹起した者は、精神障害者の支配下にあったときでもその賠償責任を負う。」という規定が挿入された。[7]

3　民法典一三八四条は、責任を負わなければならない第三者の行為から生じる責任を定めている。同条は、①未成年の子供によって惹起された損害に対する両親のフォート、②徒弟によって惹起された損害に対する職人のフォート、③家事使用人及び被用者によって惹起された損害に対する主人及び使用者のフォートについて、各推定を定めるものと解されている。もっとも、教師は、不法行為に関する証明規定、及び公教育職員の責任に対する国の責任の代置に関する規定を修正する、一九三七年四月五日法によってフォート推定が削除され、不法行為の一般原則を定める民法典一二四〇条（旧一三八二条）・一二四一条（旧一三八三条）の責任領域に戻されている（以下、一九三七年法として引用することがある）。[8] なお、子供等の託されている施設も一般法に従うこととされている。[9]

4　民法典一二四二条（旧一三八四条）・一二四三条（旧一三八五条）・一二四四条（旧一三八六条）は、動物、建物又は無生物の所有者あるいは保管者に帰責する責任を定めている。この責任は、古くからの学説・判例において、フォート推定あるいは責任推定に基づくものとされており、偶発事象（cas fortuit）、不可抗力（force majeure）、被害者のフォート又は第三者の行為の証明がなされない限り、その推定は覆されないものとされている。物の行為による責任は、普通、（i）動物の行為による責任、（ii）建物の行為による責任、（iii）無生物の行為による責任の三つに区分される。そして、（i）及び（ii）については、民法典一二四三条（旧一三八五条）と同一二四四条（旧一三八六条）が規定しているけれども、（iii）の型は、民法典一二四二条一項（旧一三八四条一項）の枠内で判例によって創造されたものである。

5　民法典の起草過程において、一二四二条一項（旧一三八四条一項）は、以下に続く他人の行為による責任並びに動物及び建物の行為による責任についての諸規定の内容を、前もって呈示したものにすぎない、と解されていた[10]。しかし、例えば、物の爆発によって負傷するという事故の被害者が救済されるには、責任負担者のフォートを証明しなければならなかった。ただ、破毀院としては、このことが往々にして不可能だと思われたので、一八九六年の有名な判決において、「物の行為」に基因する事故の被害者（本件では、ボイラーの爆発が問題となった）は、こうむった損害の賠償を一二四二条一項（旧一三八四条一項）に基づいて請求しうる旨が説示された[11]。一二四二条一項（旧一三八四条一項）は、あたかも固有の価値を有する独立の規定であるかのように、そこでは取り扱われたのであった。

6　既に言及したように、精神障害者本人の責任は、民法典四一四条の三（旧四八九条ノ二）によって認められることになったが、この者を監督する者の責任についてはこれを直接に認める規定はどこにも用意されていなかった。そこで、近年、精神障害者の引き起こした山火事について、その監督者の責任を民法典一二四二条一項（旧一三八四条一項）の枠内で認めた一九九一年三月二九日の破毀院判決が大いに注目されている[12]。

7　事案は、こうである。すなわち、労働支援センターに預けられていた精神障害者Jは、Blieckの所有する山林に火を放った。Blieckは、上記センターを管理するLimausin教育センター協会及びその保険者に対し、損害賠償を請求したというものである。Limoge控訴院は、「責任を負うべき者の行為について責任推定の法理を宣明した。民法典一二四二条一項（旧一三八四条一項）の規定」に基礎づけられることによる、損害賠償の支払いを命じた。すなわち、「原判決は、当該協会によって管理されるセンターが精神障害者を受け入れ保護する環境に導くように指示し、精神障害者Jが日中は完璧な移動の自由を含む制度に従っていること、確認された事実については現況のままで、当該協会が、この精神障害者の生活様式を恒久的に編成し制御する責任を認めたこと、になるので、控訴院は、当該協会が民法典一二四二条一項（旧一三八四条一項）の意味で、精神障害者について責任を負わなければならない、そして精神障害者の惹起した損害を賠償する責任がある、ということを正当に判示した」[13]（破毀院は、原判決を支持している）。

8　民法典一二四二条一項（旧一三八四条一項）は、既に見たように、あとに続く両親の責任、使用者の責任など「自己が責任を負うべき他人の行為による責任もしくは保管する物（動物・建物（崩壊））の行為による責任を予め示す、いわば前触れであった。判例によって、「物の行為」に基因する事故の被害者はそのこうむった損害の賠償をこの規定に基づいて請求しうる旨が宣明され、前に述べたように、あたかもこれが固有の価値を有する独立の規定として取扱われた。近年、これと同じく、判例により、民法典一二四二条一項（旧一三八四条一項）について広く自己が責任を負うべき他人の行為による責任を認めうる余地のあることが承認されている。そこで、民法典一二四二条一項（旧一三八四条一項）の枠内において、学校という教育の場で生じる生徒の行為による事故を処理しうるか、という点が問われることになるのであろう。

4　教師の責任の展開

1　問題は、組織・編成された教育活動中に物が生徒によって使用されたり、あるいは、教師の指示の下にそれが生徒によって用いられたりする場合である。これについては、微妙な動きが見られる[14]。肯定説・不定説というふうに立場の異なる二つの判決が、破毀院第二民事部において、ほぼ同じ時期に言い渡されているからである。

2　第一は、一九八一年三月一一日判決[15]である。事案は、こうである。学校の整備された競技場において、生徒が自転車の運転中に他の生徒の操作ミスによって転び負傷したというものである。被害者が、民法典一二四二条一項（旧一三八四条一項）に基づき、本件自転車の保管者である学校へ損害賠償を請求したのに対して、控訴院は、本件学校が民法典一二四二条八項（旧一三八四条八項）の意味での「教師（instituteur）」であり、したがって、フォートの証明が必要であるとされ、物の行為による責任に依拠することはできない（民法典一二四二条一項（旧一三八四条一項）は適用することはできない）、ということを理由に、被害者の請求を棄却した。破毀院はこれを支持したのである。この判例は、一九三七年法の起草者の意思に制御されたものと見られている[16]。その意思とは、生徒によって生じさせられた損害についての教師の責任と生徒に対して生じさせられた損害についての教師の責任との間に調和を確立し、これらを不法行為の一般原則の下に統合して処理しようとするものであるとされる[17]。この判断は、生徒が教師の監督下にいたという事実に準拠している（教師は物の保管者ではなかった）とされる[18]。

3　第二は、一九八一年一二月一四日判決[19]である。事案は、学校のグランドに置かれたゴールポストが倒れてきて、それにぶら下がろうとしていた生徒が負傷したというものである。判決は、私立学校（établissement privé d'enseignement）をゴールポストの保管者である、と説示した。控訴院は、体育教師に対してフォートを見い出せないことを肯認した。すなわち、この教師は、「生徒たちと一緒にグランドに居合わせ、生徒たちの更衣室の出口を監視していたが、事故の被害者である、騒がしいかつ言うことを聴かない生徒が、再三なされた強い忠告にもかかわらず、教師の監督から逸脱し、その指示より前に更衣室を出てゴールポストにぶら下がろうとしたのであり」、「教師は、本件事態について理解できたけれども、きわめて短時間に」すべてがくり広げられた[20]。本件では、学校が一九三七年法の意味における教師でありうるとの見解をとったものと見られており、民法典一二四二条一項（旧一三八四条一項）は、生徒が教師の監督下にいる場合に学校に対し適用されているものと解される。

4　他方、近年になって精神障害者の監督者の責任を一二四二条一項（旧一三八四条一項）の枠内で認め、一九九一年判決によって基礎づけられた、他人の行為の責任法理[22]が、生徒によって生じさせられたあるいはこうむられた損害について教師にも適用されるべきであるとの主張が試みられるようになっていた[23]。実際に、一九九四年三月一六日に破毀院第二民事部の前に提起された事件を機会に、そのような主張がなされている。そこでは、平凡な学校事故が問題になっている。国と協同契約を結んでいる、私立学校の休憩時間に生徒らが遊んでいた際に、二人の生徒が正面衝突をし、このうち一人が傷害を負った。被害者の両親は、学校と国の代理人としての県知事及び加害生徒の両親を相手にして、損害賠償を請求する訴訟を提起した[24]。

5 学校に対しては、その請求は第一審において承認できない旨が言い渡され、この点について原告は、判決に同意した。教育職員に代置される国に対しては、その請求は、控訴院において、教師の側のいかなる監督の欠如も証明されていないことを理由に棄却された。なお、加害者の両親に向けられた請求も同じく棄却された[25]。

6 この判決に対してなされた上告は、前記一九九一年判決を活用するものであり、民法典一二四二条八項（旧一三八四条八項）の法文を用いることは、他人の監督を義務づけられている者のフォートを証明するように定められていることになるので、上告人は、この証明は必ずしも必要でない、と主張するものであった。

7 しかし、破毀院は、次のように述べ、この主張を承認しなかった。すなわち、「その生徒が教育職員の監督下にある間に惹起した損害について教育職員の責任に代置される国の責任は、民法典一二四二条一項（旧一三八四条一項）の意味での法律上当然の責任ではなく、教師のフォートが一般法によって証明された場合にのみ民法典一二四二条六項及び八項（旧一三八四条六項及び八項）の規定に従って維持されるのである。」というのがこれである[26]。

この他に、体育の授業時間にコレージュでフットボールの入門講座がおこなわれていないときに、同級生が、投げたボールによって負傷させられた子供に惹起された損害について責任を負うことを国に宣明するために、判決は、教員による生徒の監督が不十分であることを述べることにとどまっている、「教員につき監督者のフォートを特徴づけることなく、加害行為の認識がなかった」ことを説示している（Civ. 2e. 16 octobre 1991, G. P. 1992, I ; *D.* 1993, somm. p. 335）、二つのクラス間のけんかで、他の生徒にもたらされた殴打の被害生徒によってこうむられた損害の賠償を求めた事案で、加害行為がなされた階段もしくは廊下において、監督者の注意が届かなかったことと監督の不十分さを述べている（Civ. 2e. 17 juillet 1991, *Bull. civ.* II, n° 232）。小学校の運動場において、フラスコ（容器）で遊んでいた生徒が、他の生徒によって投げられたフラスコで傷害を負ったという事案で、「教師は、生徒がその監督下にある間に惹起した損害について責任を負うが、それは、教師が一般法に従って証明されなければならないフォートをおかしたことが要件である」と述べている（Civ. 2e, 16 octobre 1991, *Bull. civ.* Ⅰ, n° 259)。学校の運動場でボールで遊んでいる生徒が他の生徒によって投げられたボールで負傷したという事案で「教師は、生徒が教師の監督下にある間に惹起した損害について責任を負うとすれば、それは、教師が一般法に従って証明されなければならないフォートをおかすという要件のもとである」と述べている（Civ. 2e, 2 mars 1994, *Bull. civ.* Ⅱ, n° 78)。授業が終了し、同級生から階段において乱暴に押されたコレージュの生徒が、そこから落下し、負傷したという事案で、「教員は、監督をしないで階段を、休憩のために生徒に利用させ、損害の原因であるフォートをおかした。階段において乱暴に押された結果、落下の被害をこうむった（免責事由の証明がない）」と述べている（Civ. 2e, 8 juillet 1998, *Bull. civ.* Ⅱ, n° 242)、等々。

5　まとめ

1　以上を要するに、フランス法における教師の不法行為責任は、元来、両親の責任と同じ制度の下におかれてきた。教師には、フォート推定という重い負担が課されていた。教師の教育活動の萎縮状況を改めるため、その法制は、一九三七年四月五日法によって全面的に改革された。その結果、教師に課されていたフォート推定という法技術は廃止され、損害の原因としてのフォートの証明が被害者の負担においておこなわれることになった。そのフォートは、もちろん教師自身のフォートである。既に言及したように、「教師に関しては、……主張されたフォート……は原告において、一般法に従って証明されなければならない」という規定が、民法典一二四二条八項（旧一三八四条八項）として挿入されたのであった。教師の責任は、もっぱらフォートに基礎づけられていて、一二四一条一項（旧一三八四条一項）は教師には適用されないことになる。この意味で、同条八項は、自己の行為を基礎に教師に対して責任を追及する場合には、被害者に教師のフォートの証明をすることを課すという効果だけでなく、客観的責任の法理の活用を禁ずる効果をもたらすことになろう[27]。

2　もっとも、一九九一年判決（Blieck判決）以来、一二四二条一項（旧一三八四条一項）に基づいて支持されている、他人の行為についての客観的責任に同条一項が拡大される点について、同条一項からの逸脱を促すことは、包括的なものとなっている。したがって、教師のフォートの証明を要求することは、判例において維持されるのである。破毀院は、従来、教師の責任を一二四二条一項（旧一三八四条一項）に基づく法律上当然の責任にしようとする主張を明らかに非難していた[28]。ただ、被害者としては、上記八項の規定が一二四二条（旧一三八四条）に挿入されていることもあって、保管の下にある物あるいは責任を負うべき者の行為にその管理者の責任が基因する場合にのみ、一二四二条一項（旧一三八四条一項）に基づく法律上当然の責任を、教師に対して活用しうる余地があるものと解されるであろう[29]。

（1）　奥野久雄『学校事故の責任法理』（法律文化社、二〇〇四年）一九三頁。なお、二〇一六年二月一〇日のOrdonnance（n°2016-131）による、民法典中の債務法改正によって、その体系が変更されている。債務の発生原因として位置づけられ、《不法行為責任》と題される改正民法典第二編の諸規定は、現行の民法典一三八二条ないし一三八六条ノ一八を、その内容を省略しないで詳細に再録している。それは、二つの章立ての新しい構成になっており、一つは、一般不法行為責任に関するもので、もう一つは、欠陥製品の行為についての責任に関するものとなっている（Nicolas Dissaux et Christophe Jamin, RÉFORME DU DROIT DES CONTRATS, DU RÉGIME GÉNÉRAL ET DE LA PREUVE DES OBLIGATIONS（Ordonnance n° 2016-131 du 10 février 2016）commentaire des articles 1100 à 1386-1 du code civil DALLOZ 2016）。本章は、前者に関係する。旧規定一三八二条ないし一三八六条は、今後、新規定一二四〇条ないし一二四四条となり、民法典一二四〇条（旧一三八二条）、同一二四一条（旧一三八三条）、同一二四二条（旧一三八四条）、同一二四三条（旧一三八五条）、同一二四四条（旧一三八六条）などと表記すべきであり（今後はこれに慣れる必要があろう）、今回の改正法の施行が二〇一六年一〇月一日ということもあって、本章では、新規定と現行（旧規定）とを併記する形で記述することにしたいと思う。

（2）奥野前掲二〇六頁。

（3）後藤巻則「フランスにおける学校事故賠償法制」季刊教育法四九号（一九八三年）一四五―一四六頁。

（4）Ass. plén., 29 mars 1991（D. 1991, 324）.

（5）R. Savatier, Traité de la responsabilité civile en droit français, t. I. 2^{e}éd., 1951, n° 4; M. Planiol et G. Ripert, Traité partique de droit civil français, obligations, t. VI. 2^{e}éd., 1952, n° 477; A. Colin et H. Capitant, Traité de droit civil, obligations t. II. 1959, n° 1092; L. Julliot de la Morandière, Droit civil, t.II. 4^{e}éd., 1966, n° 593; B. Starck, Droit civil obligations, 1972, n° 270; J.Carbonnier, Droit civil 4-les obligations, 9^{e}éd. 1976, p. 348; Ph. Malaurie et L. Hynès, Cours de droit civil les obligations, 1985, n° 27.

（6）H. et L. Mazeaud et A.Tunc, Traité théorique et pratique de la responsabilité civile délictuelle et contractuelle, 6^{e}éd., t. I. 1965, n° 395; G. Marty et P. Raynaund, Droit civil-les obligations, t.II. 1962, n° 422; Aubry et Rau, Droit civil français, 7^{e}éd., par A. Ponsarc et N. Dejean de la Batie, 1975, n° 343; H. et L. Mazeaud et J. Mazeaud et F. Chabas, Leçons de droit civil obligations théorie générale 1991, n° 432.

（7）民法典四八九条ノ二は、その適用が及ぶ範囲において従来の判例を改めることになった（R. Savatier, Le risque, pour l'home, de perdre l'esprit et ses consequence en droit civil, D. Chronique. 1968, p. 109; J-J. Burst, La reforme du droit des incapables majeurs et ses consequences sur le droit de la responsabilité civil extracontractuelle, *J. C. P.* 1970, I, 2307; P. Le Tourneau, La responsabilité civile des personnes atteintes d'un trouble mental, *J. C. P.* 1971, I, 2401; G. Viney, Reflexions sur l'article 489-2 du Code civil, *Rev. trim. dr. civ.* 1970, p. 251; J. Carbonnier, Essais sur lois, 1979, p. 55.）。

（8）この経緯については、A. Weill et F.Terré, Droit civil les obligatios, 1975, n° 677; F. Terré et Ph. Simler et Y. Lequette, Droit civil les obligations. 5^{e}éd., 1993, n° 808.　滝沢正「フランス法における行政上の不法行為責任」山口俊夫編集代表『野田良之先生古稀記念・東西法文化の比較と交流』（有斐閣、一九八三年）四三〇―四三二頁。

（9）Mazeud et Chabas, op. cit., n° 490; Strack, op. cit., n° 667.

（10）Colin et Capitant, op. cit., n° 105; Strack, op. cit., n° 40.

（11）Civ. 16 juin 1896, *D.* 1897, I. 17. note Esmein; Strack, op. cit., n° 40.

（12）新関輝夫「フランス法における精神障害者の監督者の責任――民法一三八四条一項の新たな解釈をめぐって」福岡大学法学論叢四四巻一号（一九九九年）三九頁、同「フランス法における他人の管理者に関する責任制度の展開」福岡大学法学論叢四七巻一号（二〇〇二年）一頁、北村一郎「フランス法における《他人の所為による責任》の一般原理の形成」北村一郎ほか編『21世紀の日韓民事法学――高翔龍先生日韓法学交流記念』（信山社、二〇〇五年）四三五頁。

（13）*D.* 1991, 324.

（14）この動きについては、既に、F. Chabas, Remarques sur la jurisprudence recente de responsabilité des instituteurs, G. P. 1982, doctr. 501. を用いて、検討した（奥野久雄「フランスにおける学校事故賠償法の一側面——一九三七年四月五日法と教師の不法行為責任の動向」『中川淳先生還暦祝賀論集・民事責任の現代的課題』（世界思想社、一九八九年）一二四頁）が、そこで扱われた破毀院判決（一九八一年三月一一日判決）の重要であることが、G. Viney et P. Jourdain, Traité de droit civil Les conditions de la responsabilité 3e éd, 2006, n° 902 でもいわれている。

（15）*D.* 1981 I. R. 320, obs. Larroumet; *Rev. Trim. dr. civ.* 1981, 856; obs. Durry.

（16）Chabas, op. cit., 501.

（17）一九三七年法の立法過程において、フォート推定が当時の教職員の担っている役割と均衡を失するようになっているから、それは教職員に極めて重い負担となっていることを理由にその削除が提案されたが、これと全く異なる理由から、元老院の立法委員会がその提案を採択したのである。それは、一二四二条（旧一三八四条）の解釈において、異なる取り扱いを受けていた二通りの事例があり、一二四二条（旧一三八四条）の推定は、生徒以外の第三者によって発生させられた損害のケースにではなく、生徒によって発生させられた損害のケースに適用されていたのを、これらの二つのケースをともに一二四〇条（旧一三八二条）の一般原則に統合して処理しようというものであったのである（奥野久雄「学校事故賠償法史——フランスにおける教師の民事責任法制の変遷」関西大学法学論集二九巻五号（一九八〇年）三五頁（奥野前掲（1）二〇六頁）。

（18）Chabas, op. cit., 501; Viney et Jourdain, op. cit., n° 902; P. Malaurie et L. Aynés et P. Stoffel-Munck, Droit des obligations, 7e éd., 2015, n° 156.

（19）G. P. 1982, I, 152.

（20）Chabas, op. cit., 501.

（21）Chabas, op. cit., 501.

（22）新関前掲「フランス法における他人の管理者に関する責任制度の展開」三四頁は、「一九九一年判決が一三八四条一項を人の行為についても実体化し、他人の行為に関する一般的責任を創造するとともにその責任原理をフォートなかりしことの反証を許さない当然の責任とした」と述べている。

（23）Viney et Jourdain, op. cit., n° 901.

（24）Civ. 2e, 16 mars 1994, *J. C. P.* 1994, éd. G, n° 25.

（25）*J. C. P.* 1994, éd. G, n° 25.

（26）Civ. 2e, 16 mars 1994, *Bull. civ.* II, n° 92.

（27）Viney et Jourdain, op. cit., n° 901.

（28）事案は、教師が保管を有していた自転車を使用した生徒によって惹起された損害に関するもので、教師の責任は、教師に対して主張されたフォートが証明された場合にのみ維持される。一二四二条一項（旧一三八四条一項）に基づく責任については、教師に対して適用は排斥される、とする（Civ. 2e, 14 mars 1982, *Bull. civ.* II, n° 55.）。

（29）Mireille Bacache-Gibeili, Traité de droit civil Tome 5 Les obligations La responsabilité civile extracontractuelle, 3^{e}éd., 2016, n° 238.

第三章　幼少年者と物の行為による責任

1　はじめに

1　今日の通説によれば、過失責任の原則がとられており、過失の存在が不法行為責任の成立要件とされている以上、責任能力――「行為ノ責任ヲ弁識スルニ足リルヘキ知能」（民法七一二条）――は、過失の論理的前提であると説明されている[(1)]。しかし、過失についての考え方が、「意思の緊張を欠く心理状態」というものから[(2)]「客観的な注意義務違反」として捉える見解に変容してきたことから[(3)]、損害の塡補という不法行為制度の目的に則した責任能力の位置づけと内容が再検討されなければならない。

2　こうした問題意識の下に、筆者は、既に、奥野久雄「フランス法における幼少年者の不法行為責任」（大阪商業大学論集七四号（一九八五年）一二五頁）において、幼少年者（infans）――理性年齢（l'age de raison）に達していない、低年齢の子供[(4)]――に不法行為責任を問うことができるか、という問題を検討し、次のことを明らかにした[(5)]。すなわち、第一に、フランス法において幼少年者無責の原則[(6)]――幼少年者はフォート（faute）を問われるだけの判断能力を具えていないから、この者の惹起した損害について個人的に賠償責任を負わないという法理――は、不法行為法全般、とりわけ自己の行為による責任並びに物の行為による責任の両領域に深く関連していること、そして第二に、自己の行為による責任領域においてこの原則に賛成する者はフォート概念を検討することを通してみずからの立場を正当化する必要性を肯定し、幼少年者にフォートを認めることを強く否定してきたことがこれである。

かくして、後者の物の行為による責任領域において、幼少年者がどのような法的地位におかれているのか、という問題を次に検討しなければならない。本章は、この点の考察を課題とするものである。

2　問題の所在

1　周知のように、不法行為責任は、フランスにおいては、大別して次の三つの型に区別されている。

（a）自己の行為による責任（損害惹起者の行為から生ずる章任：民法典一三八二条、一三八三条）、

（b）他人の行為による責任（責任を負わなければならない第三者の行為から生ずる責任：民法典一三八四条）、

（c）物の行為による責任（動物、建物または無生物の所有者あるいは保管者に帰属する責任：民法典一三八四条一項、一三八五条、一三八六条）、

2　フランスの伝統的学説・判例によれば、不法行為責任は、自己のフォート（faute personnelle）に基礎づけられている。そして、フォートというのは、客観的要素、「違法性（illicéite）」ということばで指示される、損害惹起者に対し非難を加える必要性という並びに主観的要素、帰責性（imputabilité）ということばで示される、義務違反、二つの要素を抱合するものとされており、したがって、必然的に行為者本人の自由意思を前提とするものとされている。このような考え方をフォートの主観説という。(7)

3　学説の中には、主観説の立場に反対し、不法行為責任の本質的機能が損害の填補にあるということから、フォートの内容として帰資性を不要だとする見解が存在する。これをフォートの客観説という。(8)

4　このようなフォートの理論状況を背景に、成年の無能力者に関する法改正がおこなわれた。一九六八年一月三日法によって、民法典の中に、四八九条ノ二として、「他人に損害を惹起した者は、精神障害の支配下にあったときでもその賠償責任を負う」という旨の規定が挿入されたのである。この結果、四八九条ノ二は、その適用が及

ぶ範囲において従来の判例を改めることになったが、[9] 同時にそれはふるくから精神障害者と同じように取扱われてきた幼少年者について、その無責の原則を動揺させることになった。[10]

5　なお、（a）の型の不法行為責任においては、原則として、被害者に、（イ）損害、（ロ）加害者のフォート、（ハ）このフォートと損害との間の因果関係の証明責任があるとされているが、しかし、（b）（c）の型の不法行為責任においては、フォート推定という法技術によって証明責任が転換されている。つまり、両親、使用者、物の所有者もしくは保管者は、この推定の適用条件が満されていることを被害者によって証明された場合、フォートが推定され、法律上当然に責任を負担するわけである。

6　以下においては、（c）の型の不法行為責任についてこれが本章の検討課題に関連する範囲で概観し、そのうえで前述の課題を研究することにしよう。

3　物の行為による責任

1　民法典一三八四条一項、一三八五条及び一三八六条は、物の行為による責任を規定している。そして、一三八五条は、動物の行為から生ずる責任を負担する者を、「動物の所有者もしくは使用中において使役者」だと定めている。これに対して、無生物（自転車、自動車、武器、電気設備など）の行為による責任は、判例によって一三八四条一項の枠内で創造されたものである。

2　民法典の起草過程において、一三八四条一項は、以下に続く他人の行為による責任及び動物もしくは建物の行為による責任についての諸規定を、まえもって呈示したものと解されていた。[11] すなわち、この規定は、「人は……保管する物の行為によって生じた損害について責任を負う」と定めていた。そして、この「人」とは、動物の「所有者」（propriétaire）」もしくは「使役者」（celui qui s'en sert）を指示していた。そして、判例は、動物によって惹起された事故の被害者を救済するために、一三八五条が外来の原因（cause etrangere）、すなわち偶発事象（cas fortuit）、不可抗力（forte majeure）、被害者のフォート又は第三者の行為の証明がなされない限り覆されない、責任推定をもうけることを認容したのであり、そしてまた、無生物による事故が次第に増加してくると、一三八五条の規定をこの種の事故処理に活用したのであった。[12]

3　こうした経過の中で、破毀院は、一八九六年の有名な判決において、曳船のボイラーの爆発事故について一三八四条一項を適用し、被害者の（フォートの）証明責任を免除した。[13] それは、同条一項を、あたかも固有の価値を包含する独立の規定であるかのようにそこでは取扱ったものであり、動物の保管者に対する一三八五条の責任推定と類似した、責任推定を無生物の保管者に対してもうけたものと解さている。[14]

4　ところで、物の保管者であると推定される、所有者は、責任を免れるために損害発生時において物の保管を有していなかったことを証明することが許容されている。[15] この結果、どのようにして所有者はこの証明をなしうるのか、換言すれば、保管者の決定基準はどのようなものであるのか、という問題が生じてくる。

5　ふるく破毀院は、一三八五条責任の領域において同条の「動物の使用中において使役者（celui qui s'en sert, pendant qu'il est à son usage）」という文言を手がかりにして、動物の保管者を明らかにしまうと試みたのであった。そして、蹄鉄工が装蹄をおこなう場合、あるいは、獣医が馬に治療を施す場合、あるいは、宿屋の主人が馬を厩舎に入れることを許容する場合に馬によって事故が惹起されたという事案につき、破毀院は、馬の保管者はだれかという問題に答える形で次のような判断をおこなった。すなわち、「物について、職務執行を含む使用を、自己自身又は被用者によっておこなう者」が責任を負担する、と。[16] これによれば、責任負担者は、原則として職業人（蹄鉄工・獣医・宿屋の主人）だということになる。というのは、職業人がその職務を執行するために馬を「使用している」からである。[17]

もっとも、近時の判例は、職業人が手術上の指示（direcction）を有しない場合、あるいは、彼が手術中に動物に対する命令権限（pouvoir de commandant）をもたない場合には、その原則に対する例外を認めている[18]。

要するに、一三八五条責任の領域においては、命令権限や知的指示（direction intellecteulle）の有無が、保管者を決定する基準になっている[19]。

6　このように破毀院は、動物の行為による責任領域において、積極的に「保管（garde）」の概念を明らかにすることに努力を傾けてきたが、他方、無生物の行為による責任領域においてはこれにつき極めて慎重な態度をとってきた[20]。しかし、盗難自動車による事故について所有者が一三八四条一項の責任を負うか、という問題がはげしく議論され、そして破毀院連合部一九四一年一二月二日判決は、所有者が、盗難によって自動車の使用（usage）、指示（direction）、支配（contrôle）を失うことを理由に、保管（garde）を失うと判示し、これを免責した[21]。これはそのまま後の諸判決[22]によって維持されている。それらによれば、保管者とは「物の使用、指示、支配をおこなう者」であるとか、「保管者の特徴を示すものは、使用、指示、支配の権限」だと説明されている。もちろん、「支配（contrôle）」の概念は、物的指示（direction materielle）の概念より広いもので、「支配すること（contrôler）」とは、命令できることであると解されている[23]。

7　既に見たように、破毀院は、動物の保管者を決定するに際して一三八五条にいう「使用（usage）」を「職務執行を含む使用」と解し、それを命令権限、知的指示の存在に結びつけていたけれど、連合部の採用した保管者の決定基準も知的指示のそれであると解される。そして、この結果、命令することのできる者に一三八四条一項の責任が課せられるということになり、この者が命令権限を行使しなかったかどでその責任を負担せしめられるということになるわけである[24]。このことを、本章の検討課題との関連で見るならば、それは保管者の責任とフォートの連続性を維持しようとする意図が知的指示の基準をとることによって、鮮明に表されているものといえよう。

4　物の行為による責任における幼少年者の地位

1　さて、幼少年者は、こうした物の行為による責任領域においてどのような地位におかれているのであろうか。これは、重要な問題である。なぜなら、幼少年者は、自己の行為のみによって損害を惹起するのに十分な体力を有せず、その所有物によって損害を惹起しているのが通例であり、その結果、被害者は一三八四条一項に基づきその賠償請求訴訟を提起することになるけれども、必ずしも同条の適用があるとは限らないからである。[25]というのは、この場合に被害者の訴訟は、いくつかの困難に遭遇するためである。一三八四条一項の責任推定は物の所有者(propriétaire de la chose)に課せられるが、家族共同生活がその所有権の所在を不明瞭なものにするため、身の回り品の所有権を子供に認めることは微妙なものになってくる。[26]そして、さらに、損害を生ぜしめた財物の所有権を子供が有していた場合でも、必ずしも財物の保管を子供が有しているとは限らないのであり、したがって、物が子供に対して与えられたのか、それとも物が子供により盗まれたのかどうかにかかわらず、被害者としては、物に関する子供の権利がどのようなものであっても、常に幼少年者が使用、指示、支配の権限を有すること、すなわち、保管者の決定基準を証明しなければならないことになってくるからである。[27]

2　もちろん、こうしたことから、第一に、保管の概念が保管者の自己自身に対する支配を前提とするのか。第二に、他人に従属する幼少年者が保管の特徴を示す支配権限を物に対して行使することができるのか、という問題が生じ始めている。[28]そこで、以下、これらの問題を検討することにしよう。

3　既に見た盗難自動車による事故に関する破毀院連合部一九四一年一二月二日判決は、単なる所持者(simple détenteur)と保管者を区別することによって、知的意味内容を保管の概念に付与する旨を明瞭に説示したのであった[29]。しかし、この判決が、ふるく判例の維持してきた保管の定義に対し支配ということばを新たに付け加えたことから、次のような見解を生む結果になった。一つは、支配ということばはこれと同じ意味をもつ指示という語を補足するために用いられているのだとする見解であり、二つは、支配ということばを保管の明確な決定基準として把握しようとする見解である[30]。

4　ところで、精神障害者が物によって他人に損害を与えた場合、一三八四条一項の責任を負うか、という問題について破毀院は、判断能力を保管者の資格条件とし、この者を免責した[31]。未成年の子供の場合においてもそれが破毀院によって維持された[32]。この解決は、自己自身の行動について支配をもたなければ、幼少年者も精神障害者もその所持する物の行為について免責されるものとして受けとめられた[33]。

5　ところが、成年の無能力者の賠償責任を定めた一九六八年一月三日法の制定に先立って、判例は、身体的機能の衰弱が保管者の免責事由を構成しないこと[34]、並びに、物の使用、指示、支配の権限を正しく行使できなくてもこれを行使する者は保管者の資格を維持する旨を表明して従来の考え方を漸次修正した[35]。したがって、支配ということばは、保管者の自己自身に対する支配権限を与えるのではなく、保管の定義を補足することを唯一の目的として用いられるものと解されてきた[36]。

6　そうすると次に、未成年の子供は、その無意識を主張して一三八四条一項責任を免れることができるか、という問題が生じてくる。この問題について、一方、フォートの主観説の立場は、判例上保管者の資格条件として判断能力が要請されるならば、物の行為による責任が、推定された主観的フォート——保管上のフォート——に基づくものと解されるとする見解であるが[37]、他方、これに対してフォートの客観説の立場によれば、一三八四条一項責任は客観的フォートに基礎をおくもので、幼少年者が判断能力の欠如を主張して免責を獲得することを認めないとする見解である[38]。いずれにしても、フォートについての考え方がそのまま問題解決に反映されているものといえよう。

7　しかしながら、未成年者の所持する物の行為を取扱う判決の大部分は、判断能力の問題が提起されてこなかった[39]こともあって、それに論及することがほとんどなかったけれど、とりわけ近時、一九七七年一二月七日判決[40]がこれを議論の対象にしたのであった。この判決は、幼少年者が家から持ち出したマッチで火遊びをしていて火事をおこしたという事案において、この者の判断能力が証明されていないこと、及び、この者がマッチの保管者ではなかったとの控訴院の認定を支持したことから、一三八二条と一三八四条一項に基づく幼少年者の責任を否定した。ただこの判決は、物の行為の責任領域において判断能力の欠如を理由に子供の免責を認めたものではないものとして受けとめられた。もちろん、それは、幼少年者がフォートをおかしえないことを理由とするものでもなく、また保管の概念が保管者自身に対する支配権限を含むからということでもないと解されている[41]。

8　既に確認されたところによれば、保管の概念は、物に対する命令権限、知的指示の存在を表すことを主眼したものだということである。このことから幼少年者は法定代理人に従属していることを主張して免責されるか、という問題が提起される。判例は、この問題について、親権がこれに服する未成作者の物に対する使用、指示、支配の権限の行使を妨げるものではないとし、その免責を認めない傾向を示している[42]。

9　以上を要するに、物の行為による責任領域では、幼少年者は、判断能力の欠如及び、その服している親権の存在を理由に免責が認められないということである。そこで、この者は、使用する物の保管者になりうるか、場合を分けて見てみよう（以下の紹介は、Waremboug-Auque, irresponsabilité ou responsabilité civil del'《infans》, Rev. trim. dr. civil. 1982 による）。

まず、（イ）自発的に大人から子供に手渡された物の保管者の決定に関する錫含。破毀院は、時として事実審裁判官が保管の移転を未成年者に認めることに対して賛意を表している[43]。もっとも、このことは成年に近い未成年者の場合にのみ該当するものであり、子供が物に対し支配権限を有するにはあまりにも低年齢であるときには、その監督を委託された者が保管を維持するものとして取扱われる。

次に、（ロ）物が子供の監督を委託された者から子供によって盗まれた場合。幼少年者は、当然に常時の監督の対象にされなければならないということから、決して加害物の保管者と認められることはないものと解される[44]。幼少年者が物についての事実上の所持を有しているときでも、物に対する知的指示を有するわけではないと考えられたからである。ただ、子供が故意に物を所有者から奪ったのちに、充分な独立権限を与えられているかのように見える場合には、時として物の保管者になりうるものとされる[45]。

さらに、（ハ）物が子供に対して権限をもたない者に帰属し、その所有者も親も知らない間に子供によって使用された場合。判例は、幼少年者に保管の移転を認めることに躊躇しているものとして一般に受け取られている[46]。実際上、所有者が保管の特徴を示す権限を失っている旨を判示されるにあたり登場してくるのは両親の責任にほかならない[47]。

10　なお、（イ）（ロ）の類型においては、いずれの場合にも加害物が子供と物とに対して権限を行使できる者に帰属しており、親の権限は子供が使用する物の保管者となることを妨げるものではないことが承認されている[48]。ただ、（ハ）の類型においては、幼少年者の依存度、生活慣習の現状、及び具体的諸事情を考慮し、総合的判断がおこなわれなくてはならないとされている[49]。

（1）　我妻栄『事務管理・不当利得・不法行為〔判例コンメンタール〕』（日本評論社、一九六三年）一一一頁（四宮和夫）、加藤一郎『不法行為〔増補版〕』（有斐閣、一九七四年）一四〇頁、加藤一郎編『注釈民法（19）』（有斐閣、一九六五年）二三八頁（山本進一）、幾代通『不法行為』（筑摩書房、一九七七年）四九頁、広中俊雄『債権各論講義〔第五版〕』（有斐閣、一九七九年）四二四頁。

（2）　例えば、我妻栄『事務管理・不当利得・不法行為』（日本評論社、一九三七年）（新法学全集）一〇三頁、加藤前掲『不法行為』六四頁。

（3）　例えば、前田達明『民法Ⅵ2（不法行為法）』（青林書院新社、一九八〇年）三五頁以下参照。

（4）　D. Couder et R. Fouques-Duparc, Faute Line de causalité dans la responsabilité delictuelle (Sous la direction de René Rodiere),

1983, p. 39.

（5）奥野久雄「フランス法における幼少年者の不法行為責任」大阪商業大学論集七四号（一九八五年）一三〇頁、一三九頁。

（6）フランス不法行為責任に関する規定は次の通りである。

一三八二条「他人に損害を惹起する人の行為は、いかなる行為といえども、フォートによって損害を惹起する者として損害を賠償すべき義務を負わせる。」

一三八三条「各人は、その行為によってのみならず、その懈怠もしくは無思慮によって惹起した損害につき責任を負う。」

一三八四条一頁「人は、自己の行為によって生ぜしめた損害についてのみでなく、自己が責任を負わなければならない他人の行為、もしくは保管する物の行為によって生じた損害についても、責任を負う。」

一三八四条二項（省略）

一三八四条三項（省略）

一三八四条四項「父母は、監護権を行使する限り、同居する未成年の子の生ぜしめた損害につき連帯して責任を負う。」

一三八四条五項「主人および使用者は、家事使用人および被用者が彼らを使用した職務において生ぜしめた損害につき責任を負う。」

一三八四条六項「教師および職人は、生徒または徒弟がその監督の下にある時に生ぜしめた損害につき責任を負う。」

一三八四条七項「父母、および職人の責任は、彼らがこの責任を発生させる行為を防止できなかったことを証明しないかぎり、発生する。教師に関しては、加害行為を発生させたものとして、主張されたフォート、無思慮または懈怠は、原告がこれを一般法に従って証明しなければならない。」

一三八五条「動物の所有者もしくは使用中において使役者は、その動物が管理の下にあるか、迷いもしくは逃走中であるかを問わず、生ぜしめた損害について責任を負う。」

一三八六条「建物の所有者は、一崩壊が保存の欠缺または構造の瑕疵の結果が生じたときは、その崩壊によって生じた損害について責任を負う。」

なお、以上の条文の邦訳については、主として谷口知平『現代外国法典叢書16仏蘭西民法〔Ⅲ〕財産取得法2』（有斐閣、一九五六年）を参照させていただいた。

（7）R. Demoge, Traité des obligations en général, t. Ⅲ. 1923, n° 226; R. Savatier, Traité de la responsabilité civile en droit français, t. Ⅰ, 2^{e}éd. 1951, n°41; M. Ripert, Traité pratique de droit civil français, obligations, t. Ⅵ. 2^{e}éd. 1952, n° 477; A. Colin et H. Capitallt, Traité de droit civil. obligations, t. Ⅱ. 1959, n° 1092; L. Julliot de la Morandière, Droit. civil. t. Ⅱ. 4^{e}éd. 1966, n° 593; B. Starck,

Droit civil, obligations,1972, n° 270; J. Carbonnier, Droit civil 4-les obligations, 9^{e}éd., 1976, p. 348.

(8) H. et L. et J. Mazeaud, Leçons de Droit civil, t. II. obligations; Premier volume, 1978, n° 449; H. et L. Mazeaud et A. Tunc, Traité, théorique et pratique de la responsabilité civile délictuclle et contractuelle, 6^{e}éd., t. I. 1965, n° 395; Marty et Raynaud, Droit civil-les obligations, t. II. 1962, n° 422; Aubry et Rau, Droit civil français, 7^{e}éd., par A. Ponsard et N. Dejean de la Batie, t. VI. 1975, n° 343.

(9) G. Viney, Réflexions sur l'article 489-2 du Code civil, *Rev. trim. dr. civ.* 1970, p. 251; P. Le Turneau, La responsabilité civile des personnes atteintes d'un trouble mental, *J. C. P.* 1971, I. 2401; J-J. Burst, La reforme du droit des incapables majeurs et ses consequences sur le droit de la responsabibté civil extracontractuelle, *J. C. P.* 1970, I. 2307; R. Savatier, Le risque, pour l'home, de perdre l'esprit et ses consequence en droit civil, *D.* chron. 1968, p. 109; J. Carbonnier, Essais sur les lois, 1979, p. 55.

(10) F. Waremboug-Auque, Irresponsabilité ou responsabilité civile de l'《infans》, *Rev. trim. dr. civ.* 1982, n° 3.

(11) Colin et Capitanl, op. cit., n° 1052; Starck, op. cit., n° 40; Mazeaud, op. cit., n° 385.

(12) Mazeaud, op. cit., n° 516.

(13) Civ. 16 juin 1896, *D.* I. 17, note Esmein; Starck, op. cit., n° 40.

(14) Mazeaud, op. cit., n° 520.

(15) Mazeaud, op. cit., n° 517.

(16) Req. 31 mars 1936,*Gaz. Pal.* 1936. I. 868; Durry, *Rev. trim. dr. civ.* 1967, p. 636.

(17) Mazeaud, op. cit., n° 519.

(18) Rodière, obs. *Rev. trim. dr. civ.* 1965, p. 359.

(19) Mazeaud, op. cit., n° 519.

(20) Mazeaud. op. cit., n° 519.

(21) Ch. Réunies de la Cour de cassation, 2 décembre 1941. *S.* 1941. I. 217; *Gaz. pal.* 1942. II. 467. 本件の事案はこうである。すなわち、ある晩、父からその所有自動車を借り受け、この自動車を運転して目的地たるバーに向かい、バーの前の公道上に自動車を駐車してバーに入り、一時間半ほどしてバーを出たとき、自動車は何者かに盗まれていた。ちょうどそのころ、何者かがこの自動車を運転していたところ、歩行者をひき、死亡させたというものであり、犯人が誰か不明のまま、死亡した歩行者の妻が自動車の所有者に対して一三八四条一項、及び、予備的に一三八二条に基づいて損害賠償請求をしたというものである（本件事案についての記述は後藤巻則「無生物責任の心神喪失者への適用――判例分析（1）」早稲田大学院法研論集二四号（一九八一年）一二五頁による、なお、Mazeud, op. cit., p. 541 以下にも本件判決の詳細な紹介がある)。

(22) Civ. 2e civ. 17 mars 1960, *Gaz. Pal.* 1960, Ⅱ, 57; Cass, 2eciv. 9 avril 1973, *Gaz, Pal.* 1973. Ⅱ, 588（この判決は、屋根の所有者が雪の保管者であるということを肯認しなかった）.

(23) Mazeaud, op. cit., n° 519.

(24) Mazeaud, op. cit,, n° 519.

(25) Warembourg-Auque, op. cit., n° 16.

(26) J. Carbonnier, Droit civil 2-La famille. les incapatités, 11eéd., 1979, n° 185.

(27) Warembourg-Auque, op. cit., n° 16.

(28) Warembourg-Auque, op. cit., n° 16,

(29) H. et L. et J. Mazeaud, Traité, théorique et Pratique de la Responsabilité civile Délictuelle et contractuelle, t. Ⅱ. 1970, n° 1160; Warembourg-Auque, op. cit., n° 17.

(30) Warembourg-Auque, op. cit., n° 17.

(31) Civ. 28 avril 1947, *D.* 1947. 329, note Lalou.

(32) Civ. 2e, 8 février 1962, *Bull. civ.* Ⅱ. n° 180, 同旨のものとして、Civ. 2e, 14 mars 1963, *D.* 1963. 500; *Gaz. Pal.* 1963. Ⅱ. 117.

(33) Warembourg-Auque, op. cit., n° 17.

(34) Civ. 2e 18 décembre 1964, *D.* 1965. 91.

(35) Civ. 2e, 1 mars 1967, *Bull. civ.* Ⅱ, n° 96.

(36) Warembourg-Auque, op. cit., n° 17.

(37) Warembourg-Auque, op. cit., n° 18 note (86).(87)参照。

(38) Mazeaud, t. Ⅱ. op. cit., n° 1300; Aubry et Rau, op. cit., n° 450.

(39) Civ. 2e 20 oct. 1965, *Bull. civ.* Ⅱ. n° 764; Civ. 2e, 11 février 1966, *Bull. civ.* Ⅱ, 200; Civ. 2e 7 juillet. 1967, *Bull. civ.* Ⅱ. n° 252; Civ. 2e, 23 décembre 1969, *Bull. civ.* Ⅱ, n° 367; Civ. 2e, 5 mars 1970. *Bull. civ.* Ⅱ n° 84; Civ. 2e, 20 décembre 1972, *Bull. civ.* Ⅱ, n° 329; Civ. 2e, 21 février 1997. obs. Duryy, *Rev. trim. dr. civ.* 1977, p. 560.

(40) Civ. 2e, 7 décembre 1997. *Bull. civ.* Ⅱ, n° 23; *D.* 1978. Ⅰ. R. 205; obs. Duryy. *Rev. trim. dr. civ.* 1978. p. 653.

(41) Warembourg-Auque, op. cit., n° 19.

(42) Civ. 2e, 10 février 1966, *D.* 1966. 332; *J. C. P.* 1968, Ⅱ. 15506; Civ. 2e, 15 janvier 1975, *Bull. Civ.* Ⅱ, n° 12 Civ. 2e, 8 avril 1976.

Bull. civ. II, n° 114.

(43) Civ. 2e 7 juillet 1966, *Bull. civ.* II, n° 257; Civ. 2e, 23 décembre 1969. *Bull. civ.* II, n° 361.

(44) Civ. 2e, 18 octobre 1956. *Bull. civ.* II, n° 341; Civ. 2e, 21 février 1977, *Bull. civ.* II, n° 167.

(45) Civ. 2e, 11 février 1966. *Bull. civ*, n° 200; Civ. 2e, 21 février. 1977, *Bull. civ.* II, n° 41.

(46) Civ. 2e, 30 mai 1956, *Bull. civ.* II, n° 306; Civ. 2e, 19 novembre 1964, *Bull. civ.* II, n° 732; Civ. 2e, 6 juillet 1978, *J. C. P.* somm. 289.

(47) P. D. Ollier, La responsabilité des père et mère-étude crique de son régime legal（art. 1384 al. 4 et 7 C. civ）1962, n° 116.

(48) Warembourg-Auque, op. cit., n° 21.

(49) Warembourg-Auque, op. cit., n° 22.

第四章　両親の責任の展開

1　はじめに

未成年の子供が他人に対し不法に損害を与えた場合、わが民法では、監督者として両親は、その損害を賠償すべき責任を負うが、ただ監督上の過失及びこれと損害との因果関係のないことが証明されたときはこの限りではないとされている（七一四条）。したがって、両親の責任は、過失推定を基礎に打立てられているものといえる。[1] その場合、フランス法でも、両親の責任は、それと同じしくみによって運用されている（フランス民法典一三八四条）。[2] もっとも、双方の著しい相違点は、フランス法では、推定の適用要件として、両親と子供とが同居していることが要求されており、その同居が子供に対する両親の監督や教育を可能にするものと考えられていることである。[3]

ところが、二〇世紀末に現れた破毀院判例によって、民法典制定（一八〇四年）以来の両親の責任の基礎が大きく揺るがされ、とりわけ、両親と子供との同居の必要をめぐって問題が提起されている。そこで、本章は、フランス法における両親の責任について、そのような問題状況につき若干の紹介をすることを目的とするものである。なお、上記紹介は、そのテーマがフランス法やこれに倣った国の民法に特有のものであることもあって、[4] わが国において、従来、これを正面から取り上げられてこなかったが、それは、わが国の監督者責任の研究に寄与しうるところが少なくないように思われる。

2　フランス民法典における不法行為と両親の責任の位置

1　フランス民法典の起草者は、不法行為責任の唯一の原因はフォート（faute）であるとしている。そして、不法行為の原則を、民法典一三八二条において、次のように定めている。すなわち、《他人に損害を惹起する人の行為はいかなる行為といえども、フォートによって損害を惹起する者をして損害を賠償すべき義務を負わせる。》と。いわゆる民事非行（délit civil）とは、故意によっておかされたフォート（一三八二条が対象とするものにほかならない）であり、準非行（quasi-délit）とは、故意によらない、無思慮または不注意によるフォート（一三八三条がこれを明白に定めている）であるとされる[5]。

2　一般に、フォートは、客観的要素、「違法性（illicéite）ということばで指示される、義務違反、並びに主観的要素、「帰責性（imputabilité）[6]」ということばで示される、損害惹起者に対し非難を加える必要性という二つの要素を含むものとされており、被害者によって証明されなければならない（一三八二条、一三八三条）が、一定の場合においては、フォートは推定されている。これは、一三八四条、一三八五条及び一三八六条に与えられた解釈であり、推定されたフォートは、とりわけ人または物の監督・保管の欠如であるとされる[7]。

3　もっとも、フォートに基づく人（他人）・物の行為（関与）についての責任制度は次の通りである。すなわち、（イ）子供の行為についての父母の責任（本章では、主に両親の責任という）（一三八四条四項・七項）（ロ）徒弟の行為についての職人の責任（一三八四条六項・七項）（ハ）生徒の行為についての教師の責任（一三八四条六項）（ニ）被用者の行為についての使用者の責任（一三八四条五項）（ホ）物の行為（関与）についての保管者の責任（一三八四条一項、一三八五条、一三八六条）がそれである。本章は、前に述べたようにこれらのうち（イ）の両親の責任を考察するものである。

4　未成年の子供の行為についての両親の責任は、一三八四条四項及び七項によって規定されている。親権を改正した二〇〇二年三月四日法は、一三八四条四項を次のように修正している[(8)]。すなわち、《父母は、親権を行使する限り、同居する未成年の子供によって惹起された損害について連帯して責任を負う。》と。これまで用いられていた《監護権》ということばは、《親権》ということばに置き換えられている[(9)]。そして、両親の責任が課されるためには、四つの要件が満たされなければならない。一つは、①子供が加害行為をしなければならないことである。両親の責任は、子供のそれが先立って成立することを前提とするのである[(10)]。なお、責任を生じさせる行為は、子供の自己の行為あるいは子供が保管する物または動物の行為（関与）から生じうる。二つは、②子供は未成年者でなければならないことである。行為時に加害行為者は未成年者（成年は、一九七四年以降一八歳まで下げられている。）でなければならないのである[(11)]。三つは、③子供は両親の親権に服していなければならないことである。摘出家族も非摘出家族も同じ枠組みで、親権は両親によって行使される（民法典三七二条二項〈二〇〇二年三月四日法により改正〉）[(12)]。したがって、両親は、子供によっておこなわれた行為について連帯して責任を負う。四つは、④子供は両親と同居していなければならないことである。未成年者は、両親との同居、すなわち、共に生活をしなければならないとされる[(13)]。同居は、一般に普段の規則正しい共同生活体を前提にしているからである。この同居は、両親に帰属する監督権限の存在から導かれるとされる[(14)]。

3　未成年の子供の不法行為に対する両親の責任と同居要件の行方

一　序

1　既に述べた一三八四条四項に基づく両親の責任の要件のうちで、最近、判例の展開につれて、とりわけ同居要件の消長について大いに議論され、その帰趨が注目されている。両親の責任判定にあたり、同条に明記されている同居要件をどのように解すべきかについて、消極的見解が学説上有力に唱えられているからである。

2　以下では、そのような同居要件についての法的状況を検討し、そこにおいて同居ということばがどのように捉えようとされているかについても併せて見てみよう。

二　両親の責任を定める民法典一三八四条四項の規定に関する修正の変遷

1　フランスの不法行為責任は、長期にわたって大きく変遷している[15]。両親の責任もその例外ではない。両親、もっと正確には父母は、他人の行為について民事上責任を負う人として、一三八四条において余す所なく示されている者に加えられる形で、登場している。すなわち、父母は、未成年の子供によって惹起された損害について民事上責任を負担しうる限りで、その子供に対して義務を負うことになっている。

2　一八〇四年以来、民法典中未成年の子供の行為に対する両親の責任が規定されてきたけれども、それは相次ぐ立法上の手直しの対象とされてきた。一九七〇年六月四日法が、監護権の行使と両親の責任とを結びつけたが[16]、一九八七年七月二二日法と一九九三年一月八日法は、家族法の領域から《監護権》ということばを取り除いたのであった。が、一三八四条の規定中においては、その《監護権》ということばはなお残されたのであった[17]。

3　ところが、親権（l'autorité parentale）に関する二〇〇二年三月四日法が、親権ということばを同法八条の規定中に用いたのである。これ以降、一三八四条四項の規定でも、既に言及したように《父母は、親権を行使する限り、同居する未成年の子供によって惹起された損害について連帯して責任を負う。》と定められており、これに続く同条七項の規定では、《ただし、この責任を生じさせる行為を防止することができなかったことを、彼らが証明したときにはこの限りではない。》と定められている。

4　もっとも、両親をはじめそのほかの他人や物の行為の規定をまえもって呈示したとされる、一三八四条一項は、柔軟な規定であり、両親の責任についてそれは何ら機能しておらず、この規定の同条四項との併存適用に一定の制約が付されているものと見られる。[18] かつて、父のみが父権（la puissance paternelle）をもつことを理由に一三八四条四項責任を課されていた。このため、母は、一三八二条責任のみを負うものと解されていた。[19] したがって、未成年の子供の加害行為に対して、両親は、それぞれ異なる規定の適用を通して連帯して責任を負うものとされていた。しかし、前述のように一九七〇年六月四日法が、父権ということばへの準拠を止め、両親に対して一三八四条四項に基づく共通かつ連帯の責任を負担させることにしたのである。[20]

5　両親の責任についての要件は、同居要件を除けば、すべてが子供にのみ関係するものである。なお、両親の責任は、子供が親権解除されたとき、以後他人に対して惹起した損害について法律上当然に終了するものとされる（民法典四一三の七条）。[21] 一方、子供が加害行為をしなければならないことという①要件については、裁判官による解釈がなされ、その行為の評価につき推移が見られる。古く、判例は、子供の証明されたフォートを要求していたが、近年は、抽象的フォート、子供に帰責しうる、客観的違法行為をもって満足し、[22] 最近は、両親の責任について因果関係を示す徴表を子供の行為に認めうることで足りると解するに至っている。[23]

6　今日、この①要件をめぐる解釈問題程の注目を集めているわけではないが、大いに論じられているのが、両親の責任要件としての同居の問題である。もちろん、これは、両親と子供に共通の要件であって、《彼ら（両親）と同居する》という表現でもって、一三八四条四項中に定められている。ここにいう同居とは、《二人または幾人もの人が生活し、一緒に住んでいる状態》をいうと定義されており、[24] 子供と両親との同居は、民法典二一五条によって定められている夫婦の生活共同体を想起させ、それは《両親の責任の決め手の一つ》[25] として考えられている。もっとも、同居を明確に定義した規定がないので、その存否の判定は、裁判官の裁量に委ねられてきたのである。[26]

7　かくして、立法や判例の状況からして、子供と両親との同居が両親の責任についてどのような位置を占めるべきかは興味深いといえる。同居要件の論理（なぜこれが必要か）を考えながら、この要件が両親の責任の成否を決する地位を占めることが可能かどうかという点にも論及することにしよう。

三　同居要件の論理とその消長

1　両親の責任について、同居要件に向けられる学説の関心は、衰えることはないが、不法行為制度の変遷と結びつく形で、この要件へのそれは、次第に低くなっている。というのは、伝統的に同居要件は両親の責任の成否にとって基本的な要件であると考えられてきたが、最近、両親の責任の在り方に大きく影響する判例の出現に伴い、学説の間でその要件が重要性を失いつつあるとされているからである。

2　両親の責任について、同居要件が必須であるとされてきたのはどうしてか。それは、両親の責任が本来的にもつ性質としての被害者に対する好意的な制度、すなわち、推定されたフォートについての責任であることに、その理由を求めることができるものと考えられてきたからである。このように、その責任を理解する仕方は、民法典一三八四条四項と同条七項とを合わせて解釈する態度に由来し、そして同条四項の中に監護のことばを組み込んだところの一九七〇年六月四日法によって確立されたものであるとされる。[27]もっとも、これらの条項は、フォートにまったく言及していないだけでなく、フォート推定の存在やその効力についても触れていない。しかし、それらの条項に基づく責任は、民法典の起草過程において、監督・教育上の義務すなわち、父権（la puissance paternelle）、監護権（le droit de garde）、そして親権（l' autorité parentale）の属性に基礎づけられてきたのである。[28]

3　判例上においては、未成年の子供の加害行為についての両親の責任は、父母の用心の欠如に基礎づけられてきたのであり、[29]そして、父母は、一三八四条七項の規定に沿って、そのようなフォートの不存在を証明することによってその責任を免れることができたのである。その際、父母は、普通に用意周到かつ勤勉に振る舞ったことを証明することとなるのであった。[30]実際に、破毀院は、その一連の判決において、一三八四条による両親の責任がフォートの事実上の（simple）の推定に基づいている旨を強調している。[31]

4　かくて、このようなフォート推定に基づく責任が、両親の責任の運用に活用されるにあたって、同居要件に基本的な役割が与えられているものと考えられる。[32]そこで、推定されたフォートに基づく両親の責任において、なぜ同居要件が必要なのか、また、同居要件の両親の責任成否の決め手としての妥当範囲はどのようなものかという視点から、同居要件の上記役割を見てみよう。

5　両親の責任の必須要件とされる、未成年の子供との同居は、明白な二つの理由から取り上げられている。一つは、純粋に論理的なものである。両親が子供を制御し、きちんとした教育を施すために子供とともに生活していないならば、両親に対して監督上又は教育上のフォート推定を及ぼしえないのではないだろうかと考えられ、支配的な学説の見解の立場によれば、子供との同居は、第一歩的要件であり、それは《監督上及び教育上のフォート推定の基礎》であるとされるのである。[33]かくして、同居要件は、監督上のフォート推定と完璧に調和し、勢い監督上のフォート推定の適用範囲を、いわば最も納得できる事例に制限することによってフォート推定を支えてきたといわれる。[34]同居への準拠によって、その推定の真実性を確保しうることになるというのである。というのは、そこに少なくとも現実の監督及び教育を許容しうるところの、子供との共同生活の明白な実態が反映されることになるからである。[35]さらに、同居が両親の責任の必須要件とされるもう一つの理由は、一三八四条四項によって同居が明らかに規律の対象とされていることに直接由来するものである。[36]

6　両親と子供との同居の共同体の存在は、法的責任の根拠となるのではなく、その責任の適用要件であるとされる。[37]このことは、同居要件についてこれを消極的な側面から見るように要請されることになる。その同居が存しない場合、両親の責任の見地から、責任の帰趨を問うことは正当であるとされる。ゆえに、同居の欠如は、両親の免責事由となりうるかが問われることになるのである。[38]

7　このように同居が両親の責任の適用要件とされる結果、父及び母は、原則として未成年の子供によって惹起された損害について責任を負うものとされるならば、この責任は、一三八四条によって、未成年の子供が両親と同居している場合に明白に限定されることになろう。したがって法律上の推定は、同居とともに終了する、とされるのである。[39]もし、同居の欠如が推定されたフォートについての両親の責任の免責事由であるとされるならば、免責されるにもかかわらず、両親は、証明されたフォートを理由に一三八二条に基づく責任を課されうるであろう。(40) もっとも、実際には、監督または教育上のフォート不存在の証明がなされるならば、両親は責任を全面的に免れるものとされている。(41)

8　しかしながら、同居の消滅、換言すれば、共同生活の実質的な中断が確認されると、一三八四条四項による両親の責任が排斥される。このため、なお同居の終了が正当事由をもっていたことが必要となる。(42) 未成年の子供が加害行為時に、一時的に第三者に託されていた場合がそうである。この第三者は、夫婦別居の場合の他方の親、家族構成員であり、さらに子供と親子関係にない者もありうる。すなわち、子供が使用者の許で居住していたり、寄宿学校にいたり、入隊していたときには、同居は正当に終了するのである。さらに、子供がほかの誰かの監督下または責任下に移っていなかった場合でさえ、同居は正当に終了することがある。例えば、自宅外の近隣宅で勉強する目的で、子供が自発的に家庭から離れることから生じる。(43)

9　これに反して、同居の終了が正当事由によるものでないならば、両親の責任を生じさせるフォート推定が維持されるであろう。(44) 父の耐え難い態度によって子供が家庭から離れざるをえないとき、子供が父によって家庭から追い出されたとき、父が裁判官から未成年の息子を監督すべき責務を託されている場合に、その息子が家庭から出ていくのを黙認するとき、父は子供の悪い性向を知りながら暫定的に子供と別居するという無思慮をおかしたとき、両親が子供の遁走を直すための措置を何もとらなかったとき等々がそうである。(45) 一般に別居が未成年の子供に関して無関心を示す、両親のフォートから生じた場合や両親の事実上の別居が裁判所の許可の対象でない場合は、同居の正当な終了にあたらないといえる。(46) 判例は、同居の終了の正当事由及び不当事由の区別に関して一貫した態度を示しているが、それにもかかわらず、その判定は、被害者に法的に不安をもたらし、とりわけ母の言い逃れに対して事実審裁判官に厳しい評価を促している。(47) そのうえ、同居は、推定されたフォートについての両親の責任を課すために必要であると解されるならば、必ずしもそれは明らかなものではなくてもよいといえる。というのは、同居についてのそのような理解は、両親と未成年の子供との同居があるにもかかわらず、両親に帰責されるフォート推定が消滅する場合を示唆しているといえるからである。[48]

10　以上、要するに、推定されたフォートに関する不法行為責任制度下において、判例上、未成年の子供によってなされた加害行為について、両親の監督時におけるその子供との同居は、一三八四条四項に基づく両親の責任の適用条件として不可欠なものであるとされてきたといえる。[49] 学説上もそのような解釈に異論は見られなかったが、しかし、最近、両親の責任の法的性質の変容に伴って、学説の多くが、一三八四条四項の適用諸要件に占める同居要件の位置の早急な後退を予測しているのである。[50]

11　このような両親の責任に占める同居要件の基本的な置位について予想された後退は、多くの学説の見解によれば、法律上当然の責任が承認されたことに由来し、いわば不法行為責任の現代的な法現象にほかならないとされる。[51] このような両親の責任の客観化傾向は、判例によってもたらされたものであって、とりわけ破毀院第二民事部において言い渡された、一九九七年二月一九日の Bertrand 判決以降広く論じられている。[52]

12　Bertrand 判決の事案は、一九八七年五月二四日に、一二歳になるSの運転する自転車とBの自動車との間で衝突が生じ、これによって負傷したDがその子供について民事上の責任を負うSの父Jに対し損害賠償を請求したというものであり、控訴院は、一三八四条四項に定める未成年の子供の両親の責任推定は、不可抗力又は第三者のフォートだけでなく、両親が子供の監督上又は教育上のフォートをおかさなかったことを証明する場合にも排斥されうるとし、Sの父の責任を認めた。これに対して、破毀院は、不可抗力又は第三者のフォートのみがJをして、同居する未成年の子供によって惹起された損害について課される法律上当然の責任から免れさせうるとし、ゆえに控訴院は、父親の監督欠如の存在を探索するには及ばず、それが呈示する理由は根拠がない、としたのである。

13　その判決は、広く受け入れられ、この結果、父母は、父側の何らかのフォートに基づいて未成年の子供によって惹起された損害について民事上責任を負うという準則が承認されたものとされている。[53] したがって、ここでは真の他人の行為についての責任がまさに問題となることが明らかにされたといえる[54]。なぜなら、その判決が言い渡される前は、両親の責任成立のために推定された両親の自己のフォートが要求されていたからである[55]。ゆえに、このような父母責任の法的性質の変容は、《両親の責任の基幹部への大変動》として感取されている[56]。実際に学説上、様々な議論がなされているその中で、両親の責任のこうした客観化傾向への応接は、いろいろな評価がなされているが、両親の責任に関するそのような方向転換に対し、有力な反対が存するものの[57]、多くは賛成し、むしろ同居要件の存続をいいながら、両親の責任の再生の道を模索しているのが現状であるといえる[58]。

14　同居要件についてのこのような状況を理解するうえで、まず両親の責任の成否判定において低下した同居要件の影響力に関する評価を見ておかなければならないであろう。上記評価は、二つの観点からなされている。一つは、同居要件が無益なものかどうかであり、もう一つは、それが無用なものかどうかである。各評価を簡潔に見てみよう。

一九九七年の前記判決が出される前までは、同居の無意味さの兆しが何らかの擬制を用いたように見える事案処理の不自然さに現れている。事実、同居が正当に終了していた事案でさえ、一三八四条四項は、監督が可能であったとして適用されているし、また、未成年の子供が両親宅に近接する場所に滞在し便宜上第三者宅に預けられていた事案で、子供の監督が可能であったことからして一三八四条四項が適用されている[59]。さらに、未成年の子供が他人に損害を生じさせたときに、事実上両親と同居していたとしても、その同居は監督上のフォート推定に効奏しうるが、教育は、父母特有のものが子供の成長とともに除除に少なくなっていって、教育上のフォート推定が効奏するために、継続的な共同生活体を必要としないものと解されている[60]。このように同居要件が両親の責任を判断するにあたって機能しないというその無益性がいわれていたが、それは法律上当然の責任の登場とともに一層高まったとされる[61]。

15　すなわち、従来、未成年の子供に対する監督及び教育の可能性は、両親との同居の存在と結びつけるような形で考えられてきたのであった。しかし、法律上当然の責任の出現に伴い、監督上あるいは教育上の推定されたフォートが存在しなかったときにも、両親の責任が検討されうる限り、同居について探索することは無益であるとされる[62]。したがって、法律上当然の責任を受け入れたBertrand判決以降において、同居要件の消滅もしくは後退がいわれるのは、論理的でありかつ正当なものであるとされた[63]。要するに、この見解の立場によれば、同居要件は、確実に二次的地位にまで格下げされたように見受けられるのである。

16　かくして、一九九七年以降、不可抗力又は被害者のフォートのみが、同居する未成年の子供によって惹起された損害について、法律上当然の責任から両親を免れさせうるものとされる。またこのような解釈は、両親の免責要件を定める一三八四条七項の見直しを促すこととなるとされる[64]。このような両親の法律上当然の責任は、物の保管に基づく責任を定める民法典一三八四条一項責任[65]とその法的性質が類似してくるようになると見られる、もっとも両者のこのような接近は、両親の責任を判定するにあたって同居へ準拠することの無益さを確認することになる。その結果、いまや二つの事由のみが両親を免責させることになるとされるのである。

17　その一つは、不可効力であり、その評価方式が問題である。すなわち、不可抗力は、両親との関係で評価されるべきか、あるいは、それは子供との関係で評価されるべきか、という問題である。判例は、後者の方式を支持しているようである[66]。

今一つは、被害者のフォートである。これが不可抗力の特徴を併せもたないとすれば、両親は部分的に免責されるであろうし、反対にそれが不可抗力の特徴を具えているとすれば、両親は全面的に免責されるであろうとされる[67]。かくして、未成年の子供との同居は、一九九七年以降において、両親の責任の第一要件から順位を下げているものとされるが、事実、同居の正当な中止は免責手段として効奏していないものとされる。このために、同居についての解釈を一層徹底させるならば、同居要件は、無益なものとしてだけでなく、むしろ無用なものと考えるべきであるという見解も生じてくるのである[68]。

18　これらの状況を踏まえ、判例においては、同居要件の役割が最小限に抑え込まれており、立法上においてもこれを削除する動きが予測されている。しかし、一方で、Bertrand 判決以降に出された判例を注意深く観察することで、同居要件の消長に関するこのような動向は、これを再検討する必要がいわれている[69]。というのは、両親の責任の要件としての同居の終焉を早急に結論づけるべきではなく、むしろそれは未成年の子供と両親の共同生活を反映するものであって実質的に見ると不滅であろうと考えられるからである[70]。

19　同居要件を存続させるとする見解の立場にほかならない[71]。これによれば、同居の定義内容に修正を施すことでその存続を可能にすることができるという考え方である。事実、Bertrand 判決と同日に、同居要件の存在を認める方向で問題解決に応接した、破毀院第二民事部によって言い渡された判決がある。Samda 判決がそれである[72]。事案はこうである。すなわち、一六歳になる未成年の子供Cの父Gと母Mは離婚し、母Mが子供Cの監護権をもっていた。CはD所有の自動車を盗んでその自動車に損害を生じさせた。そのときに、Cは父G宅に居住していて、母Mと同居していなかった。Cの加害行為時に訪問権行使の効果として、CはG宅に招待され、Gにより宿泊が提供されていたのである。そこで、Dが、Cを監護していたMに対して損害賠償請求をしたのが本件である。本判決は、控訴院が一三八四条四項に違反しているとし、損害を惹起した子供の母を問題外とするために、その加害行為の日に子供は父宅に居住していて母と同居していなかったとしたが、本件の場合、訪問権・宿泊権の行使はなされているが、監護権を行使している両親の一方と未成年者との同居は終了していない、と説示し、そして、未成年者の学校でのスケジュールの不規則が未成年者の監護を委託されている母の教育上のフォートを示していないかどうか必ず探索しなければならず、未成年者の不確実な欠席がそれを示唆しうる、と述べている。

20　このように Samda 判決は同居要件の存在を前提とする態度を示したものと見られるが、これ以降も同旨の判決が続き、少なくとも事案処理において付帯事項として同居を捉えている[73]。同居に常に準拠しようとする姿勢は、形式的には正当であるとされる。一三八四条四項の中に《彼ら（父母）とともに生活している》との記述があることから、裁判官は常に同居要件に言及せざるをえないからである。したがって、同居要件は、積極的に承認される方向へ同居の評価を転換することによって、今後の両親の責任（民法典一三八四条四項の定める父母責任）制度にとって同居の概念は必要なものとされる。両親の責任の法的性質が両親の推定されたフォートについての責任から両親の法律上当然の責任へと軌道修正される中で、同居要件を両親の責任判定を左右しうるものとして存続させるためにどのような解釈論が提示されるべきであろうかが問われることになっている。最後に、この点について若干見ておこう。

21　破毀院は、実際に、両親が未成年の子供を十分に教育し、監督することができるためには子供と同居しなければならないので、監督及び教育上の自己のフォート推定が子供との同居を必然的な前提とするとしていたが、判例の考え方は、この主観的責任による古典的解決から法律上当然の責任という客観的責任による現代的解決へと推移しているとされる。[74]そして、これを理論的にいえば、同居要件は消滅するよう仕向けられるべきであるといえる。両親の責任が未成年者を監督するうえで、フォートの制裁観念に基礎づけられない以上、もはや同居要件は無意味なものとなるであろうからである。しかし、同居要件は法律の中に明記されている。前述の立法改革においてもそれは再確認されている。それゆえ、破毀院は、同居の射程を過小評価することによって同居の再定義を志向している。[75]つまり、同居の捉え方そのものが、具体的・事実的同居から抽象的・法的同居へと移りつつあるとされる。これのような判例の流れは、最近の破毀院判例を次の三つの類型に分けて見ると、明らかになるとされる。[76]

まず（イ）第一の場合は、離婚した両親が未成年者の子供によって他人に惹起された損害について責任を問われた事例である。Samda 判決である。既に見たように、子供の普段の居住をもつ両親は、他方の両親宅に子供が訪問中に他人に対して惹起した損害について責任を負うとされたのである。[77]

次に第二の場合は、離婚していない両親宅に同居している未成年の子供によって他人に惹起された損害について両親が責任を問われた事例である。破毀院第二民事部二〇〇二年四月二〇日判決である。問題の古典的解決の必要を示しており、ヴァカンスの期間中第三者に預けられていた未成年者と両親との同居が維持されていることが承認されている。本件では、七月中に医療教育センターへ預けられた九歳の子供がデザインの練習中に鉛筆で仲間の目を傷つけたという事案であり、控訴院判決は両親の責任を、未成年の子供との同居がなかったことを理由に退けたが、破毀院は次の理由からこれを破棄した。すなわち、両親が子供を一時的に医療教育センターに預けているという事情が子供との同居を終了させないからであるというのがこれである(78)。

さらに（八）第三の場合は一層微妙である。未成年の子供が両親宅に普段は生活しておらず、生活様式を制御し管理することを担う第三者に預けられていて、他人に対して惹起させた損害について両親の責任が問われた事例である。破毀院刑事部二〇〇五年二月八日判決である。本件では一二歳になる未成年の子供が一歳から祖母に預けられている。親権は子供のために譲渡の対象とされていなくても、また少年事件担当裁判官も教育的援助の範囲で子供のために第三者へ監護を託することに干渉していなくても、控訴院は、同居の概念が《広く解されうるとしても、子供が両親の住所に居住していることが要求されている》ことを理由に両親の責任を退けた。しかし、破毀院は、次の理由でそれを破棄した。すなわち、《両親との同居は、子供が親権を行使する両親によって祖母に預けられたという事情により終了しないということ》並びに《正当な理由から両親との同居が終了していない未成年の子供の父母は、不可抗力又は被害者のフォートによってのみ法律上当然の責任を免れうるということ》がそれである(79)。この判決は、一二歳以降に祖母宅で同居している未成年者がなお両親と同居している旨を説いたものと見られている。

4　まとめ

1　以上、フランス法では、民法典一三八四条四項が両親の責任を規定しているが、その適用要件の一つである、同居要件についてその消長が議論されていた。従来、両親と未成年の子供が同居することで、監督及び教育の義務が課されるものと考えられてきた。監督及び教育上のフォート推定の真実性を確保する役割を同居要件が担っているとする考え方である。ところが、最近、両親の責任の客観化傾向が強まり、同居要件の役割について後退が言われている。不可抗力と被害者のフォートの二つの事由だけが両親を免責させるという法律上当然の責任法の理が、判例上承認され、これが学説上も広く支持されているからである。もちろん立法論としては、民法典一三八四条四項の規定から同居要件を削除する方途もありうるが、今日の判例・学説は、同居ということばを再定義することで、その要件に、両親の責任判定についてこれを左右する重要な機能を担わせようとしているといえよう。

2　フランス法において見られる両親と子供の同居についての運用は、わが国の法の解釈にも参考になろう。子供が第三者に託されている場合に惹起することがある、人身事故の法的処理がその一つであろう。例えば、学校内において子供が他人に対し不法に損害を与えたときに、教師のみが責任を負い、加害少年の両親は責任を負わないか、といった教師と両親の責任競合の問題がそれである。フランス法では、両親と子供の同居があったと解すべきかという法的判断を重視し、その監督義務の存否を判定するという解釈がとられている。これに対して、日本法では、子供が教師の監督下にあるときは、原則として、教師の監督義務によって両親の監督義務が排斥され、両親は免責されるという解釈がとられている。[80] そして、また日本法でも未成年者の不法行為に対し、監督者としての両親の責任の成否について、その判定要因に同居が重視されることがありうるであろう。[81] いずれにしても、これらの問題は、今後の検討課題にしたいと思う。

（1）松坂佐一「責任無能力者を監督する者の責任」川島武宜編集代表『我妻榮先生還暦記念・損害賠償責任の研究（上）』（有斐閣、一九五七年）一六〇―一六六頁。わが国では、裁判実務においては、未成年者の責任能力の有無に応じて、問題の処理方式が、七一四条を通す場合と七〇九条を通す場合というふうに異なっているが、後者の場合を前者の場合に近づけて（「七一四条的に」）処理されているという見方が支配的である（石黒一憲「責任能力ある未成年者の不法行為につき監督義務者たる親に民法七〇九条に基づく不法行為責任が認められた事例」法学協会雑誌九二巻一〇号（一九七五年）一四一三頁、寺田正春「監督義務者責任」法

律時報五〇巻六号（一九七八年）四九頁等)。
（2）松坂前掲一五六頁。
（3）奥野久雄『学校事故の責任法理』（法律文化社、二〇〇四年）二六五頁以下、とくに二八一—二八三頁。
（4）ベルギー法は、両親の責任の要件から同居要件を削除していることが指摘されている（G. Viney et P. Jourdain, Droit civil-Les conditions de la responsabilité, L. G. D. J. 1998, 2[e]éd. n° 876.)。
（5）G. Légier, Droit civil Les obligations, 19[e]éd., D. 2008, p. 109.
（6）奥野前掲二四六頁。
（7）Légier, op. cit., p. 109. なお、不法行為責任に関する規定は次の通りである。
一三八二条　他人に損害を惹起する人の行為は、いかなる行為といえども、フォートによって損害を惹起する者をして損害を賠償すべき義務を負わせる。
一三八三条　各人は、その行為によってのみならず、その懈怠もしくは無思慮によって惹起した損害につき責任を負う。
一三八四条一項　人は、自己の行為によって生ぜしめた損害についてのみでなく、自己が責任を負わなければならない他人の行為、もしくは保管する物の行為によって生じた損害についても、責任を負う。
一三八四条二項　（省略）
一三八四条三項　（省略）
一三八四条四項　父母は、親権を行使する限り、同居する未成年の子供の生ぜしめた損害につき連帯して責任を負う。
一三八四条五項　主人および使用者は、家事使用人および被用者が彼らを使用した職務において生ぜしめた損害につき責任を負う。
一三八四条六項　教師および職人は、生徒または徒弟がその監督の下にある時に生ぜしめた損害につき責任を負う。
一三八四条七項　父母および職人の責任は、彼らがこの責任を発生させる行為を防止できなかったことを証明しない限り、発生する。
　教師に関しては、加害行為を発生させたものとして、主張されたフォート、無思慮または懈怠は、原告がこれを一般法に従って証明しなければならない。
一三八五条　動物の所有者もしくは使役者は使用中において、その動物が管理の下にあるか、迷いもしくは逃走中であるかを問わず、生ぜしめた損害について責任を負う。
一三八六条　建物の所有者は、崩壊が保存の欠缺または構造の瑕疵の結果生じたときは、その崩壊によって生じた損害について責任を負う。

なお、以上、引用されている条文の邦訳については、主として谷口知平『現代外国法典叢書16仏蘭西民法典Ⅲ財産取得法2〔復刻版〕』（有斐閣、一九五六年）に依拠させていただいた。

（8）V. Toulet, Droit civil obligations Responsabilité civile, 8e éd., cpu, 2004, p. 383.

（9）Toulet, op. cit., p. 383. 後述のp.4も参照。

（10）Toulet, op. cit., p. 383.

（11）Toulet, op. cit., p. 384.

（12）Toulet, op. cit., p. 384.

（13）Toulet, op. cit., p. 385.

（14）Toulet, op. cit., p. 386.

（15）Légier, op. cit., pp. 108-165.

（16）Ph. Simler, La notion de garde de l'enfant, RTD civ. 1972. p. 724; A. Ponseille, Le sort de la condition de cohabitation dans la respnsabilité civile des père et mère du fait dommageable de leur enfant mineur, RTD civ. 2003, p. 646.

（17）Ponseille, op. cit., p. 646.

（18）Ponseille, op. cit., p. 646.

（19）Civ. 1er, 4 décembre 1963, *D.* 1964. II. J. 159. Note P. Voirn.

（20）Ponseille, op. cit., p. 646.

（21）一六歳より可能な親権解除された未成年者は、前記②の要件の未成年者から除かれる（Ch-L. Deschamps et L. Bloch et S. Moracchini-Zeidenberg, Droit des obigations, 2e éd. 2008, p. 193.）

（22）奥野前掲二七五頁。

（23）Ass. plén. 9 mai 1984, Fullenwarth, *D.* 1984. J. 525 ets, note F. Chabas; *J. C. P.* 1984. éd. G. II. 20255, note N. Dejean de La Bâtie.

（24）Ponseille, op. cit., p. 647.

（25）E. Blanc, La responsabilité des parents du fait de leurs enfants, 1953, n° 63 ets.

（26）裁判官による同居の定義は、同居が存在することを前提とする厳格な解釈とその不存在を承認する寛大な取扱いとの間で動揺している、というものである（Ponseille, op. cit., p. 648.）。

（27）Ponseille, op. cit., p. 648.

（28）一九七〇年六月四日法によって新たに設けられた民法典三七一ノ二条は、《父母は、子に対して、監護、監督及び教育の権利と義務を有する》と定める。同条一項は、《親権は、その安全、健康及び精神において、子を保護するために父母に帰属する》と定める。「これらを受けて、新しい規定による親権とは、両親に課される子の保護と養育および育成の義務を履行するため、解放されていない未成年の子の身上と財産に関して、法律が父母に認める権利と義務の総体である、と定義される。」（栗林佳代『子の利益のための面会交流――フランス訪問権論の視点から』（法律文化社、二〇一一年）二〇五頁）

（29）Civ. 2e, 12 octobre 1955, D. 1956.II. J. 301, note R. Rodiere. 両親の責任は、《同居する未成年の子供によって惹起された損害を理由に、この者の身上に対する監督及び指導の義務から生じる。》とされる。

（30）Civ. 2e, 13 juin 1968, *Bull. civ.* II, n° 176.

（31）Civ. 2e, octobre 1955, JCP 1955. éd. G. II. 9003, note P. Esmein; Civ. 17 avril 1975, RTD civ. 1976, p. 142.

（32）この点は、学説において指摘されてこなかったとされる（Ponseille, op. cit., p. 649）。

（33）A-M. Gallion-Scanvion, Une responsabilité enfin trouvable ou les voies de l'indemnisation de victims d'enfans de parents divorcés, *Gaz. Pal.* 1997. Doct. 659, n° 11; D. Mazeaud note sous Civ 2e, 20 jan. 2000, *D.* 2000. somm. 469.

（34）Ponseille, op. cit., p. 649

（35）Ponseille, op. cit., p. 649

（36）三「同居要件の論理とその消長」の6参照。

（37）この点を指摘したのは、P. D. Ollier, La responsobilité civile des père et mère, L. G. D. J. 1961, n° 32. である。

（38）Ponseille, op. cit., p. 649.

（39）Civ. 4 juillet 1951. *D.*1951.II. J. 587. *Gaz. Pal.* 1951. II. 239.

（40）Civ. 2e, 17 avril 1975, RTDciv. 1976. p. 142. obs. G. Durry.

（41）Ponseille, op. cit., p. 650.

（42）Ponseille, op. cit., p. 650.

（43）Ponseille, op. cit., p. 650.

（44）Crim. 13 juillet 1949. *D.* 1949. II. J. 461; 奥野前掲二八二頁、三一六頁注（91）。

（45）Ponseille, op. cit., p. 650; 奥野前掲二八二頁。

（46）Crim. 13 janvier 1954, *J. C. P.* 1954. éd. G. IV. 26; 奥野前掲二八二頁、三一六頁注（91）。

（47）Ponseille, op. cit., p. 651.

（48）Ponseille, op. cit., p. 651.
（49）M. Bachache-Gigeili, Droit civil-Les obligations, La responsabilité civile extracontractuelle, t. V. 1^{er}éd. Economica. 2007, n° 279.
（50）Ponseille, op .cit., p. 651.
（51）Ponseille, op. cit., p. 651.
（52）Civ. 2e, 19 février 1997, D. 1997. 265 note P. Jourdain; *J. C. P.* 1997. II. 22848. note G. Viney; *Gaz. Pal.* 3 octbre 1997, note F. Chabas.
（53）Ponseille, op. cit., p. 651.
（54）Ch. Radé, Le renouveau de la responsabilité du fait d'autrui, *D.* 1997. I. chron. 279-284. とくにn° 3.
（55）Ponseille, op. cit., p. 651.
（56）Radé, op. cit., n° 4.
（57）Chabas note sous Civ. 2e, 19 février 1997, *Gaz. Pal.* 1997. II. J. 574; Durry, RTD civ. 1982, p. 148. Ph. Tourneau, Droit de la responsabilité et des contracts D. 2004. n° 7427 は、Bertrand判定以降でさえ、同居の必要を説いてるが、債務法改革草案一三五六条は、親権が両親の責任の唯一の要件となることを予測している（L. Grynbam, Droit civil, les obligations, Hachette, 2007, n° 640）。
（58）Ponseille, op. cit., p. 652; Tourneau, op. cit., n° 7428も同居概念の抽象化をいっている。ほかに、F. Altmaes, La gare, fondement de la responsabilité du fait du mineur, *J. C. P.* 1998. éd. G. I. 154, n° 47; M-Ch. Lebreton, L'enfant et responsabilité civile, P. U. R. 1999. pp. 54-71; P. Jourdain note sous Civ. 2e, 19 février. 1997, D. 1997. II. J. 265-268; Bacache-Gibeili, op. cit., n° 279-n° 282; Ph. Brun, Responsabilité extracontractuelle. Litec. 2009. n° 418-n° 421.
（59）Crim. 13 juillet 1949, *D.* 1949. II. J. 461（奥野前掲二八二頁引用）.
（60）Jourdain obs. sous Civ. 1er, 2 juillet 1991. RTDciv. 1991 p. 759.
（61）Ponseille, op. cit., p. 653; Bacache-Gibeili, op. cit., n° 279.
（62）Ponseille, op. cit., p. 653.
（63）Viney et Jourdain, op. cit., n° 876.
（64）Ponseille, op. cit., p. 653.
（65）民法典の起草過程において、一三八四条一項は、以下に続く他人の行為についての責任及び動物もしくは建物の行為（関与）についての責任の諸規定を、まえもって呈示したものと解されていた。判例は、この規定の枠内で無生物（自転車、自動車、武器、電気設備など）の行為（関与）についての責任を創造したのであり、無生物による事故の被害者を救済するために、偶発事象（cas

fortuit）、不可抗力（forte majeure）、被害者のフォート又は第三者の行為の証明がなされない限り覆えされない、責任推定を、無生物の保管者に対してもうけたのであるとされる（A. Colin et H. Capitan, Traité de droit civil, obligations, t. II. 1959, n° 1052, H. et L. et J. Mazeaud, Leçons de Droit civil, t. II. obligations; Premier volume, 1978, n° 516）。

（66）Ponseille, op. cit., p. 653 の注（83）。学説は前者に依拠し、一三八四条七項の法文に従う。例えば、Viney sous Civ. 2e, 19 février 1997, *J. C. P.* 1997. éd. G. II. 22848, p. 253。

（67）Ponseille, op. cit., p. 654.

（68）Ponseille, op. cit., p. 654.

（69）Samda判決, Civ. 2e, 19 février 1997, *J. C. P.* 1997. IV., 834; RTD civ. 1997, p. 670. obs. P. Jourdain, p. 648.

（70）Ponseille, op. cit., p. 654.

（71）Tourneau, op. cit., n° 7428; Altmaes, op. cit., n° 47; Lebreton, op. cit., pp. 60-71; Bacache-Gibeili, op. cit., n° 279-n° 282; Brun, op. cit., n° 419; Grynbaum, op. cit., n° 639.

（72）三の前記　注（69）参照。

（73）Besançon, 11 février 1998, *J. C. P.* 1998, éd. G. H. 10150, note C. Philippe. Civ. 2e, 4 juin 1997, *D.* 1997. IR. 159; Civ. 2e, 29 mars 2001. *D.* 2001. IR. 1295; Civ. 2e 20 janvier 2000. *D.* 2000 somm. 4e éd, obs. D. Mazeaud, RTD civ. 2000, p. 340, obs P. Jourdain.

（74）Bacache-Gibeili, op. cit., n° 279.

（75）Bacache-Gibeili, op. cit., n° 279; Lebreton, op. cit., n° 48.

（76）Bacache-Gibeili, op. cit., n° 280-n° 282 の記述に依拠しながら見ていく。

（77）Bacache-Gibeili, op. cit., n° 280.

（78）Bacache-Gibeili, op. cit., n° 281.

（79）Bacache-Gibeili, op. cit., n° 282.

（80）加藤一郎『不法行為〔増補版〕』（有斐閣、一九七四年）一六三—一六四頁。

（81）加藤前掲一六一頁は、一般的に監督義務者が七一四条の責任を負うのは、「原則として、家族的な共同生活を営んでいる場合に限られよう」と述べている。また、一五歳の少年が新聞配達をしていた遊び友達の少年を小遣い銭欲しさに殺害し、友達の所持していた集金の一部を強奪し、逃走したので、被害少年の両親が加害少年の両親の監督責任を問うた事案で、最高裁判例は、加害少年が生活を営んでいる家庭の団らんの有無を重要な判断要因として捉えているように思う（最判昭和四九年三月二二日民集二八巻二号三四七頁）。

第五章　精神障害者に生じた事故と精神病院の損害賠償責任

1　はじめに

精神障害者が精神病院に入院中、院内または院外で自殺・負傷事故を生じさせた場合、これによって発生した損害の賠償責任が、精神障害者の遺族や精神障害者によって精神病院を相手に追及されることがある。わが国では、とりわけ昭和五〇年代以降、このような事故事例が増加する傾向にあることが指摘されており[1]、その対応策が民事法学上重要な研究課題となりつつあるように思われる。

一方、フランスにおいても、新しい開放化医療法が次々と生み出され、医療技術として確立されていく方向が進むに伴い、事故防止措置との調和が議論されている。そこで、本章は、フランス法におけるそのような議論を紹介することを目的とするものである。

2　フランスの損害賠償責任制度一般と若干の問題点

一　損害賠償責任の基本的考え方——手段債務と結果債務

1　フランス法において、損害賠償責任は、不法行為責任と契約責任とで構成されており、両者は競合しないものと解されている[2]。不法行為責任は、民法典一三八二条でフォート（faute）に基づくものとして定められている。

フォートとは、客観的要素、「違法性（illicéite）」ということばで指示される義務違反、並びに、主観的要素、帰責性（imputabilite）ということばで指示される、損害惹起者に対し非難を加える必要性という二つの要素を含むものとされているのである。(3)

2　契約責任は、不法行為責任と同様にフォートに基づくものとして構成される。契約で債務者が拘束されるのは、合理的な注意を払うことだけであって、債務者が通常人ならば契約の目的を達成するために尽くすであろう手段をとることを内容とし、手段債務と呼ばれている。(4)患者を治療するために合理的手段を尽くすべき医師の債務がその典型例であり、医師はそのような手段を尽くしたにもかかわらず、治療目的が達成しなくても責任を負わない。今一つは、債務者が合理的な注意を払うことだけでなく、約束された結果を達成すべき債務を負うというものであり、これは結果債務と呼ばれている。債務者は約束された結果を達成することに失敗したことが制御の及ばない原因（外的原因）によることを証明して責任を免れることができるのである。(5)

3　契約上の債務をこのように区別する実益は、証明責任にあると見られている。すなわち、普通、債務者がその債務を履行しなかったことを証明する責任は、債権者にあるのだが、手段債務においては、注意を払うことを怠るのは不履行の重要な原因であるから、過失の証明責任は債権者にあるとされており、(6)これに対して、結果債務では、債権者は結果が達成されなかったことを証明すればよく、そのとき外的原因を証明するのは債務者であるとされている。(7)もっとも、債務者はあらゆる合理的な注意を尽くしたことを証明するだけで免責されるのかは議論があって、判例は一貫して外的原因を証明すべきことを説いているが、実際上の差異は原因が不明のときに生じるものとされている。(8)

二　手段債務と結果債務の区別について

1　フランスでは、手段債務と結果債務は民法典一一三七条と同一一四七条との間に存する矛盾を回避すべく生み出されたものと考えられている。[9]

民法典一一三六条：与える債務は、債権者に対する損害賠償の有責性において、物を引渡し、及びその引渡に至るまで物を保管する債務を含む。

民法典一一三七条：物の保管をするよう注意する債務は……これを負担する者をして善良な家父としての注意を尽すべき義務に服させる。

民法典一一四七条：債務者は、必要あるときには、不履行がその者の責に帰しえない外的原因から生じたことを証明しないかぎり、債務者の側に何らの悪意がない場合といえども、債務不履行を理由として、あるいは履行遅滞を理由として、損害賠償支払の言渡を受ける。

民法典一一三七条は、賠償責任の成否をフォートの証明に依拠させているのに対して、民法典一一四七条は、免責の有無を外的原因の証明に右左させている。[10] 文理解釈によれば、後者が広く取引を規律する規定として、前者は物を保管する債務の場合にだけを規律する規定として扱われることになる。そこで、物の保管の場合は、なぜ取引の場合と異なる注意義務が課されるのか、という疑問が生じ、これに答えるものとして上記の手段債務と結果債務の考え方が展開されたのであった。[11] しかし、このような考え方によって疑問が解消されたわけではなく、問題の債務がどちらの種類の債務にあたるのかをどのように決定すべきかという課題が残された。

2　債務についての二つの区別は比較的単純であって、ほとんどの契約は双方の債務を生じさせる。医師は、治療の成功に関しては手段債務を負うが、彼の使用する設備・材料の安全性又は信頼性に関しては結果債務を負うのであり、[12] また、病院の経営者は、通常その施設・建物に入る患者の安全に関しては手段債務を負うが、施設・建物にかかわる物が関係する限り結果債務を負うのである。[13] かくして、病院の経営者は、患者の体重でこわれないような十分にしっかりしたベットやイスを提供すべき債務を負い、ベットやイスがこわれたことによって患者が負傷したときには、外的原因を証明することによってのみ免責されることになる。[14]

しかし、このように医師の責任と病院の経営者のそれとを区別することは、不自然なことがある。なぜなら、医師が病院長として病院の運営を担当することがありうるからである。[15] そのうえ、これらの責任が全く重複し、フォートをおかした医師と病院が連帯して賠償責任を負うことになる。もっとも、一般に医師は患者に対し医療行為（債務）が問われ、病院は患者の安全義務が問題にされる（とりわけ問題は、患者を治療しない医師によって病院が運営されている場合に複雑なものになる）[16]。そこで、医師の責任、及びこれと病院の責任との関係も併せて検討しなければならないが、この点は将来の検討課題とし、本章では、精神病院の患者に対する安全義務の視点から、精神障害者に生じた事故についての精神病院の損害賠償責任に関する判例を概観することにとどめたいと思う。

3　精神病院の損害賠償責任に関する判例の状況

一　序

精神病の治療が実施されている際に、精神病院に収容されている患者について一般に、二つの種類の事故が発生している。一つは、患者が自殺を試みるというような分別のない行為によって自らでその生命・身体の安全を損うというものである。今一つは、精神障害者がその意思を関与させることなしに転倒等によって傷害をこうむるというものである。そこで、前者を、**二　精神障害者の意思の関与によって発生した事故**、後者を、**三　精神障害者の意思の関与を伴わないで発生した事故**として、各々の場合に関する判例の状況を見てみよう。

二　精神障害者の意思の関与によって発生した事故

1　フランスの判例は、精神病院において精神病の治療中に患者によってなされた自殺行為について病院の賠償責任を厳格な態度で評価している。精神病院は、意思能力の低下した患者を収容するという事実からして、患者の生命・身体の安全を引き受けるための特別の監督をこの者に対しておこなわなければならないものと考えられているからであろう。[17]しかし、判例の精神病院の責任に対するそのような態度は、結果債務——外的原因を証明することによってのみ免責されうる、法律上の責任を病院に認めるべきもの——を精神病院に課することを認容するまでには至っていない、と見られており、実際には、ほとんどの判例が、精神病院は手段債務を負うべきものと解している、とされている。[18]

2　精神病院の負う上記の債務内容について、破毀院は、次のような一般的な見解を示した。すなわち、この債務は、《患者自身に対して患者の安全を確保するため、主治医の処方に基づく配慮をなすこと、及び患者の症状や知られている過去の反応に適応した措置となって示されるべき監督をなすこと》である。[19]本件の事案はこうである。すなわち、一九五八年九月二四日に、X医師の経営する精神病院では、精神障害者となったA夫人の入院を許可したが、その翌日、彼女が自殺を試みたので、各種の治療を受けさせるための解放病棟に彼女を一一月八日まで移すことにした。同日、主治医は、普通の生活を営みながら一定の監督下に彼女をおいて各種の治療を施した。そして、主治医は、この患者の退院の準備をし、戸外で一人でいることを許可し、この者を同年一二月二五日に退院させることを決定した。ところが、彼女は、一二月二五日の朝、カーテンをつるす横木に首をつっている姿で発見された。

控訴院は、本件の自殺のあと、死者の寝室にあったドレスの付近でウールの切れ端で作られた細紐と、患者のスーツケースの中から、よれよれになった皮革ベルトが再発見されたが、はじめの発見が患者の自殺前に主治医によって知らされていたならば、《必要な措置》がとられていたであろう、ということを強調し、《患者の自殺の意思を見抜くことを可能にするような十分な探索に専念しなかったことによって、この病院は監督義務を怠った、という点》を根拠として、精神病院の責任を肯定した。これに対して、破毀院は、精神病院が患者と締結した契約に含まれる手段債務の枠内においてなすべきであった探索にかんする評価は、主治医の処方及び職業上の慣行を考慮すべきかどうかについて明白に述べないで原審が判決を下したのであって、その判示には法的根拠がない、として原審判決を破毀した、というものである。

3　このように判例の説くところによれば、精神病院の賠償責任は、次の二つの要件が満たされた場合に限り課されることになるといえる。すなわち、第一は、患者の症状からして自殺・負傷（以下、自殺という）についてのいくつかの予防策の遵守が正当化され、患者の絶望的な振舞いが回避されること、第二は、こうした予防策が採用されず、回避されるべきであった自殺行為を惹起させたことがこれである[20]。いずれにしても、これらの要件の検討にあたっては、その前提として患者の自殺の危険についての評価が問題となるのであって、判例上は、これをめぐって見解が分かれている。一方、自殺の危険は、精神病の治療中において精神病院には予見可能性があるとするものであり、これに対して、他方、自殺行為の予見可能性は個々の事件において評価されるべきだとするものである。

4　破毀院一九六三年六月一一日判決[21]は、自殺の危険について抽象的に評価する前者の立場を採用した。事案はこうである。すなわち、一九五八年二月二日から同月三日にかけての夜に、Y医師の経営する療養所（精神病の治療の専門病院）に神経衰弱のために収容されていたXは、この病院の二階に位置する病室で仕事に従事していたが、この部屋の通風用の小窓を利用して逃走しようとし、窓を開け擦り抜けることに成功したが、地面への着地に失敗し重傷を負った。Xは、Y医師に対して損害賠償を請求。破毀院は、患者の治療中の疾患が一見して重大さがうかがわれないならば、危険な行為に患者を抑え難く追いやった病的衝動又は妄想に、一瞬でさえ患者が駆られないという点について、この疾患は何ら確実性を示しえなかったであろう、と説示した（Y医師の監督義務の怠りを認容）。本件は自殺事例ではないが、患者が分別のない行為によってその安全を危うくすることがないよう監督すべき義務を精神病院の経営者である医師に認めたものといえる[22]。

5　これに対して、リヨン控訴院一九五二年一月七日判決[23]は、後者の見解、すなわち、自殺の危険について事件の諸事情により具体的に評価する立場を採用した。事案はこうである。すなわち、X_1は、一九五〇年四月一二日、その夫X_2に付添われてY精神病院に診察を受けに来た。Y病院の院長A医師が不在だったので、X_1はA医師のアシスタントを務めるB医師に診てもらった。X_1は、居住地で受診していたC医師からの紹介の手紙をB医師に手渡した。手紙の内容は、X_1をY病院に入院させ、各種の精神療法――水治療法、イオン浸透療法、インシュリン療法――を受けることをX_1に勧めているので、すみやかに入院の承諾をして欲しいというものであった。X_1は、特別室に入院することを許可され、そこへは夫X_2に付添われ夜間に移った。X_2は翌朝六時に病室を離れ、自宅に戻り、自宅からX_1の安否をたずねるために午前一一時五五分に電話した。X_1は、午前中症状が和らいでいるので上記の精神療法による治療をうけ、正午に昼食をとってから眠った。午後五時に看護婦DがX_1を入浴させるために病室に入って来たが、そのときに、X_1はコルセットの紐でイスパニア錠に首をつっている姿で発見された。判決は、主治医のなした診断及びその処方した治療法は、患者X_1の自殺の可能性を予見すべきであった、ということを示すのに十分なものであって、前日に入院したにすぎない本件患者は継続した観察の対象となりえないだけに一層そのことがあてはまるというべきである、と述べ、患者を数時間監督なしに放置する行為は典型的なフォート（faute）であり、X_1は前もって観察されることなしに治療を受け、不安定な精神状態におかれて自殺したものである、と説示した（医師A・Bと精神病院Yの責任を認容）。

6　判例の中には、鬱病、神経症の症状が自殺の試みの可能性を除去してしまわないにしても、しかしなお、病気の進行や症候から自殺の試みを予見できないことがある、とするものもある[24]。また、自殺の試みが一〇歳ごろから始まっていた患者について、この者が鬱症状のための精神病院に相当期間入院していた場合でさえ、自殺を試みることにつき疑う余地がなかった、とした判決も存在する[25]。本件では、患者は希望した病院で一八歳ごろから入院し、まったく自由意思で長期治療を受けており、患者には戸外に出る自由が許されていたという事情の下で、この者が精神安定剤を飲んで死亡したことについて、精神病院の責任者たる医師に対し、証明されたフォート（faute）は何ら存しない、と判断されているのである[26]。

7　さらに、講じられた予防策の評価自体に関しては、多くの議論がなされている。一つの考え方は、患者に一定の自由を許可することを含む治療方法の実施をフォートの有無の判断にあたって考慮する見解である[27]。この見解の立場によれば、監督の弛緩を伴う病院の決定を正当化するため、そうした治療方法を援用するものであり、例えば、午後に自由に患者を外出させるという精神病院長によって選択された危険は、これが治療の必要性により正当化される以上、その選択は無思慮ではない、ということになる。つまり、精神病院から患者宅に自由に外出を許可した院長の治療行為は、リハビリテーションの治療の範囲内では患者が憂慮すべき発作中にこの自由を自殺するために用いたという事実だけから、無思慮のフォート（faute d'imprudence）として評価されえないのである。

8　これに対して、精神病院に課される義務を加重するため新しい治療法に依拠する見解が出されている[28]。この見解の立場によれば、一定の自由（患者の興味をそそる魅力的な環境下で戸外へ出ることを含む）を患者に委ねる処方に基づく現代的治療方法は、その実施にあたっては特別の予防策（自殺傾向を換起するおそれがある事物や仕事を斥けることを含む）をとる必要があるというものである。

9　このような予防策に関連して、病院の責任を判断する場合の、主治医の指示については二通りの扱いがなされることがある。すなわち、主治医が患者についてその手足を固定することによって動けなくするという特別の監督を指示した場合、精神病院は、もしその指示が遵守されないときに、例えば、長い間患者に一人になることを許したり、革ベルトを自由に使用させるときには、その責任が課されうる[29]。もっとも、医師が監督に関して何ら特別の指示をしないという事実は、病院を免責させる事由とはならないし、また一定の予防策が必要であるときにも、病院に医師の指示がないからといって、予防策をとらないで済ますことは許されないものと考えられている[30]。なお、一般に患者がどのような診察・検査の対象にもなっておらず、ゆえにいかなる処方もとられていないというような場合でも、その診察・検査を待っているときには患者への周到な監督が要請されるべきだとされている[31]。

10　ところで、判例の中には、患者の自殺についてこれを回避できないと捉える立場から、精神病院の予防策に対する評価につき寛大な態度を示すものがある。例えば、精神病院が患者に革バンドを与えたときや事故発生に至るまで現場にあったカーテンの支え棒を取り除かなかったときでさえ、監督義務を怠ったことにならないものとされている。[32]なぜなら、病院の施設内において、首つりや絞首による自殺は、極めて難しい条件の下でのみ可能であり、どんな方法によっても自殺するという差し迫った意思を伴うことがほとんどだからである。この意味からして、自殺念慮を有する患者は、格子があっても看護婦が勤務していても問題の行為をなすための解決策を常に見出すこととなるであろうから、自殺行為を防止することはできないとする見解にほかならない。[33]ただ、このような見解の立場については、監督の一環としてなされる予防策に対する評価が自殺の危険の予見が不可能であることを前提としたものである点に疑問が残るといえる。

三　精神障害者の意思の関与を伴わないで発生した事故

1　精神障害者の意思の関与によって発生した事故の処理において、全般的に判例は、精神病院に対して患者につき多彩な義務を認めており、監督義務も治療の要素をなすものとして捉えていた。自殺の危険については、予見可能であって、これと反対の主張をする者（病院側）が、患者の症状や病歴などから自殺の危険を予見できなかったことの証明をしなければならない、と解され、したがって、いかなる場合も患者の自殺は不可抗力を構成しえないものとされているといえる。[34]

2　患者の自殺事例のほかに、精神病院の責任をめぐって議論されるのは、患者の転倒事例であって、ここでの病院の責任自体も、安全義務の視点から検討される。病院に課される安全義務とは、病院が目的とする治療の範囲外において発生しうるすべての事故から病院の受け入れた患者を保護すべき義務であるとする点で学説の見解は一致している。[35]

3　判例は、精神病院に収容された患者の状態、病歴及び現在の症候的所見に応じて事故を回避し患者の安全を保持するためにとられるべき措置の適宜性を審査している。とりわけ、近時の破毀院は、《精神病院が患者の状態を知っているときに、転倒の危険を防止すべき手段及びなすべき注意の適宜性を見極めるのが病院の役割である》旨を述べている(36)。かくして、病院は、治療の範囲外においては勤勉の債務のみが課されるものと解される。

4　なお、この破毀院の判決では、勤勉の債務は厳格に評価されている。つまり、患者の治療中に生じた骨折が、治療を受けているときの転倒から生じたものかどうか争われた場合に、病的麻痺状態の患者が電気ショック療法による治療時にこうむった左上腕骨折であったものと認定（病院の責任を肯定）したのである(37)。しかし、精神病院は、フォートをおかした場合にのみその責任が課される。すなわち、精神病の治療中に患者がベットから落ちて負傷したため、病院側のフォートの有無が争われた場合において、精神病院への入院許可から六か月経過してこの患者は開放病棟に移されたところ、症状が改善したため、ベットを離れることを許可――患者の安全を危うくする原因たる軽卒な行動を危惧していないということを意味するもの――されていたので、監督が三か所で二人の看護婦によっておこなわれていたという事実だけでは、病院側のフォートを確証するのに十分ではないと解されたものである(38)。

4　まとめ

精神病院に入院中の精神障害者が、院内外で自殺・負傷事故を生じさせた場合の、病院の賠償責任に関するフランスにおける判例を検討してみて次のことが明らかになった。すなわち、精神病院は、精神障害者に対して、治療の枠内で監督義務を、そして治療の枠外で安全義務を負っており、この安全義務の水準は、結果債務にまで至らないが、極めて高度の注意義務の水準に達しているものといえる。そして、患者の症状と予見可能な経過から、安全措置が必要とされる場合に限り、自殺防止策をとるべき義務が病院に課される、ということである。この辺に、開放化医療と患者の生命に対する安全確保との接点（調和）を見ることができるように思われる。

（1）　辻伸行「精神障害者による殺傷事故および自殺と損害賠償責任（1）――精神病院・医師の責任および保護者・近親者等の責任に関する裁判所の検討」判例評論四四四号（一九九六年）一四八頁。また、辻伸行「精神障害者による殺傷事故および自殺と損害賠償責任（2）――精神病院・医師の責任および保護者・近親者等の責任に関する裁判例の検討」判例評論四四五号（一九九六年）一六八頁によれば、「自殺・自招事故に関する裁判例の数は殺傷事故事例の裁判例と比べてかなり多く、……二四件にのぼる。」、また同一六九頁によれば「精神病院の内外で開放病棟入院患者など開放的処遇を受けている患者およびそれに近い処遇を受けている患者が自殺したり、自招事故により死傷した事例に関する戦後の裁判例は、一一件あり、昭和五〇年（一九七五年）頃以降に集中している。」ことがいわれ、そのほとんどが病院・医師の責任を否定しており、責任を肯定したのは二件あるにすぎないことが指摘されている。

（2）　H. et L. et J. Mazeaud et F. Chabas, Leçons de Droit civil, t. Ⅱ. obigations théorie générale, 8^{e}éd., 1991, n° 404; Ph. Malaurie et L. Aynés, Droit civil, t. Ⅳ. Les obligations, 6^{e}éd., 1995, n° 880.

（3）　R. Demoge, Traité des obligations en général, t. Ⅲ. 1923, n° 226; R. Savatier, Traité de la responsabilité civil en droit français, t. Ⅰ. 2^{e}éd., 1951, n° 4; M. Planiol et G. Ripert, Traité pratique de droit civil français, obligations, t. Ⅵ. 2^{e}éd., 1952, n° 477; A. Colin et H. Capitant, Traité de droit civil, obligations, t. Ⅱ. 1959, n° 1092; L. Jullio de la Morandière, Droit civil, t. Ⅱ. 4^{e}éd., 1966, n° 593; J. Carbonnier, Droit civil 4-les obligations, 15^{e}éd., 1991. p. 397. これに対し、不法行為責任の本質的機能が損害の填補にあるという立場から、フォートの内容として帰責性を不要だとする見解も有力である。例えば、Mazeaud et Chabas, op cit., n° 448; H. et L. Mazeaud et A. Tunc, Traité théorique et pratique de la responsabilité civile délictuelle et contractuelle, 6^{e}éd., t. Ⅰ.1965, n° 395. がある。フォートの概念については、野田良之「フランス民法におけるfauteの概念」川島武宜責任編集『我妻榮先生還暦記念・損害賠償責任の研究（上）』（有斐閣、一九五七年）一〇九頁、近時のものに、新関輝夫「フランス不法行為におけるフォート概念の変容」淡路剛久・伊藤高義・宇佐見大司編『森島昭夫教授還暦記念・不法行為法の現代的課題と展開』（日本評論社、一九九五年）六五頁がある。

（4）　フランス法における結果債務・手段債務論を扱ったものとしては、木村常信「結果債務と手段（一）」産大法学六巻四号（一九七三年）三頁以下、細田博子「フランスにおける手段債務・結果債務理論の意義と機能について」早大大学院法学研究論集二〇号（一九七九年）五五頁以下、伊藤浩「手段債務と結果債務」立教大大学院法学研究二号（一九八一年）二頁以下、森田宏樹「結果債務・手段債務の区別の意義について」太田知行・荒川重勝編『鈴木禄弥先生古稀記念・民事法学の新展開』（一九九三年）一一一頁、淡路剛久「人身不法行為における過失責任原則の克服――フランス民事責任法からの考察」星野英一・森島昭夫編『加藤一郎先生古稀記念・現代社会と民法学の動向（上）』（有斐閣、一九九二年）二四頁参照。なお、B. Nicholas, The French law of Contract, 2^{e}éd., 1992, pp. 50-56も参照。

（5） Nicholas, op. cit., pp. 51-52. また、レストランの経営者も同様であって、料理の味覚・消化の質について手段債務を負うにすぎないが、顧客の健康に関する限り、食事が終了するまで顧客を安全かつ健康な状態に保持すべき結果債務を負うものと解されている（Poitier 16. décembre 1970, *Gaz. Pal.* 1971. 264.）。

（6） この表現は、フランス民法典一一四七条一項に由来し、契約責任を定めるものだが、判例・学説によって民法典一三八二条、とりわけ一三八四条一項に拡張された。具体的には、不可抗力・被害者のフォート、第三者の行為を指すものとして理解されている（Carbonnier, op. cit., p. 387）。

（7） Nicholas, op. cit., pp. 51-52.

（8） Nicholas, op. cit., p. 52.

（9） 条文の邦訳について、谷口知平他『現代外国法典業書（16）仏蘭西民法Ⅲ財産取得法（2）』六八頁以下（有斐閣、一九五六年復刊、田中周友執筆）参照。

（10） Nicholas, op. cit., p. 52.

（11） Nicholas, op. cit., p. 53.

（12） これと同じ例として、レストランの経営者は、建物の安全及び料理の味覚の質に関しては手段債務を負うが、料理が有毒でないことを確保すべき結果債務を負うとされる（Nicholas, op. cit., p. 53 参照）。

（13） この点について、通常、建物の占有者は、その建物に入って来る人々の安全に関して手段債務を負うが、建物にかかわる物が損害発生に関与する限り結果債務を負うことがある。かくて、酒場の経営者は、顧客の体重でこわれないような十分にしっかりとしたイスを提供すべき債務が課されており、したがって、顧客がイスのこわれたことによって損害をこうむったときには、酒場の経営者は外的原因を証明することによってのみ免責されるものと解される（Nicholas, op. cit., p. 53 参照）。

（14） さらに、スーパーマーケットの経営者の責任について、婦人がスーパーマーケットの棚からビンを取ろうとしたとき、ビンが破裂して負傷した場合に、スーパーマーケットは商品の性質から通常生じることのない危険を内蔵しない商品を顧客に提供すべき債務を負っているとされている（Civ. 12. juin 1979, *J. C. P.* 1980.Ⅱ. 19422; 原告がビンが異常に危険であったこと〈債務不履行〉を証明するならば、外的原因を証明するのはスーパーマーケットであると解された）。これは手段債務にあたると見られる（Nicholas, op. cit., p. 54）。

（15） F. Chabas, Remarques sur la Responsabilité de medecins psychiatres et des climiques psychia-thques en droit prive, G. P. 1980

II. p. 480.

（16） Chabas, op. cit., p. 480.

（17） A. Dorsner-Dolivet, Responsabilité des cliniques en raison des accidents survenus aux maladies men-taux, G. P. II, 1980, p. 458.

（18） Dorsner-Dolivet, op. cit., p. 458.

（19） Cass. civ. 17 janvier 1967, *D.* 1968. 357; 公正な判決と評価されている（Chabas, op. cit., p. 487.）。Cass, civ. 2 mars 1964 G. P. 1964. I. p. 304; Trib. gr. inst. Evry-Corbeil, 12 mai 1975 G. P. 1975. II. p. 709. も同旨。

（20） Dorsoner-Dolivet, op. cit., p. 458.

（21） *J. C. P.* 1963. II 13304bis: 患者の安全を確保するよう要請される配慮義務及び監督義務が精神病院に課されることを認容するものとしてCass. civ. 11 juillet 1961 G. P. 1961. II. p. 317があり、病院は、患者の精神状態及び過去の反応に適合する措置を講じなかったことがフォートを構成すると解する。

（22） 破毀院によれば、病院の義務は、自律的な監督義務、安全義務――結果債務ではないが、極めて高度な注意義務である。

（23） *D.* 1952. 97.

（24） Cass. civ. 26 janvier 1971; Bull. cass. 1971. I. p. 28.

（25） Paris 6 mars 1972 G. P. 1972. I. p.418.

（26） 本件では、さらに、患者が有毒物質を入手した事情、この物質がたまたま病院に持込まれた手段、それが飲まれたときについて、正確な証明がなく、そうした場合には、医師にとって、許された自由な外出は事故原因となっているとはいえないので、証明されたフォートは全く存在しないものとされている（G. P. 1972. I. p. 419. note 参照）。

（27） Lyon 17 janvier 1974 *J. C. P.* 1974. 17700のとる立場であり、開放治療制度の概略を示している。患者の外出が、科学のデータに従った新しい治療の枠内に組み込まれていること、またそれは病院の精神科医と心理学者との同意に基づいて決められていること、事故は予見できないことを理由に、医師の患者の死に対する責任は肯定できないと見られている（Chabas, op. cit., p. 486）。開放治療の制度における、医師の責任の問題は、医師がなすべき決定が極めて多様な危険を吟味した結果おこなわれるものであるので、非常に微妙な検討課題となっている。

（28） Trib. gr. ins. Evry-Corbeil 12 mai 1975. G. P. 1975. 2. 709のとる立場であり、事案はこうである。一九五一年五月生まれのAは、一九七二年一〇月にY精神病院に治療のため入院し、翌年の五月二五日の午前一一時ごろAは公園の柵の中に存在する池に潜って死亡したので、その子X_1らがAの症状からすれば継続的監督の対象とされなければならない、と主張し、Yに対して損害賠償請求をした（請求認容）。本件では、精神病院の近辺に存在する十分に埋められていなかった池は、加療中の患者にとって危険なものであると判断されたと見られている（Dorsner-Dolivet, op. cit., p. 458）。

（29）Montpellier 5 février 1960. G. P. T. Q. 1956-1960; Dorsner-Dolivet, op. cit., p. 459 参照。

（30）Paris 18 décembre 1961. *D.* 1961. somm. p. 67.

（31）Dorsnev-Dolivet, op. cit., p. 459. Grenoble 22 mai 1957. *J. C. P.* 1957. 10246 は、神経症患者が治療を受けるため精神病院に入院していて、入院先の病院で自殺した事案で、病院の経営者である医師の責任は、正当に、次の事実を根拠に維持されると判示した。すなわち、患者が夜一人で他の監督の援助もなく――相部屋のもう一人の患者が電気治療をうけようとしていたため、――看護婦の巡回もなく、首つり自殺に用いたネルの帯を患者から奪い取るという配慮をしなかった、といった事実がこれである。

（32）Cass. civ. 4 mai 1970 Bull. cass. 1970. I. p. 124.

（33）Dorsner-Dolivet, op. cit., p. 459.

（34）Dorsner-Dolivet, op. cit., p. 459.

（35）Dorsner-Dolivet, op. cit., p. 459.

（36）Cass. civ. 3 octobre 1973. G. P. 1974. I. 118.

（37）Cass. civ. 3 octobre 1973. G. P. 1974. I. 118.

（38）Cass. civ. 5 février 1968. D. 1968. 471.

第二編　外国法

第二部　スイス法

第一章　不法行為法における責任能力について

1　はじめに

わが民法は、七一二条と七一三条において、「行為ノ責任ヲ弁識スルニ足ルヘキ知能」を具えない未成年者及び「心神喪失ノ間ニ他人ニ損害ヲ加ヘタル者」は、不法行為責任を負わない旨を規定している。これらの者を、責任無能力者などと呼んでいる。

最近、平井宜雄著『債権各論Ⅱ（不法行為）』（弘文堂、一九九二年）九一頁は、「責任能力を故意過失の論理的前提と解する立場は、故意過失を統一的に意思または心理状態と捉える立場と結びついている（意思に基づく責任を問うに足るだけの弁識能力を備えている者であることを要するから）。しかし、日本民法においてはそのように解するべきではないし、責任無能力者がまったく不法行為責任を負わない、という、その立場からの帰結（七一二条・七一三条はそのような立場から説明できる）にも比較法的支持が与えられているわけではない（ドイツ民法八二九条・フランス民法四八九条ノ二は、日本民法上責任無能力とされている者についても責任を認めている）。このような事情に鑑みて、最近時の学説はむしろ責任無能力の規定を年少者等の一種の弱者保護のための政策的規定と位置づけ、故意過失との関連でこれを捉えることをしていない」と指摘している。

この点について、近時、スイス法においては、責任無能力の規定を過失との関連で捉え、民事責任法上理論的規定として位置づける動きが、学説の中に現れている。そこで、本章は、こうした学説上の動向について若干の紹介をおこなうことを課題とするものである。

2　スイス不法行為制度の素描

一　序

スイスでは、私法上の責任は、《人が他人に生じさせた損害をその者に賠償させる義務》[1]として捉えられており、二者間の法律関係において存しうるその義務は、一方が他方に対して給付をなすべき義務として構成されている。こうした損害の賠償は、責任主体が供給しなければならない給付（原則として、金銭の支払い）であって、損害をもたらした事件・事故前に存在した状況に被害者を戻すことを目指すものである[2]。

一般に、民事責任ということばは、刑事責任や行政責任と対比され、私法上の責任を示すために用いられるが、スイス法でも、このことばは、次の二つの意味を含むものとして使用される。すなわち、一つは、広義には、それは契約外並びに契約上の賠償義務すべてを指示し、もう一つは、狭義には、それは損害発生前において責任主体と被害者との間に（契約上の）法律関係が存在しない場合の、賠償義務を指示する[3]。

本章では、民事責任もしくは不法行為責任ということばを、後者の意味で使用することとする。なお、前者の広義の責任を議論する場合には、単に責任もしくは私法上の責任などということとする。

二　不法行為責任の成立

スイス法においては、不法行為責任の成否は、一般要件と特殊要件の存否によって判定される。一般要件とは、不法行為責任の成立にとって必須のものであり、特殊要件は、一般要件に対比して決定されるものである。なお、特殊要件の決定に際しては、すべての責任に固有でないものが問題となる。そこで、各要件について、簡潔に見て

みよう。(4)

一般要件は、賠償義務を生じさせるために必ず満たされなければならない要件であって、（イ）損害（préjudice）、（ロ）因果関係（rapport de causalité）、（ハ）法規定に違反すること（manquement aux regles du droit）からなる。

まず、（イ）の損害について見ると、これは、財産の一定の減少をいうとか、あるいは財産の現在の正味の総額と、加害行為がなかったならば財産が有したであろうところより多い総額との差をいうなどの見解が一般的である。(5)

次に、（ロ）の因果関係について見よう。これは、自然的因果関係（causalité naturelle）と相当因果関係（causalité adequate）とに区別される。(6)そして、前者の自然的因果関係については、例えば、特定の者の行為が損害を生じさせたということを被害者の側で主張し、この損害惹起者の行為がなければ、損害は発生しなかったであろうといったような関係をいう、とされている。要するに、事実上の損害であって、その立証責任は被害者にある、と解されている。(7)これに対して、後者の相当因果関係については、原因の無限の連鎖において被告の負担を条件に被告の不確定な行為——これがなければ損害は発生しなかったであろうと考えられるもの——が斟酌されるが、そうした因果関係が維持されるためには、これが適切なものでなくてはならない、と解されるのが一般的見解となっている。(8)判例は、このことを、事態の普通の成行き、及び、生活経験によって、振舞いの結果を発生せしめうるすべての事実、したがって、結果の発生が一般的な仕方でもって問題の事実によって促進されているように見えるものなどと表現している。(9)

さらに、（ハ）の法規定に違反することについては、違法性（illicéité）ということばで示され、他人に損害を生じさせることを回避すべき行動規範の違反であるとされている。スイス法では、後述の過失（faute）と違法性（illicéité）とを区別し、過失（faute）がかかる規範違反の主観的側面に関係するのに対して、違法性（illicéité）はかかる規範の客観的違反を指すものと解される。(10)

特殊要件は、賠償すべき義務の根拠を呈示している責任の条項及びほかの条件からなる。問題となるのは、法律上賠償義務が結合せしめられている、過失（faute）又は行為（fait）であろう、とされる[11]。ある行為がいずれかの責任の条項に該当する場合には、責任規範に応じて変化する、ほかの条件は、誰が責任負担者か、免責手段は何かを明らかにするものである、とされる[12]。こうした責任の条項については、次の類型がいわれている。すなわち、過失（faute）に基づく責任（過失責任）と、過失（faute）とは無関係である責任（無過失責任）の二つがこれである。

三　過失責任

スイスでも、不法行為法の帰責法理として、過失責任の原則がとられているが、この原則によれば、損害を賠償すべき義務は、損害惹起者が過失をおかしたという事実によって見極められるのである。このため、一般に、法令によって命じられる義務についての意思の欠如が、過失見極めの判定要因として要求されることとなる[13]。かくして、過失とは、二つの《過誤（erreur）》として理解されるべきであると解されている。

まず第一に、《意思の欠如（manquement de la volonté）》であり、これは、主観的過失（faute subjective）などと呼ばれている。この主観的過失の要素は、非難されるべき行動の逸脱と関連させて、知的・意思能力（facultés intellectuelle et volontaires）につきなされた行動上の過誤からなる、とされる[14]。次に第二は、《法秩序によって命じられた義務の違反（violation du devoir impose par l'ordre juridique）》であり、これは、客観的過失（faute objective）などと呼ばれている。この客観的過失の要素は、損害惹起者と同じ状況におかれた思慮深い人ならばとるであろう行動と損害惹起者がとった行動との間に存する差異からなる、とされる[15]。

そして、これらの二つの過誤を合わせたものが、アクイリア過失（faute aquilienne）[16]又は、スイス債務法四一条・九七条[17]の意味での過失（faute）などといわれているものである。ちなみに、スイス債務法四一条は、《他人に対し不法に損害を加えたる者は、その故意によると不注意又は無思慮によるとを問わず、これを賠償する責任を負う。》（一項）、《他人に対し善良なる風俗に反する方法を以って故意に損害を加えたる者も同じく損害賠償の責任を負う。》（二項）と規定し、また、同法九七条は、《債務者がその債務を全く又は正当に履行することができないときは、債務者は自己の責に帰すべき何らの過失のないことを証明しない限り、これにより生じたる損害に対して賠償をなすことを要する。》（一項）と定める。かくして、損害を賠償すべき義務は、個人的非難（意思の欠如）、及び、社会的非難（社会が個人に期待する行動の欠如）に基礎づけられるべきものとして構成され、上記二つの過誤は、必然的に結合せしめられるのであろう。(18)

四　無過失責任

スイス法における無過失責任の法理は、アクイリア過失（faute aquilienne）を構成する、前述の過誤のうち一方又は双方とも除外されるという点で、過失責任のそれと区別されている。そして、実際には、不法行為については二つの種類の、主観的過失なき責任を挙げることができるものと考えられている。

まず第一は、客観的過失に基づく責任（responsabilité fondée sur la faute objective）である。ここでの賠償すべき義務は、意思の欠如によってではなく、もっぱら勤勉の義務違反によって判定される。(19) これは、客観的過失にほかならないとされ、いわゆる特殊の不法行為に対する賠償責任はこれにのみ基礎づけられるものと解されている。例えば、未成年者の不法行為に対する家長の責任について、スイス民法典三三三条は、次のように定めている。すなわち、《未成年もしくは禁治産の、精神耗弱もしくは精神病の家構成員が損害を惹起したときは、家長は、監督上通常かつ事情により必要とされる程度の注意をなしたことを証明することができない限り、その責任を負う。》（一項）《家長は、精神病もしくは精神耗弱の家構成員の状態から、これらの者自身にも他の者にも、危険もしくは損害が生じないよう配慮すべき義務がある。》（二項）と。(20) また、被用者の不法行為に対する使用者の責任について、スイス債務法五五条は、次のように定めている。(21) すなわち、《使用者は、自己の使用人又は労働者がその業務の執行にあたって損害を惹起したときは、事情によりその種の損害を予防するために必要なすべての注意を用いたこと、又は、かかる注意を用いるも損害を予防することができなかったことを証明しない限り、その責任を負う。》（一項）《使用者は、損害を惹起した者に対し、その者が自ら損害賠償責任を負う限りにおいて、求償権を行使することができる。》（二項）と。ほかに、動物占有者の責任を定めるスイス債務法五六条、建物又はその他の工作物の所有者の責任を規定するスイス債務法五八条などがある。

次に第二は、主観的過失も客観的過失もない責任である。ここでの賠償義務は、行為（fait）に結びつけられている。[22]立法過程において、意思の欠如も行動の客観的義務違反も取り上げられていない、とされている。すなわち、過失をおかしていない者でさえ、損害惹起行為が特別な関係によって、この者に帰属せしめられる限りにおいて、かような責任がこの者に対し課されうることになる。問題は、一般に所持（détention）である。[23]この種の責任は、物的安全及び人の健康に対して活動が呈する特別の危険に基礎づけられている。[24]例えば、自動車の所持者の責任について、スイス道路交通法五八条一項は、次のように定めている。すなわち、《自動車の使用によって、人が死亡し又は負傷したとき、もしくは物的損害が生じたときには、その所持者は民事上責任を負う。》と。ほかに鉄道事業、電気事業、あるいは原子施設事業に基づく責任の場合もそうである。賠償すべき債務を生じさせるためには、規範によって予測された危険が現実化することで十分であろう。

五　まとめ

以上、スイス不法行為制度についてごく簡潔に見てきたが、それは、どのような特色を有するのであろうか。スイス法における不法行為責任は、アクイリア過失（faute aquilienne）に基づく責任とアクイリア過失（faute aquilienne）なき責任に大別されているという点であろう。前者の責任は、四つの客観的要件に加え、一つの主観的要件からなるものである。客観的要件とは、既に見た（イ）損害、（ロ）因果関係、（ハ）法規定に違反することからなる一般要件のほかに、法秩序によって命じられる義務に違反することが加えられたものとされている。一方、主観的要件は、法秩序によって命じられる義務についての意思の欠如として捉えられている。アクイリア過失(faute aquilienne)、すなわち、スイス債務法四一条・九七条にいう意味での過失(faute)の特徴は、法秩序によって命じられた義務の違反が主観的過失を伴う場合にのみ認定される、ということである。要するに、主観的過失がなければ責任は生じないものとされる。それゆえに、アクイリア過失(faute aquilienne)に基づく責任は、主観的責任について述べられうるところによって特徴づけられるのであって、必然的に、それは責任主体の自己の行為に結びつけられうるのである。したがって、ここでは、行為者の弁識能力の有無が問題にされうる、といえる。[25]

これに対して、後者のアクイリア過失(faute aquilienne)なき責任は、もっぱら客観的要件を責任の成立要件とするものである。ここでいう客観的要件とは、アクイリア過失(faute aquilienne)に代わって、法秩序によって命じられた義務の違反か、もしくは、法律が賠償義務に結合せしめる行状のいずれかが一般要件に付け加えられたものである、とされている。不法行為の領域では、法秩序によって命じられた義務の違反が一般要件に付加されたものを、《単純な客観的責任(responsabilité objectives simples)》という表現によって指示され、また、一般要件に上記の行状が付加されたものを、《加重された客観的責任(responsabilité objecties aggravées)》などと呼ばれ、ともに行為者の弁識能力の有無は問題とされる余地がないものとされる。[26]なぜなら、そこでの賠償義務が危険によって生ぜしめられる場合、あるいは、行為者本人に依存する第三者によって損害が惹起される場合においてさえ、その賠償責任は、指定された者に課されることとなっているからである。

3　スイス法における民事上の能力制度

一　序

スイス法は、弁識能力についてどのような体系的位置を与えているのであろうか。能力(capacité)一般については、《何らかのことをなす権利（puissance）》として捉えられるのが普通であり、《民事上の能力又は無能力》という表現は、私法によって規律される領域全体との関連で能力又は無能力を指すものとされている[27]。一般に、民事上の能力は、次の二つに分類される。すなわち、私権の享有と呼ばれる、消極的能力（capacité passive）《スイス民法典一一条》と、私権の行使と呼ばれる、積極的能力（capacité active）《スイス民法典一二条以下》がこれである。なお、私権の行使についての無能力、及び、私権の行使に加えられる制約については、スイス民法典一七条以下で規定されている。本章では、検討課題の考察に必要な範囲で各能力制度を概観しておこう。

二　消極的能力

スイス民法典一一条は、《すべての人は、私権を享有する。》（一項）、《これゆえに、各人は、法令の制限内において、権利義務の主体となるべき平等の資格を有する。》（二項）と規定する。この規定によれば、消極的能力、すなわち、私権の享有は、《権利義務の主体となる……資格（aptitude）》をいい、留意すべきは、この消極的能力が資格者のすべての行為とは無関係に存在するということであろう。このため、消極的能力は、私権の行使、すなわち、積極的能力と対比されて論じられることとなる[28]。また、消極的能力は、すべての自然人に承認されている。私権の平等（égalité des droits civils）原則がこれである。すべての自然人は、法令の制限内で権利義務の主体たりうる平等の資格（apdtude égale）を有するものとされるが、それは、多様な人々を同じような仕方で取り扱わなければならない、ということを求めているのではなく、この意味で、均整の平等（égalité de proportion）がいわれているとされる[29]。なお、この平等原則の一定の制限を正当化する要因は、とりわけ年齢、性、親族の範囲、及び、一定の肉体的・精神的能力であろう。したがって、消極的能力の制限は、部分的なものである。なぜなら、制限が全体に及ぶならば、法人格を消除することとなるからである[30]。

三　積極的能力

積極的能力は、特定の行為に法的効果を生じさせる資格（aptitude）である。換言すれば、これは、法を介在させて一定の行為に付与されうる能力であって、これがあれば、問題の行為に法的効果を生ぜしめることができる。したがって、積極的能力は、特定の行為との関係で存在しうることとなる。

スイス民法は、すべての人に同程度で積極的能力を承認するが、この者が弁識しうるか否かによって区別をもうけている（スイス民法典一六条は、《低年齢のため理性的に行動する能力を喪失していない者、あるいは、精神障害、心神耗弱、酩酊もしくはその他類似の原因によってかかる能力を喪失していない者は、すべて本法における意味での弁識能力を具えている。》と定める。またスイス民法典一七条、《弁識無能力者、未成年者及び禁治産者は、私権の行使を有しない。》と定める）。さらにスイス民法は、人が弁識能力をもたないならば、その行為は、原則として法的効果を生じないとしている（スイス民法典一八条は、《弁識無能力者の行為は、法的効果を生じない。ただし、法によって定められた例外は、この限りではない。》と定める）。

そして、また、人が弁識能力をもつならば、それは一般に次の場合に分かたれている。すなわち、第一に、人は成年であり、かつ、禁治産でない場合であり、この者は、積極的能力をもつものとされる。第二に、人は未成年であるか、あるいは、禁治産である場合であって、その行為は原則として法的効果を生じさせるのに適さないものと解されるときでも、例外が認められている（例外の一つは、法定代理人の同意を得るという条件で、義務を負担する能力又は権利を放棄する能力に付される、条件付民事能力（capacité civile conditionnelle）、例外の二つは、自由財産との関係で弁識能力のある未成年者又は禁治産者に認められる、特別の積極的民事能力（capacité civile spéciale）などである）[31]。

私権の行使と呼ばれる、積極的能力は、原則として私法によって規律される全領域で機能しうるものであるが、それは基本的に法律行為をなす能力と不法行為をなす能力とに分類される。前者の法律行為をなす能力は、広い意味での契約を結ぶ能力を含み、法に適合した行為をなす能力であって、また、後者の不法行為をなす能力、すなわち、不法行為能力は、法に適合しない行為をなす能力であって、責任規定の定める要件の充足に応じうる能力をさすものとして理解されている。[32]

4　スイス法における責任能力制度

一　序

スイスでは、弁識能力のある、未成年者や禁治産者が違法に他人に対し損害を与えた場合に、その行為の違法性を要件に損害を賠償する責任を負うものとされている（スイス民法典一九条三項）。つまり、《違法な（illicéite）》行為によって惹起された損害につき行為者が責任を負う、とされているのである。ただ、この責任を導くのに、行為者が私権の行使を有することは必ずしも必要ではなく、弁識能力を有することで足りるものと解されている。なぜなら、弁識能力のない者は、私権の行使の一側面を成すところの、不法行為能力をもたない、というには及ばないとされるし、しかも、不法行為能力は、法に適合しない行為をなす能力をさし、責任規定の要件を充足させることに応じうる能力として理解されるため、賠償義務の基礎との関連で評価されなければならないものとされているからである。[33]

二　弁識能力

ところで、一般に、弁識能力のない者の行為が原則として法的効果を生じない旨を定める、スイス民法典一八条の規定は、私権の行使に際しての、弁識無能力者の行為の効果を定めたものと見られている。すなわち、この規定によれば、弁識能力のない者の行為は、行為時以降、法の定めるところによって無効となり、また、持続的に自由な意思を失っている場合も、無効となる、と解されている。[34]

民法典制定当初、この一八条の規定は、民法典一七条によって承認されているところを明白な形で繰り返し定めたものと見られていて、それで、民法典一八条の要件を満たさない者は、自己の行為につき法的効果を生じさせる能力を有さないものとされたため、一八条の但書の部分を除き、基本的に妥当範囲をもちえないであろうと考えられていたようである。したがって、民法典の立法者が一八条の規定を用意しないで済んだとすれば、一七条の規定につき次のよう定めることができたであろう、といわれている。[35] すなわち、《弁識無能力者、未成年者及び禁治産者は、私権の行使を有しない。法律によってもうけられた例外は留保される。》と。

もちろん、現実には、民法典一八条は、前述の内容をもつものとして制定されており、民法典一七条によって承認されうるところ（弁識能力者は、民事上積極的能力すなわち私権の行使を有するとの解釈）に制約を付することによって固有の意義をもつようになっている、とされている。実際、この一八条の規定は、行為者本人が弁識能力者でない場合でさえ、一定の行為に対し法的効果を生じさせることを承認しうるものと解されうるからである。[36] かような法理は、行為（acte）ということばの意味から導き出されるべきものとされるのであって、事実、民法典の立法者が、もっぱらこのことばによって把握することを企図していたのは、意識のはっきりし、かつ、合理的な意思に立脚する者であったようである。かかる行為は、学説上、《comportement-action》などと呼ばれ、行為者の弁識能力の有無によって、その成否が決められることとなる、とされるのである。[37]

一方、弁識無能力者が私権の行使、すなわち積極的能力をもたない旨を定める、スイス民法典一七条の規定は、意思に基づかない人間の行為（actes humains）――学説上、これは《comportement-faits》などと呼ばれる。――に適用されない、と解されている。この点からすれば、行為者の弁識無能力は、法的効果をその行為から奪う効果をもたらさないものとされよう。したがって、こうした行為との関係で、弁識無能力者は、私権の行使、すなわち、民事上積極的能力を有さない、ということは、民法典一八条の規定に反するものとされるのであろう。[38]

かくして、スイス民法典一七条と一八条について述べてきたところは、次の三点に要約されうるであろう。第一に、民法典一七条によって、弁識能力を積極的能力に優先させることによって、人の行為が原則として意識の明白かつ合理的な意思に基づいてなされる場合にのみ、法的効果を生じさせる。第二に、法律上において行為につき弁識能力が要求されない場合に、その行為から生じる法的効果を、意思が機能しない comportement-fait に結びつけることができる（例えば、加工による所有権の取得〈スイス民法典七二六条〉）。第三に、民法典一八条但書の定める例外的措置は、意識の明白かつ合理的な意思に基づきなされなければならない行為が弁識無能力にもかかわらず、法的効果を生じさせる場合を対象とするにすぎない（同条但書は、comportement-actions と呼ばれる行為のみを問題とする。）[39]。

三　不法行為能力

スイス民法典一九条三項によれば、弁識能力のある未成年者及び禁治産者は、《違法な行為によって惹起された損害について責任を負う。》とされる。この規定の趣旨は、私権の行使の一側面をなすものとされる、不法行為能力を弁識能力に依存させるため、行為者の明白かつ合理的な意思にその責任を基礎づけるところに存するものと見られているようである。そして、人の行為が、こうした要件の下で法的効果を生じさせられるものと解される以上、その責任は、アクイリア過失（faute aquilienne）に基づく責任として構成されなければならないとの考えが原則となり、アクイリア過失なき責任（responsabilité sans faute aquilienne）、すなわち、客観的責任が例外となるものと扱われるのである[40]。

そして、また、この原則は、客観的責任は法律がなければ存在しえないことを意味し、責任の客観性の有無は解釈の問題であって、意思とは関係なく、賠償義務を生じさせることができる、と考えられている[41]。

さらに、一定要件の下で、弁識能力のない者に課される責任を定める、スイス債務法五四条[42]は、スイス民法典一八条但書の意味での例外にあたる、とされる。ゆえに、この五四条が適用される場合には、行為者に法的効果を生じさせることを妨げるものではない、と解される[43]。

ところで、不法行為能力の目的は、賠償すべき債務の基礎に向けられており、そこでの問題は、comportement-action又はcomportement-faitである。comportement-actionは、行為者の弁識能力の存在を前提とした加害行為であって、民法典一九条三項によって規律の対象にされているが、この規定において、前述のように《違法な（illicite)》ということばが用いられていることに対し、次の二つの理由から批判が寄せられている。[44] すなわち、第一には、この《違法な（illicite)》ということばは、不法行為能力が行為の結果の違法性（caractère illicite）との関連で評価される必要のある、不法行為を示唆するが、事実はそうではない、とされる。権利などの侵害（lésion）がこれを生じさせた者の弁識能力に依存していないとされるが、不法行為能力は、行為をなす能力、又は、これを回避する能力に依存しているとされるからであろう。[45] 要するに、問題となりうるのは、アクイリア過失（faute aquilienne）の客観的要素だけである。第二に、この《違法な（illicite)》ということばは、契約関係外での加害行為をもっぱら対象とするものではない、とされるが、実際は、契約債務の違反を生じさせる行為について責任を負う能力も、同じく弁識能力に依存している、とされるからである。[46] もっとも、このような批判的見解にもかかわらず、スイスの判例、学説において、民法典一九条三項は、過失（faute）をおかす能力を規律した規定であると解されており、過失の客観的要素を指す、法に違反するという性格を強調したものと考えられている。[47]

これに対して、後者のcomportement-faitとは、弁識能力とは無関係の、行為もしくは加害行為である、とされている。かような行為に関しては、私権の行使、すなわち、民事上積極的能力は、民法典一八条及び一九条三項の規定によって、いかなる制約も加えられていないものとされ、この結果、前述の《単純な客観的責任（responsabilité objectives simples)》もしくは《加重された客観的責任（responsabilité objectives aggravées)》の主体が、未成年者・禁治産者、又は、弁識無能力者でありうる、と解される余地が理論上生じてくる。[48]

5　おわりに

自己責任の原則ないし私的自治の原則によれば、自己の行為の責任を弁識することのできる能力（責任能力）と自己の行為の結果を判断することのできる能力（意思能力）とは、表裏の関係にあるものと考えられる。スイス法では、この両者は弁識能力（capacité de discernement）ということばで捉えられていて、人の能力制度の中に位置づけられている。この意味で、責任能力制度は、民法全体の中に理論的地位を占めるものとして扱われているといえよう。この点は、わが民法の責任能力制度の在り方を再検討するうえで、十分に参考になりうるように思う。

（1）H. Deschenaux et P. Tercier, La responsabilité civile, 2e éd., Berne 1982, p. 25. n°1.
（2）F. Werro, La capacité de discernement et la faute dans le droit suisse de la respons-abilité, 2e éd., Universitaires Fribourg Suisse 1986, p. 5. n°. 17.
（3）P. Engel, Traité des obligations en droit suisse, 2e éd., Berne 1997, p. 441. なお、フランス法では、《民事責任（responsabilité civile）》という表現は、一般に広い意味で用いられる。厳格な意味を表すためには、《契約責任（responsabilité contractuelle）》と対比して、《不法行為責任（responsabilité délictuelle）》について述べられる（H. et L. et J. Mazeaud et F. Chabas, Léons de droit civil-obligation théorie générale 8e éd., Montchrestien 1991, p. 350. n°376.）。
（4）Deschenaux et Tercier, op. cit., pp. 5-9.
（5）Engel, op. cit., p. 472. n° 110.
（6）Engel, op. cit., pp. 482-488.
（7）Ehgel, op. cit., p. 483. n° 113.
（8）Engel, op. cit., p. 489. n° 114.
（9）Werro, op. cit., p. 7. n° 24. この《causalité adéquate》論に対する批判についてDeschenaux et Tercier, op. cit., p. 61. nos 41-50 参照。
（10）Deschenaux et Tercier, op. cit., p. 68. n° 4-5.

(11) Werro, op. cit., p. 9. n° 36.
(12) Werro, op.cit., p. 9 n° 37, p. 169. n° 660.
(13) Deschemaux et Tercier, op.cit., p. 79. n° 3.
(14) Werro, op. cit., p. 83. n° 63.
(15) Werro, op. cit., p. 82. n° 361.
(16) アクイリア法（lex Aquilia）を想起させるものである（Engel, op. cit., p. 441. n°99）
(17) 条文の邦訳については、オーゼル、シェーネンベルガー共編、佐藤荘一郎訳『スイス債務法』司法資料第二六一号（一九三九年）を参照。
(18) Werro, op. cit., p. 10. n° 45.
(19) Deschemaux et Tercier, op. cit., p. 43. n° 36.
(20) 松坂佐一「責任無能力者を監督する者の責任」川島武宜編集代表『我妻榮先生還暦記念・損害賠償責任の研究（上）』（有斐閣、一九五七年）一五七頁。
(21) この条文の邦訳も前注（17）引用文献を参照。
(22) Deschemaux et Tercier, p. 43. n° 37.
(23) Deschemaux et Tercier, p. 143. n° 15.
(24) Werro, op. cit., p. 174 n° 683.
(25) Werro, op. cit., p. 12. n° 55.
(26) こうした責任の厳格な客観性からは、（イ）客観的責任は不可抗力についての責任であり、（ロ）客観的責任は常に他人の行為についての責任であるといったことが導かれる（Deschemaux et Tercier, p.42. n° 32）。
(27) Werro, op.cit., p. 14. n° 65. なお、松倉耕作訳著『スイス家族法・相続法』（信山社、一九九六年）一頁以下参照。
(28) フランス法でも同様のことばが見られる。フランス民法典八条（一八八九年六月二六日の法律）は、《フランス人はすべて、民事上の権利を享有する。》と定め、一一条は、《外国人は、その者が属する国との条約がフランス人に〔現に〕付与し、又は付与するであろう民事上の権利と同一の権利をフランスにおいて享有する。》と規定する（条文の邦訳は、法務大臣官房司法法制調査部編『フランス民法典――家族・相続関係』（法曹会、一九七八年）参照）。
(29) Werro, op. cit., p. 14. n° 69.
(30) Werro, op. cit., p. 15. n° 69.

(31) Werro, op. cit., pp. 15-16. n° 73, 78-80.
(32) Werro, op.cit., p. 17. n° 84-89. フランス法でも、不法行為能力について議論されている（最近の文献として、新関輝夫「フランス不法行為におけるフォート概念の変容」淡路剛久・宇佐見大司・伊藤高義編『森島昭夫教授還暦記念論文集・不法行為法の現代的課題と展開』（日本評論社、一九九五年）六五頁）。
(33) Werro, op. cit., p. 18. n° 92.
(34) Werro, op. cit., pp. 18-19. n° 95.
(35) Werro, op. cit., p. 19. n° 96.
(36) Werro, op. cit., p. 19. n° 97.
(37) Werro, op. cit., p. 19. n° 97.
(38) Werro, op. cit., p. 19n° 98.
(39) Werro, op. cit., pp. 19-20. n° 100-102.
(40) Werro, op. cit., p. 20. n° 104.
(41) Werro, op. cit., p. 20. n° 105.
(42) この条文は、《判事は判断能力なき者が損害を惹起したる場合と雖も、公平の理由に基づき、その者に対し一部又は全部の損害賠償を言渡すことができる。》（邦訳につき前掲注（17）引用文献を参照）というもので、スイス民法において民法典一八条の規定と関連し、体系上、理論的位置付けのなされうる余地がある。
(43) Werro, op. cit., p. 21 n° 106.
(44) Werro, op. cit., p. 21 n° 108. 109.
(45) もっとも、既に言及したように、弁識能力（capacité de discernement）は、スイス民法典一六条によって規律されている。これは、二つの要素を含んでいる。知的要素（行為の違法性を評価する能力）と意思的要素（そのなされた評価に従って行動を制御する行為者その人の能力）であって、弁識能力は、特定の行為と関連して考えられる必要のある相対的なものと解され、それゆえ、裁判官は、未成年者あるいは禁治産者が行為時にその能力を有していたかどうかを、すべての事情を考慮し、具体的に探索しなければならない、と解されている（Deschenaux et Tercier, op. cit., p. 80 n° 10.）。
(46) Werro, op. cit., p. 21. n° 110.
(47) Werro, op. cit., p. 21. n° 111.
(48) Werro, op. cit., p. 22. n° 112.

第二章　民事過失の分析方法について

1　はじめに

不法行為が成立するためには、加害者に故意又は過失のあることが必要とされる。これが過失責任の原則などと呼ばれるものである。この原則から必要とされる過失は、本来的には、個々人を基準とした具体的過失であるとされる。なぜなら、その者が損害の発生を防止しえたにもかかわらずそれを防止しなかった点に責任の根拠が求められるからである。

ところが、実際には、不法行為の成立のために求められる過失は、抽象的過失であるとするのが一般的である。被害者としては、加害者の方で標準的な注意を払うものと思って行動しうる、と考えられているからであろうと思われる。もっとも、ここで抽象的過失といわれている意味について、加藤一郎『不法行為〔増補版〕』（有斐閣、一九七四年、初版は一九五七年）七〇頁は、次のように述べている。すなわち、「本来、主観的な過失として具体的過失を要求すべきところを、ある程度客観化して抽象的過失で足りるとすることは、被害者との関係において過失に一定の法的な評価を加えたものといえよう」と。これは、そのように不法行為の要件としての過失の基準を考えるにあたって、主観的過失を考慮しうる余地を、理論上は必ずしも否定するには及ばないことを示唆したものではないだろうか。(1)

この点をめぐって、スイス法においては、民事過失の基準の抽出方法について同様の問題が出されている。そこで、本章は、この問題についての議論を紹介しようとするものである。

2　問題の所在

スイスにおいても、わが国と同様に、不法行為法における帰責法理として、過失責任の原則がとられている。この原則によれば、損害を賠償すべき義務は、加害者が過失をおかしえたという事実によって判定されるため、一般に、法令によって命ぜられる義務についての意思の欠如が、過失の判断要因として要求されることになるものとされる(2)。したがって、過失とは、二つの《過誤（erreur）》として理解されるべきであると考えられる。

まず、一つは、《意思の欠如（manquement de la volonté）》であり、これは、主観的過失（faute subjective）などと呼ばれる。そして、この過失は、行動の逸脱と関連させて、知的・意思能力（faculté intellectuelle et volontaires）につきなされたその行使上の過誤から構成される、と解される。もう一つは、《法秩序によって命じられた義務の違反（violation du devoir imposé par l'ordre juridique）》であり、これは、客観的過失（faute objective）などと呼ばれる。そして、この過失は、加害者と同じ状況におかれた思慮深い人ならば、とるであろう行動と加害者がとった行動との間に存する差異からなる、とされる。

そして、これらの二つの過誤を合わせたものが、アクイリア過失（faute aquilienne）(3)または、スイス債務法典四一条の意味での過失（faute）などといわれている。したがって、損害を賠償すべき義務は、個人的非難（意思の欠如）及び、社会的非難（社会が個人的に期待する行動の欠如）に基礎づけられるべきものとされ、二つの過誤は、必然的に結合せしめられる、と解されるのである(4)。

もっとも、スイス不法行為法における無過失責任の法理は、アクイリア過失（faute aquilienne）を構成する、二つの過誤のうち、一方又は双方とも除外される、という点で過失責任の法理と区別されるのである。すなわち、一方の過誤（主観的過失）が除かれる、アクイリア過失なき責任（客観的過失に基づく責任）と、双方の過誤（主観的過失と客観的過失）が除かれる、アクイリア過失なき責任（主観的過失も客観的過失もない責任）である。そして、前者の客観的過失に基づく責任は、いわゆる特殊の不法行為に対する賠償責任であって、法秩序によって命ぜられる義務（勤勉の義務）違反が、アクイリア過失に代わって、不法行為の一般要件（これは、賠償義務を生ぜしめるため必ず満たす必要があるもので、①損害<prejudice>②因果関係<rapport de causalité>③法規定に違反すること<manquement aux regles du droit>を示す(5)）に付加される。例えば、未成年者の加害行為に対する家長の監督責任(6)、被用者の不法行為に対する使用者の責任(7)などがそれである(8)。

そして、また、後者の主観的過失も客観的過失もない責任は、法律上賠償義務に結びつけられる行状がアクイリア過失に置き代えられて不法行為の一般要件に付加される。したがって過失をおかしていない者でさえ、加害行為が特別の関係によりこの者に帰属せしめられる限りにおいて、その責任を負担させられるのである。例えば、鉄道事業、電気事業、あるいは原子力施設事業に基づく責任などがそれである。ゆえに、いずれの責任も、行為者の弁識能力の有無を問題にする余地はないものと解される。

　したがって、弁識能力が過失とどのようにかかわるのかという点が、アクイリア過失に基づく不法行為責任についてのみ問われることとなるが、スイス法においては、アクイリア過失の分析方法についての議論が古くから前述の点に関連してなされてもいるので、以下では、その議論を見てみよう。

3　過失の内容

一　序

スイス法においては、債務法典四一条が、不法行為責任の一般原則について次のように定めている。すなわち、

《違法な仕方で、あるいは、故意に、あるいは、不注意又は無思慮によって、他人に損害を惹起する者は、これを賠償する責任を負う》というのがこれである。[9] ここでいう不注意又は無思慮、すなわち、過失は、一般的に二つの側面を有するものとされる。それは、客観的側面及び主観的側面であって、もし、客観的過失のある行為が検討されるべきときには、客観的過失をおかした人についても同時に検討されるべきであるとする立場にほかならない。[10]

この点、フランス法においては、不法行為責任の一般原則についての規定が、民法典の中におかれている。すなわち、一三八二条が、《他人に損害を惹起する者の行為は、いかなる行為といえども、フォート（faute）によって損害を惹起する者をしてこれを賠償すべき義務を負わせる》と定めており、そして一三八三条は、《各人は、その行為によってのみならず、その解怠もしくは無思慮によって惹起した損害につき責任を負う》と定めている。そして、フランスの伝統的な学説・判例の見解の立場によれば、スイス法と同じく、フォートは、二つの側面から構成されるとする考え方である。すなわち、一つは、客観的側面であり、「違法性（illicéité）」ということばで指示される、義務違反であって、もう一つは、主観的側面であり、「帰責性（imputabilité）」ということばで示される、加害者に対し非難を加える必要性である。[11] しかし、不法行為制度の本質的機能が損害填補にあることを強調する立場から、主観的側面からの議論を不要と見る見解が有力になっている。[12]

そこで、本章における前述の課題を検討するのに必要な範囲で、スイス債務法典四一条にいう過失、すなわち、アクイリア過失の内容を見てみよう。その際に、過失、すなわちフォートの内容の客観化がいわれているフランス法の議論にも若干言及することにしたいと思う。

二　客観的過失の内容

ところで、客観的過失は、一般的な行為規範から逸脱する人の行為から構成され、その存否は、損害の原因にあたる行為との関連で検討される。したがって、そこでは、被害者がその権利を侵害されたかどうかが問われることになろう。そうだとすると、スイス法におけるアクイリア過失は、どのような仕方で認定されるのであろうか。

前述したように、アクイリア過失[13]は、行為者本人の弁識能力の有無次第でその存否が左右されるため、この者の行為のみが客観的過失の検討対象にされることになり、行為者本人の弁識能力とその行為の結果（侵害）との関係は客観的過失の分析対象から除外されることになってくる。なぜなら、侵害が違法であるということは、侵害原因たる行為の主体が自由な意思を喪失している場合においてさえ、認められうることと考えられるからであり、そして、人のすべての行為が被害者に対して損害を惹起する違法な侵害原因となる場合には、その行為は必ずしも客観的過失ではなく、つまり、侵害の原因行為は客観的過失ではないとしても、それは有害な侵害を生じさせることがあるからである[14]。

もっとも、人の行為が客観的に過失にあたると評価されるためには、これが法秩序又は契約によって課される行為義務の違反として構成されるべきであると解される。非難されるべき行動を規律するところの行為準則を措定することによって、客観的過失の存否が判断されるのである[15]。

この点について、フランス法においては、フォートは、個々の具体的情況に適用されるべき準則によって命ぜられた行為を無視する行動に出ることであると解されており、そこでは、実際に、違法性は民事フォートの構成要素として捉えられていて、これを権利侵害もしくは義務又は債務の怠りから生ぜしめうると解されているのである[16]。

要するに、スイス法における客観的過失は、フランス法におけるそれと同様に、加害者が個々の具体的情況の要請に適応すべき行為をしたかどうかということが問われることによって、探索されなければならないと考えられているのであろう[17]。したがって、客観的過失は、加害者との関係ではなく、一般的規範との関係において、その存否が認定されることになっているのである。

三　主観的過失の内容

それから、スイス債務法典四一条にいう意味での過失、すなわち、アクイリア過失の内容の一つとしての主観的過失は、行為者本人の個人的義務違反から構成されるものであり、それは客観的過失が行為者に帰せしめられるべきときに考慮されなくてはならないのである。そして、この主観的過失の判定に際しては、その前提として、行為者が一般的規範によって課される義務に従って行動する能力を有しているかどうかが問われるのである。そしてそこで、もしこの点が肯定されるにもかかわらず、そうした行動をとらなかったならば、客観的過失がこの者に帰責せしめられるであろうと解される。(18) ゆえに、このように主観的過失を捉えることができるとするならば、これについて次のことを指摘することができるであろう。すなわち、行為者が侵害を生ぜしめないように課される、客観的義務に違反するために自らの能力を行使するならば、主観的過失は意思から構成されるであろう。(19) そして、この過失には、次の三つの段階があるとされる。(20) すなわち、(イ)意図、(ロ)直接的意図、(ハ)未必の故意がこれである。そして、(イ)は、行為者が直接生じる結果を意欲しているものであって、例えば、人を殺害することを意欲して射撃する行為をいう。次に、(ロ)は、行為者が直接には生じる結果を意欲していないけれども、所定の目的を実現する必要性から、その結果を知っているものであって、例えば、ダイヤモンドを奪うために陳列窓を壊す行為をいう。さらに、(ハ)は、行為者が直接には生ずる結果を意図していないけれども、その結果が生ずるであろう場合においてそれを知っているというものであって、例えば、放火犯人が何よりもまず嫌な人の家を壊すことを意欲していて、そこに居る人々に火を放っていないけれども、ただこの者がその結果を予見し、これらの人々が焼かれるのを知っていることをいう。もっとも、こうした区分は、刑法に由来し、民法では実際におこなわれているのではなく、意図が求められ、その強さいかんにかかわらず、損害賠償が義務づけられるというふうに考えられるのである。(21)(22)

フランス法においても、これと類似する議論が見受けられる。すなわち、一方、故意によるフォート（faute

délictuelle）をおかすのは、損害を生じさせることを意図して行動する者であると解する有力な見解があり[23]、ただ、この見解の立場によれば、意図することができない者は、あたかも意図していたかのように加害行為について責任を負担せしめられることになり、したがって、これは、フォート概念から帰責性概念を排斥するという考え方にほかならない[24]。他方、これに対して、裁判官が故意によるフォートの存否を知るためには、主観的側面からの検討を必要とする考え方が伝統的にとられてきている。そして、この考え方の立場によれば、裁判官は、行為者本人の心理状態を探求し、その者の意識を調べなくてはならないとする見解であって、故意によるフォートは具体的に評価されるべきであると解されるのである[25]。

四　まとめ

以上、スイス法におけるアクイリア過失の内容を見てきて、次のことが明らかになった。すなわち、この過失の内容は、客観的過失と主観的過失という二つの過失を含むものとして構成されており、そして、このように区別される実益は、客観的過失の存否が一般的基準に依拠し、また主観的過失の存否が個別的基準に依拠して判定されるというふうに体系化することができる点にあるとされる。もっとも、二つの側面を混同し、理論的混迷を招かないように留意すべきであるといわれている[26]。それでは、このようなアクイリア過失は、どのようにして認定されるべきであろうか。次に、過失の判断基準の抽出方法について若干検討することにしよう。

4　過失の分析方法

一　序

ところで、既に言及したように、スイス法においては、不法行為の一般原則を定める債務法典四一条のいう意味での過失、つまりアクイリア過失は、二つの義務違反——客観的義務違反と主観的義務違反——からなるものであると理解されている。そして、ある行為が客観的過失にあたるかどうかを判断するためには、法秩序によって命ぜられる作為義務（以下では、行為規範という）を知らなくてはならない。そして、この規範は、これが措定されるならば、これによって同時にある行為がそれに違反するかを明らかにしうるであろうと考えられる。そこで、ある行為の行為者に客観的過失が存するとされたならば、今度は、この者に主観的過失が存しえたかどうか、つまり、その客観的過失をこの者に帰責せしめうるかどうかが問題にされなければならないであろう。

スイス法では、この問題をどのような方法で分析すべきであるか、という点について議論がなされてきている。以下では、この点の議論について、若干の紹介をおこなうことにしたいと思う。過失責任の原則が妥当する領域において、責任能力とアクイリア過失の関係について考察するにあたっても、何らかの示唆を与えうると考えられるからである。

二　過失の分析方法に関する従来の見解

ふるくからアクイリア過失の分析方法について、次のような見解が出されていた。すなわち、これは、アクイリア過失が客観的かつ主観的側面を有していることを一般的に承認するという考え方であり、そして、主観的側面を意思の欠如として捉えることにより、弁識能力とこれを結合せしめないで弁識能力を不注意の客観化の極限としてのみ理解すべきであると見る見解である。[27] そして、この見解の立場によれば、過失の主観的側面は、別の基準によって、不適応、虚弱又は酷い無知として理解される、すなわち、行為者が行動できるはずであったところとは違ったふうに行動したこととして考えられるのである。このようにして、弁識能力を左右する身体的諸機能がその能力から切り離されることによって、義務と能力が同化せしめられると解されることになるのであろう。[28]

そこで、この分析方法によれば、裁判官は、合理的で慎重な人ならば当該事件の諸事情下においてとるべきであると考えたであろう行動と、当該行為者が実際にとった行動とを比較し、年齢・教育・性・職業を考慮すべきである、と解される。したがって、スイス債務法典四一条にいう意味での過失の判定に際しては、抽象的な標準人に依拠しながら、加害者についてその内部の諸事情に応じた、客観的な能力の修正が問題とされることになり、ゆえに加害者本人の個人的能力は勘案されないことになる。もっとも、そこでの過失の判断基準も、すべての人に適用されるのではなく、同じカテゴリーに属する人にのみそれが適用されるべきである、と解される。[29] 要するに、抽象的な標準人の態度と行為者の態度とが比較されるという意味において、このように従来の過失に関する分析方法によれば、まさに客観化された過失が議論されるものといえよう。

しかし、このような見解の立場に対しては、次のような理由から若干の批判が寄せられている。[30] すなわち、まず一つは、同じ事情（例えば、年齢）が、過失の客観的要素の分析と弁識能力の分析において取り上げられるという矛盾を有している点である。このため、過失の主観的要素（例えば、若い年齢を理由とする能力の低下）が客観化されるとともに、過失の客観的要素（若い年齢にもかかわらず課される義務の違反）が主観化されることになり、したがって、両者の評価基準が曖昧なものになってしまうとされるからである。今一つは、従来の見解の立場によれば、行動の過誤についての一層の客観的概念を認めるべきだという点である。つまり、行動の過誤を過失に結びつけて理解するのではなく、これを違法性と結合させて捉えるべきであるとされるからである。そうでなければ、客観的過失と行動の違法性との間に根拠のない区別を設けることになると考えられるからである。そうすると、例えば、損害回避のための安全措置を怠ることは、違法であると評価されるべきであろうし、また、もしこのような安全措置義務がこれを課される者の能力を客観的に越えているならば、そもそもこのような義務は存在しえなかったと解すべきであろうとされる。

そこで、このような批判を踏まえた見解が今日新たに提唱されているのである。

これは、アクイリア過失を《抽象的》方法及び《具体的》方法などと呼ばれる手法で分析し、行為者の弁識能力を考慮に入れて過失の存否を判定する点に特色を有するものである。それぞれの方法について見てゆこう。

三　過失の分析方法に関する新見解について

1　《抽象的》方法について

この方法によれば、裁判官は、行為規範を措定するために依拠しなければならない諸規定を明確にすることを目指すものである。実際には、ある行為が客観的に過失にあたるかどうかを知りたいときには、加害者の行動と法令・判例の準則・契約条項の定める行為とを比較するだけにとどめることができないのが普通である。法令等は、加害者の行動を評価するにあたり、裁判官を導きうるが、ただこれらは、その法文の意味が明確でないことが少なくなく、さらにその規範内容も必ずしもそれほど詳細なものではないとされるからである。そうだとすれば、それらを明確にすべく多くの任務が、裁判官に課されることとなるであろうとされる[31]。

もっとも、その際、遵守されるべき規定への違反行為が客観的な過失でないと評価されることもありうるし、また同様に、そのような規定に違反していない者がそれにもかかわらず客観的な過失をおかしていると考えられることもありうるとされる。このため、裁判官は、行為主体から切り離された、加害行為自体を検討することによって行為規範を措定し、そして比較という手法を用いて、別の人が加害者と同じ状況におかれていたとするならば、この者も加害者と同じように当該加害行為をしたであろうかどうかを自問するものとされる。そこで、（加害者と）比較される別の人とは、どのような者であるか、また、（加害者がおかれていたのと）同じ状況とはどのようなものかが問題とされるのである[32]。

つとに、これについては、フランス法における有力な学説が論及していた。この学説の立場によれば、比較型または《標準型》を抽象型として定義し、それを次のように捉える考え方である。すなわち、《これは、極めて慎重な人間あるいは極めて思慮深い人間ではなく、普通に慎重な人間あるいは普通に思慮深い人間でもないのであって、それは慎重で思慮深い人間である[33]》と。

　しかしながら、スイスの過失分析方法に関する新見解によれば、この観念的な人間を過失の判断基準に据えることは、これにより加害者のおかれている状況から具体的要因を識別するのを妨げるべきではないものとされる。実際には、架空の無制約な人間は時間と空間を超えて存在しないのであって、裁判官が考慮しなければならない評価要因は、フランスのこの学説が内的状況との対比によって定義している、外的状況などと呼ばれているものなのである[34]。したがって、問題とされるのは、行為者の個人的でないすべての諸要因、すなわち、行為者の個性自体、その身体的・心理的精神的特徴に起因しない諸要因であって、このような個人的諸要因を考慮することは問題とされえないであろうとされる。かくて、裁判官は、問題の活動を取り巻く時間及び場所についての客観的・具体的諸要因を取り上げなければならないであろうし、このような意味において、裁判官は、標準型（人）を採択することができるであろうと解されるのである[35]。

　したがって、標準人は、所定の場所・時間における活動のみを加害者と共有し、問題の活動が客観的に明らかにされるのであって、よって行動規範が措定されると同時に加害者の態度と標準人がとったであろう態度とが比較されることで十分であるとされる。なぜなら、そこで逸脱があるならば、客観的過失が存するであろうと解しうるからである[36]。

2 《具体的方法》について

　アクイリア過失の分析方法に関する新見解の立場によれば、ある行為に客観的過失が認められるならば、その行為の帰責性を分析するよう求められるであろう。この《具体的方法》は、帰責性を判定するための準則を明らかにすることを目指すものであって、人が主観的過失をおかしたかどうかを知るためには、加害行為を検討するのではなく、行為者にそれを回避させ、または、それを意欲させる、個人的能力が具わっているか否かを検討するものであるとされる。そこでは、行為者が問題の行為を回避することができたかどうかを知るためには、その回避の失敗を明らかにするような内部事情を考慮する必要はないとされる。もし、裁判官がそうする必要性を考えるならば、加害者の態度と標準人のそれとを比較することは何らの意味も有しないものと解されるからである。このことは、行動の客観的規範を創造し、同時に、行為者に対し個人的理由からその違反を正当化することを許容するものとされる。したがって、法律によって定められている諸事情が考慮されるべきであると解される[37]。

要するに、スイス法では、問題は弁識能力を明らかにする諸事情である。したがって、裁判官は、まず、行為者がいかなる範囲でその行為の危険を分別し、異常性を知る能力を有するかを自問し、次に、この能力の欠如が人間の若い年齢、その精神病等の原因によるかを検討しなくてはならないとされているのである[38]。

5　おわりに

以上、スイス法においては、過失責任の原則がとられ、故意・過失の存在が不法行為の成立要件となっている限りにおいて、伝統的な見解の立場によれば、過失はこれを客観化して抽象的なもので足りるとする考え方であったといえる。これに対して、所定の場所・時間における活動のみを加害者と共有する、標準人の態度と問題の加害者のそれとを比較して客観的過失を判定し、もしこれが認定されるならば、客観的過失ある行為の帰責性を判定して、不法行為成立要件としての過失を総合的に見極めようとする見解が新たに提唱されていたのであり、注目される。というのは、客観的過失の存否を一般的基準によって、また主観的過失の存否を個別的基準によって判定しうるというふうに不法行為法の体系化を考えることができる点に実益があるように思われるからである。

（1）幾代通『不法行為』（筑摩書房、一九七七年）四〇頁は、不法行為成立要件としての過失を抽象的過失とするのと「責任能力制度は過失責任主義の論理的前提である」とするのは必ずしも矛盾ではないとされる。

(2) H. Deschenaux et P. Tercier, La responsabilité civile, 2^{e}éd., Berne 1982 p.79 n° 3.

(3) アクイリア法（lex Aquilia）を想起させるものである（P. Engel, Traité des obligations en droit suisse, 2^{e}éd., Berne 1997, p. 441.

(4) F. Werro, La capacité de discernement et la faute dans le droit Suisse de la responsabilité, 2^{e}éd. Universitaire Fribourg Suisse 1986, p. 10. n° 45.

(5) もっとも、Deschenaux et Tercierの見解によれば、①損害と②因果関係の二つの要件を不法行為責任の一般要件と考えている。なぜなら、③法規定に違反すること、すなわち、違法性については、すべての損害が被害者の権利の侵害を前提としているからである（Deschenaux et Tercier, op. cit. p. 41. n° 24）。

(6) スイス民法典三三三条は、次のように定める。すなわち、《未成年もしくは禁治産の、精神耗弱もしくは精神病の家族構成員が損害を惹起したときは、家長は、監督上通常かつ事情により必要とされる程度の注意をなしたことを証明することができない限り、その責任を負う。》（一項）。《家長は、精神病もしくは精神耗弱の家族構成員の状態からこれらの者自身にも他の者にも、危険もしくは損害が生じないよう配慮すべき義務がある》。

(7) スイス債務法典五五条は、次のように定める。すなわち、《使用者は、自己の使用人又は労働者がその職務の執行にあたって損害を惹起したときは、事情によりその種の損害を予防するために必要なすべての注意を用いたこと、又は、かかる注意を用いるも損害を予防することができなかったことを証明しない限り、その責任を負う》（一項）。《使用者は、損害を惹起した者に対し、その者が自ら損害賠償責任を負う限りにおいて、求償権を行使することができる》（二項）。

(8) ほかに、動物占有者の責任を定めるスイス債務法典五六条、建物又はその他の工作物の所有権の責任を規定するスイス債務法典五八条等がある。

(9) 契約責任については、スイス債務法典九七条一項が、次のように定めている。すなわち、《債権者が債務の履行をうけないか、あるいは、不完全にしかそれをうけない場合には、債務者は、いかなる過失も債権者に帰責しえないことを証明しない限り、それによって生じた損害を賠償する責任を負う》と。

(10) Werro, op. cit., p. 58. n° 274.《過失》を理解することの困難さは、スイスの法律家の宿命ではないことに留意すべきであろうとされる。なぜなら、ドイツやフランスの法律家も同様にそれに直面しているからである。しかし、フランスでは、過失の厳格な客観的概念の確立に成功して以来、今日では、問題が簡略化されている。例えば、一九六八年一月三日法は、成年者の不法行為能力に明示的な修正をもたらした。このときに挿入された、フランス民法典四八九条ノ二は、《精神障害の支配下にあるとき他人に対し損害を発生させた者は、その賠償責任を負う》と定めたのである（Werro, op. cit., p. 58 n° 276; p. 37. n° 187）。

（11）R. Demoge, Traité des obligations en général, t. Ⅲ. 1923, n° 226; R. Savatier, Traitéde la responsabilité civile en droit fançais, t. Ⅰ. 2^{e}éd. 1951, n° 4; M. Planiol et G. Ripert, Traté pratique de droit civil fançais, obligations, t. Ⅵ. 2^{e}éd., 1952, n° 477; A. Colin et H. Capitant, Traité de droit civil, obligations, t. Ⅱ. 1959. n° 1092.

（12）H. et L. Mazeaud et A. Tunc, Traité théorique et pratique de la responsabilité civile délictuelle et contractuelle, 6^{e}éd., t. Ⅰ. 1965, n° 395; Aubry et Rau, Droit civil français, 7^{e}éd., par A. Ponsard et N. Dejean de la Batie, 1975, n° 343.

（13）アクイリア法（lex Aquilia）を想起させるものである（Engel, op. cit., p. 441）が、同法については、原田慶吉『日本民法典の史的素描』（創文社、一九五四年）三三九頁以下、オッコー・ベーレンツ原著、河上正二訳著『歴史の中の民法――ローマ法との対話』（日本評論社、二〇〇一年）二六五頁、二七七―二八六頁。また、スイス法におけるアクイリア過失については、奥野久雄「不法行為法における責任能力について――スイス法」大阪商業大学論集一一六号（二〇〇〇年）八一項。

（14）Werro, op. cit., p. 60. n° 282.

（15）Werro, op. cit., p. 60. n° 283.

（16）Mazeaud et Tunc, op. cit., n° 395; G. Viney et P. Jourdain, Traité de droit civil-les conditions de la responsabilité, 2^{e}éd., L. G. D. J. 1998, n° 443 は、次のことを指摘する。すなわち、《ここでは、違法性（iilliceité）は、民事フォート（faute civil）の構成要素として理解される。それは、権利侵害または義務もしくは債務の怠りから生じうる》とし、《例えば、先存義務違反（la violation d'une obligation préexistante）としてフォートを定義することによって、違法性又は違反された義務の概念をフランスにおいて最初に強調したのはPlaniolであり、彼に続いて、多くの学者達がそれを自らの見解として採用し、民事フォートの定義に必須のものとした》ことがこれである。

（17）Werro, op. cit., p. 61. n° 286.

（18）Werro, op. cit., p. 61. n° 287, 288.

（19）Deschenaux et Tercier, op. cit., n° 21; Werro, op. cit., p. 61. n° 290.

（20）Deschenaux et Tercier, op. cit. n° 21.

（21）Werro, op. cit., p. 61. n° 290.

（22）Werro, op.cit., p.61. n° 291. は、行為者が侵害を惹起することを意図したときを除き、客観的義務を怠ったときの、不注意（négligence）が主観的過失を構成するとし、もっとも、そこでは、この不注意につき、意識的不注意（négligence consciente）と無意識的不注意（négligence inconsciente）の区別がなされうることを指摘している。そして、それは、前者について、課される義務に従って行動しないという目的のため、その能力を行使する――ただし、侵害に対し同意するものではない――という行為であり、後者の無意識的不注意につき、客観的義務の怠りを回避するため、その能力を行使しないという行為を指す旨を指摘している。

(23) Mazeaud et Tunc, op. cit., n° 415.

(24) Werro, op. cit., p.62. n° 293.

(25) F. Terre et P. Simler et Y. Lequette, Droit civil les obligations 8e éd., Dalloz, 2002, n° 727; H. et L. et J. Mazeaud et F. Chabas, Leçons de Droit civil Tome Ⅱ, obligations théorie générale 9e éd Montchrestien, 1991, n° 446.

(26) Werro, op. cit., p. 62. n° 295.

(27) P. Tercier, Le droit des obligations 2e éd., Schulthess § Zurich, 1999 n° 1453.

(28) Werro, op. cit., p. 68. n° 312.

(29) P. Gauch et W. R. Schluep et P. Tercier, Partie générale du droit des obligations Tome Ⅱ, 2e éd., Schulthess, Zurich, 1982, n° 1612 ss; Deschenaux et Tercier, p. 83. n° 27.

(30) Werro, op. cit., pp. 68-69. n° 315-317.

(31) Werro, op. cit., p. 64. n° 299.

(32) Werro, op. cit., p. 64. n° 300.

(33) Mazeaud et Tunc, op. cit., n° 428.

(34) Werro, op. cit., p. 64. n° 301.

(35) Werro, op. cit., p. 65. n° 301.

(36) Werro, op. cit., p. 65. n° 302.

(37) Werro, op. cit., p. 66. n° 306.

(38) Werro, op. cit., p. 66. n° 306.

初出一覧

第一編第一部

第一章

「学校と法」中川淳編『市民生活と法〔第四版〕』（法律文化社、二〇一五年）一〇―二二頁

第二章

「学校社会をめぐる法律問題――法務研究セミナー第二九回報告」CHUKYO LAWYER一七号（二〇一二年）三一―三七頁

第三章

「学校教育契約」法律時報五九巻三号（一九八七年）三七―四一頁

第四章

「学校におけるいじめと学校側の民事責任」日本法政学会法政論叢三四巻（一九九八年）二二―二六頁

第一編第二部

第一章～第五章

「問答式　学校事故の法律事務」（新日本法規出版）

但し第一章1及び第二章6は民商法雑誌一三九巻六号（二〇〇九年）六七四―六八三頁、一四一巻三号（二〇〇九年）三七五―三九一頁。並びに第三章2は判例評論五七八号（二〇〇七年）一八五―一九〇頁

第六章1～5

CHUKYO LAWYER二四号（二〇一六年）四一―四九頁・五号（二〇〇六年）六三―六九頁・一六号（二〇一二年）三七―四五頁・二六号（二〇一七年）四三―五〇頁

但し同章2は法律時報五五巻六号（一九八二年）一五七―一六二頁

第二編第一部

第一章

「フランスにおける学校事故の賠償法制」日本法政学会法政論叢二四巻（一九九八年）五五―六三頁

第二章

「教師の不法作為責任に関する一考察――フランス法」CHUKYO LAWYER二五号（二〇一六年）三三―四〇頁

第三章

「幼少年者と物の作為――フランス法」大阪商業大学論集七五号（一九八六年）一二三―一三六頁

第四章

「未成年者の不法作為に対する両親の責任と同居要件について――フランス法」CHUKYO LAWYER一五号（二〇一一年）一―一四頁

第五章

「精神障害者に生じた事故についての精神病院の損害賠償責任――フランス法」小林忠正・辻朗他編『21世紀の民法』（法学書院、一九九六年）七八四―七九六頁

第二編第二部

第一章

「不法行為における責任能力について――スイス法」大阪商業大学論集一一六号（二〇〇〇年）七七―九三頁

第二章

「民事過失の分析方法について――スイス法」CHUKYO LAWYER創刊号（二〇〇四年）五一―六一頁

■著者紹介

奥 野 久 雄　（おくの・ひさお）

1950年　大阪府に生まれる
1974年　龍谷大学法学部卒業
1979年　関西大学大学院法学研究科博士課程単位取得
1980年　関西大学大学院法学研究科博士課程退学
同　年　大阪商業大学専任講師
　　　　同助教授・教授を経て
2004年　中京大学法科大学院教授

主要著作
『学校事故の責任法理』（法律文化社、2004年）
「民法と人体――公序と人体尊重の法理・フランス法」（中京法学40巻3・4合併号、2006年）
「失火責任法と責任無能力者の監督者の損害賠償責任」（法律時報65巻10号、1993年）
等。

学校事故の責任法理Ⅱ

2017年5月30日　初版第1刷発行

著　者　奥 野 久 雄
発行者　田 靡 純 子
発行所　株式会社 法律文化社
〒603-8053
京都市北区上賀茂岩ヶ垣内町71
電話 075(791)7131　FAX 075(721)8400
http://www.hou-bun.com/

＊乱丁など不良本がありましたら、ご連絡ください。
お取り替えいたします。

印刷：西濃印刷㈱／製本：㈱藤沢製本
装幀：白沢　正

ISBN 978-4-589-03856-2